「艺|术|体|育」
高校学术研究论著丛刊

我国竞技体育后备人才培养及退役运动员安置问题研究

王欣 著

中国书籍出版社
China Book Press

图书在版编目(CIP)数据

我国竞技体育后备人才培养及退役运动员安置问题研究 / 王欣著. --北京：中国书籍出版社，2019.11
ISBN 978-7-5068-7506-6

Ⅰ. ①我… Ⅱ. ①王… Ⅲ. ①竞技体育－后备力量－人才培养－研究－中国②退役－运动员－再就业－研究－中国 Ⅳ. ①G812.5②D669.2

中国版本图书馆 CIP 数据核字(2019)第 250102 号

我国竞技体育后备人才培养及退役运动员安置问题研究

王 欣 著

丛书策划	谭 鹏 武 斌
责任编辑	李 新
责任印制	孙马飞 马 芝
封面设计	东方美迪
出版发行	中国书籍出版社
地　　址	北京市丰台区三路居路 97 号（邮编：100073）
电　　话	(010)52257143(总编室)　(010)52257140(发行部)
电子邮箱	eo@chinabp.com.cn
经　　销	全国新华书店
印　　刷	三河市铭浩彩色印装有限公司
开　　本	710 毫米×1000 毫米　1/16
印　　张	16.5
字　　数	222 千字
版　　次	2021 年 1 月第 1 版　2021 年 1 月第 1 次印刷
书　　号	ISBN 978-7-5068-7506-6
定　　价	80.00 元

版权所有　翻印必究

目 录

第一章 竞技体育后备人才选拔与培养的基础理论 ………… 1
    第一节 　竞技体育后备人才概述 ……………………… 1
    第二节 　竞技体育后备人才选拔理论 ………………… 4
    第三节 　竞技体育后备人才培养理论 ………………… 22
    第四节 　国内外竞技体育后备人才选拔与培养模式
            综述 ……………………………………………… 26
    第五节 　我国高校竞技体育人才培养理论及新模式
            构建 ……………………………………………… 31

第二章 我国竞技体育后备人才的文化素质培养 ………… 38
    第一节 　文化教育对运动员竞技能力发展的影响 …… 38
    第二节 　竞技体育后备人才应具备的文化素质 ……… 45
    第三节 　我国竞技体育后备人才文化学习能力的
            培养 ……………………………………………… 54
    第四节 　我国竞技体育后备人才文化教育现状分析 …… 58
    第五节 　我国竞技体育后备人才文化教育发展的对策
            研究 ……………………………………………… 69

第三章 我国竞技体育后备人才的竞技能力培养 ………… 75
    第一节 　运动员竞技能力解析 ………………………… 75
    第二节 　我国竞技体育后备人才体能素质的培养 …… 77
    第三节 　我国竞技体育后备人才技能素质的培养 …… 98
    第四节 　我国竞技体育后备人才心智能素质的培养 …… 106

第四章 我国竞技体育后备人才培养研究——以江苏省为例 ································ 112
第一节 江苏省竞技体育发展概况 ································ 112
第二节 江苏省竞技体育后备人才培养现状分析 ······ 116
第三节 江苏省竞技体育后备人才培养模式及其改善 ································ 132
第四节 江苏省竞技体育后备人才培养的发展策略研究 ································ 137

第五章 我国竞技体育后备人才培养质量的科学管理研究 ································ 144
第一节 竞技体育后备人才培养质量观 ······················ 144
第二节 影响我国竞技体育后备人才培养质量的主要因素 ································ 149
第三节 我国竞技体育后备人才训练管理体系 ·········· 153
第四节 全面质量管理视角下竞技体育后备人才培养质量的全过程管理 ································ 162

第六章 我国退役运动员安置的基本情况分析 ················ 180
第一节 退役运动员安置的基本理论 ·························· 180
第二节 我国退役运动员社会保障分析 ······················ 184
第三节 我国退役运动员就业安置分析 ······················ 189
第四节 我国退役运动员安置政策研究 ······················ 196
第五节 影响我国退役运动员安置的主要因素 ·········· 199

第七章 我国退役运动员安置与就业的建议与对策 ········ 203
第一节 健全退役运动员安置制度与政策 ·················· 203
第二节 完善退役运动员职业教育与培训 ·················· 211
第三节 开拓多元化就业模式 ···································· 219
第四节 他山之石——如何借鉴国外相关成功经验 ······ 223

目 录

第八章 我国优秀退役运动员安置研究——以江苏省为例 …… 226
   第一节 江苏省优秀退役运动员就业安置现状与问题 …… 226
   第二节 江苏省优秀退役运动员保障政策建立与实施情况研究 …… 233
   第三节 江苏省优秀退役运动员安置问题应对策略 …… 239

参考文献 …… 250

第一章 竞技体育后备人才选拔与培养的基础理论

竞技体育后备人才是我国发展竞技体育事业的第一资源。竞技体育后备人才的数量与质量在很大程度上决定了我国竞技体育事业的竞争力。因此,我国在竞技体育后备人才选拔与培养方面要严格把关,努力提高人才选拔与培养质量,从而促进竞技体育事业的可持续发展。本章主要研究竞技体育后备人才选拔与培养的基础理论,主要内容包括竞技体育后备人才概述、竞技体育后备人才选拔理论与培养理论、国内外竞技体育后备人才选拔与培养模式综述以及我国高校竞技体育人才培养。

第一节 竞技体育后备人才概述

一、竞技体育后备人才的概念

(一)人 才

人才学理论中将人才定义为在一定社会条件下以自身的创造性劳动而对社会发展做出较大贡献的人。《辞海》中将"人才"一词定义为有才识学问、德才兼备的人。[1]

---

[1] 于振峰.新时期我国竞技篮球项目后备人才培养研究[M].北京:北京体育大学出版社,2012.

(二)体育人才

从事体育事业,具备丰富的体育专业知识,熟练掌握体育相关技术与技能的专门人才就是所谓的体育人才。教练员、运动员、体育教师、体育科研人员、体育管理人员、体育经纪人、体育企业家等都是非常重要的体育人才。

(三)后备人才

后备人才最早出现在军队中,是军队专用术语,后来在《词言大典》中被解释为某些职业队伍的补充力量。随着体育事业的不断发展壮大,各国逐渐开始重视优秀运动员的补充与培养,因此体育界也开始渐渐引用"后备人才""后备力量"等词语。体育后备人才泛指优秀运动队下属的青少年运动员,也蕴含着青少年成才的意思。

(四)竞技体育后备人才

竞技体育后备人才的概念有广义与狭义之分。

竞技体育后备人才包含在体育人才范畴内,从广义层面上来看,其指的是具备一定的体育专业知识、技能和技术,经过系统的理论学习和长期的实践锻炼后,能够为竞技体育事业的发展而做出较大贡献的接班人群体。广义上的竞技体育后备人才涵盖面较广,具体包括竞技体育运动员、教练员、体育管理人员、体育科研人员、体育教师等。

从狭义层面来看,竞技体育后备人才主要是指具有良好潜能的青少年运动员群体。

广义上的竞技体育后备人才与狭义上的竞技体育后备人才既有区别,又有联系。前者包含的是体育相关方面的专业人才,而并不一定都经过青少年运动员的特殊训练阶段(运动员除外)。后者所指的对象、范围都是限定的,且对象具有潜在性特征,选材时要考虑选材对象的基本身体条件、发展潜力,而不能用成人的标准进行衡量。优秀运动员都会经历青少年后备人才培养这一阶段。

综上所述,竞技体育后备人才指的是具有一定运动天赋,经过系统训练后可能对竞技体育的发展做出较大贡献的青少年运动员。①

二、竞技体育后备人才的特点

竞技体育后备人才和其他类型的体育人才一样,都有自身的自然属性和社会属性。除此之外,这类体育人才还有自身的独特性,具体表现在以下几方面。

(一)潜在性

只有在一定的社会环境下,在相关体育实践活动中才能发现竞技体育后备人才,或者说竞技体育后备人才的形成要具备"一定的社会环境""相关的体育实践活动"等条件。一般的竞技体育人才,其不管是体育知识,还是体育才能,都已经进入中高级阶段,且得到了社会的认可,而竞技体育后备人才还处于初级发展阶段,还未真正成为竞技体育人才,各种内外机制因素会影响他们的体育天赋、体育技能,因此反映了竞技体育后备人才的潜在性。

影响竞技体育后备人才体育天赋、技能的内在机制是指后备人才自身的机制。在竞技体育后备人才培养中,有些后备人才在自己的体育技能得到专业人士的认可后就开始有些骄傲,对自己放松要求,这很有可能"半途夭折",中断运动生涯,耽误前途。

社会认可机制是影响竞技体育后备人才体育天赋与技能的外在机制。这里的社会认可具有两重性,即某个竞技体育后备人才可能被社会认可,也可能不被认可,这主要受多种因素的影响,如社会环境、人才观念、用人制度等。在多方面因素的影响下,再

---

① 于振峰.新时期我国竞技篮球项目后备人才培养研究[M].北京:北京体育大学出版社,2012.

加上竞技体育后备人才本身的潜在性,有些竞技体育后备人才的体育才能一生都没有被人发现,也缺少表现的机会,从而造成了人才的损失。

(二)稀缺性

虽然我国是世界人口大国和人力资源大国,但在特定条件下,在诸多不利因素的影响下,可能会使许多有运动天赋的青少年群体得不到好的培养,从而造成竞技体育后备人才的稀缺。因此,当前我们要学会珍惜、爱护现有的青少年人群,要科学培养稀缺的竞技体育后备人才,为后备人才的长远发展考虑。

(三)时效性

时效性指的是物质形态在一定时间上的效用。作为特殊活体物质形态的人类有其自身的生命周期规律,会经历生长、发育、成熟、衰老等阶段,而且每个时期都呈现出不同的特点。

体育科学研究表明,竞技体育后备人才培养的整个过程呈现出鲜明的时效性特征。在人的一生中,身体素质发展的敏感期大都出现在青少年时期,如果错过了最佳发展期,就会影响运动训练的效果,也就是说,运动训练对人体的效用很低,甚至会对青少年成才之后的持续发展造成不良影响。此外,运动专项不同,成才的时效性也有差异,所以必须结合不同运动项目的专项特征及不同运动素质发展的敏感期对青少年体育后备人才进行培养。

第二节 竞技体育后备人才选拔理论

一、竞技体育后备人才选拔的理论依据

选拔竞技体育后备人才就是发现和挑选优秀的运动员苗子,对后备人才的选拔应以科学的理论依据为基石,不能凭空想象。

有无科学依据直接影响是否能够预先选拔出运动天赋较好的运动人才。有了科学的理论依据，才能更好地确定选材的方法，实施具体的选材工作。下面分析竞技体育后备人才选拔的主要理论依据。

(一)现代科学技术

现代科学技术为竞技体育后备人才的选拔提供了重要的基础条件。很多现代化的选材手段都是随着医学生物学的发展而出现的，如血液成分的化验手段等。随着现代科技的不断发展，运动选材手段也越来越丰富，如电子计算机、现代科学仪器监测等在运动选材中得到了广泛应用，为科学选材提供了重要的手段。

(二)相关学科理论

相关学科知识的引进为竞技体育后备人才的选拔提供了丰富的理论依据。下面具体分析后备人才选拔的相关学科基础。

1. 生物学理论基础

(1)人类遗传规律

运动能力具有遗传性，在竞技体育后备人才选拔中，人类遗传及变异规律的研究成果具有很重要的参考性。遗传在一定程度上决定了人的运动天赋，所以在后备人才选拔中要尽可能寻找遗传素质良好的运动苗子。通过了解遗传规律，能够更好地判断被选者的先天运动能力，预测其竞技能力中某些因素的未来发展，并及早发现是否有遗传病患影响被选者运动能力的发展，这都有助于提高竞技体育后备人才选拔的成效，减少选材失误。

(2)人体生长发育的规律

在人生不同的阶段，身体形态、身体机能、身心素质、智力等也会有不同的发展特点，这是一个循序渐进的变化过程，而且是有一定规律的，这就为选拔不同年龄段的竞技体育后备人才提供了重要的科学依据。

(3) 身体形态、机能、素质发展的统一性

生物学研究表明,人的身体形态与功能的发展具有一致性,即身体形态、身体机能与身体素质的发展速度所呈现出的趋势基本一致。人在不同年龄段身体素质的发展都是建立在身体形态与身体机能发育基础上的。

2. 教育学理论

在教育学中,"英才教育"是一个非常重要的理论,竞技体育后备人才选拔就是这一教育理论在体育领域的体现。我国竞技体育训练体制和教育理论中的英才教育模式非常相似,重点培养、择优训练、促其冒尖、夺标创优等是二者的共同点。英才教育理论在竞技体育领域的应用使得竞技体育后备人才培养与普及化群众体育活动(以增进健康为主要目的)之间的本质区别更加明显。如果重点选拔与培养天资聪颖、运动天赋高的青少年儿童,那么他们未来在体育道路上的发展将不可估量。

3. 社会学理论基础

"金字塔"训练、"一条龙"训练等是我国现行的主要训练体制。在现行训练体制下,先通过"层层选材、优中取优"的选拔方式来吸收天赋好的运动苗子,然后通过系统的教育与培养,向"一条龙"体系中更高水平的训练系统推送优秀运动员。在竞技体育后备人才层层选拔的过程中,也会不断淘汰那些不适宜从事竞技运动的青少年,对于这部分青少年,要帮助他们转行,使他们在更适合自己的领域发展,使其才能在更好的平台中得以发挥,这能够提高资金、时间的利用率,同时避免人才浪费。

在我国现行竞技体育人才培养体制下,青少年运动员参加训练和比赛的时间占了大部分,而文化学习、社会活动的时间却很少,这势必会影响他们的升学与就业,也会带来不良社会影响。对此,我们应搞好选拔工作,构建体教结合模式,层层衔接,

提高成材率,降低淘汰率,进而取得良好的社会效应,减少负面效应。

4. 社会经济学基础

"计划经济和市场调节共存"是我国竞技体育后备人才选拔与培养的经济理论基础。体育部门围绕竞技体育工作目标,有计划地开展竞技体育后备人才选拔与培养的一系列工作,包括筹集资金、修建设施、挑选运动人才、按计划培养和组织比赛等。在这些工作中,市场起到一定的调节作用,计划经济与市场调节共存使得竞技体育后备人才培养计划越来越完善。

(三)优秀运动员的模式特征

优秀运动员的模式特征指的是高水平运动员在最高竞技状态时竞技能力各组成因素状态模型的客观描述。[①] 运动员竞技能力的高低由多因素的发展水平共同决定,如身体形态、机能、素质、技术、战术、心理及智能等,只有这些要素以最佳状态有机组合在一起,才能构成理想的模式。运动训练学研究已对各运动项目的专项特点和训练特征做了大量的描述,建立了专项优秀运动员竞技能力各要素的理想组合模式,该榜样模式为竞技体育后备人才的选拔提供了重要的参照依据。

(四)长期的实践经验

世界体育强国历来都很重视对竞技体育后备人才的选拔,而且经过体育科研人员及教练员的长期实践与努力,积累了丰富的成功的选材经验。从国内外竞技体育后备人才选拔的实践中总结成功的经验,反思失败的教训,并进一步深入研究各专项选材的规律与特征,从而不断完善选材理论和方法,丰富研究成果,能够为更高级的选材提供可靠的参考。

[①] 石磊,葛新发.运动选材概论[M].济南:山东人民出版社,2009.

二、竞技体育后备人才选拔的基本原则

选拔竞技体育后备人才要严格遵循以下几项基本原则。

(一)广泛性原则

对竞技体育后备人才进行选拔,不是只测试实验室中少数人的素质与能力,而应在形式多样、丰富多彩的青少年体育运动中广泛进行选拔。我国地域广阔,人力资源丰富,所以必须进行广泛选材才能避免人才流失。在竞技体育后备人才的初级选拔阶段,广泛选材非常重要,中高级选材阶段的重点测试就是建立在初级阶段广泛选材基础上的。

贯彻选材的广泛性原则,首先要对选材的科学知识进行广泛普及。整个体育界都要承担起选材的责任,只有通过普及知识,让更多的体育工作人员掌握选材知识与技能,才有可能发现更多的竞技体育人才。

(二)可靠性原则

在竞技体育后备人才选拔中,所用的测试器材、方法必须符合相关标准与要求,达到一定的规范程度,从而增加测试结果的可比性与准确性。测试后要客观准确地评价测试结果,评价必须有科学依据,不能主观判断。此外,要准确预测选拔对象未来发展的可能性。

(三)可行性原则

各地要结合本地实际情况而科学开展基层选材工作,如果本地条件有限,且得不到相关支持,就要在竞技体育后备人才选拔中尽可能避免采用那些对测试仪器、设备有较高要求的测试指标、方法,而以相对简单的、可操作性强的选材指标和简易方法为主。也就是说,选拔人才必须考虑现实条件,考虑可行性与可操作性。

(四)实效性原则

为了选拔出符合某项运动要求的后备人才,在选拔过程中要选择适宜的测试指标、方法手段,而这要通过多方面的测试预测、多年的跟踪观察以及最终的实践验证才能获得。例如,在选拔篮球、排球项目的后备人才时,要着重考虑身高这项指标,而如果是选拔射击后备人才,就不适合将身高作为首要测试指标。总之,选材的内容、方法、指标要符合运动专项的特征,要有针对性,如此才能提高选材的有效性,取得事半功倍的效果。

(五)经济性原则

选拔后备人才,要考虑时间成本、资金成本、人力成本等,为了提高选材的经济性,应尽可能以最少的成本投入取得最好的选拔成果,创造最大的经济效益。

(六)多因素综合分析原则

影响运动员运动能力的因素既有先天遗传因素,又有后天因素。在竞技体育后备人才选拔的初级阶段,以先天因素的测评为主,在中高级选材阶段,以后天运动员能力的测评为主。

同样,有很多因素共同影响着运动员的运动成绩,某种因素的发展水平低下会制约运动员运动能力的提高,而如果其他某方面的因素发展较好,则有可能弥补一些缺陷。运动员的发展不是十全十美的,不可能所有因素都达到最佳状态,因此要弄清楚各种影响因素的主次关系,从而紧抓主要因素,特别是决定性因素,然后在这个基础上综合权衡。

(七)多方法综合应用原则

在竞技体育后备人才选拔中采用的选拔方法并不局限于一种或少数几种,采用多种有效的方法手段对青少年的运动能力进行测评往往能够取得更好的效果。

随着相关学科在竞技体育领域的不断渗透,运动员选拔的方法日益丰富,在选材体系还不够完善的当下,应尽可能将科学选材法与经验选材法结合起来,从而促进人才选拔效果的提升,但注意这两类选材方法不可相互代替。

(八)因人因项制宜原则

在后备人才选拔中,不管是选用测试内容与方法手段,还是制定指标体系,都要以不同的专项要求和被选者的个人特点(性别、年龄、训练年限、个人环境差别和个人条件的不同等)为依据。竞技体育中包含许多不同的运动类型,运动项目更是丰富多样,虽然人才选拔的程序基本相同,但因为影响不同项目运动成绩的主导因素是存在差异的,所以不同项目选材中的测试内容、方法及指标也是有区别的。先找出主导因素,再决定选用哪些方法与指标,这种选拔是比较科学的。

(九)选材与训练相结合原则

运动选材是一个长期系统的过程,从某种意义上而言,较低层次的选材是为了适应更高层次的选材与训练,选材是育才的一部分,在不同水平的训练过程中都要不断选优,过程一般是教学训练、跟踪测评、预测分析、挑选淘汰。训练能够验证入选者的学习能力及可训练性,从而对其身心素质、技能以及未来发展潜力做进一步的判断。

(十)当前测评与预测未来相结合原则

在竞技体育后备人才选拔中,当前测评和预测未来都很重要,两者不可偏废。当前测评是预测未来的前提或手段,预测未来是当前测评的目的。运动选材的核心就是预测,即预测被选者未来是否有可能成为优秀运动员,这也决定了选材指标要有可预测性。

三、竞技体育后备人才选拔的科学实施

竞技体育后备人才的选拔一般包括以下几个实施步骤。

(一)确定选材时机

运动员的训练效果与运动成绩在很大程度上受到其开始从事专业运动训练的时间的影响,所以要把握好运动员从事专业训练的时机。不要过早进行"揠苗助长式"训练,避免增加运动风险或过早结束运动生涯。过晚开始从事专业训练也不合适,会错过运动素质的最佳发展期,影响未来运动能力的发展。不同运动专项对运动员的竞技能力有不同的要求,不同专项运动员的成才时间长度也不同(表1-1),所以要参照优秀运动员的成才规律确定选材时机。

表 1-1 我国各项群奥运会选手成才期[①]

项群		开始训练的年龄(岁)		第一次成为奥运会选手的年龄(岁)		奥运会选手成材时间(年)	
		男	女	男	女	男	女
体能主导类	快速力量性	14.1	13.0	23.9	24.1	9.8	11.1
	速度性	11.5	11.3	21.7	20.9	10.2	9.6
	耐力性	15.9	14.1	24.1	21.7	8.2	7.6
技能主导类	同场对抗性	13.1	12.8	25.3	22.9	12.2	10.1
	隔网对抗性	12.2	11.9	23.5	23.1	11.3	11.2
	格斗对抗性	15.4	14.4	23.3	23.6	7.9	9.2
	表现准确性	15.7	15.1	24.3	23.1	8.6	8.0
	表现难美性	8.7	7.9	21.5	18.1	12.8	10.2

---

① 田麦久.运动训练学[M].北京:高等教育出版社,2006.

(二)家族调查

在竞技体育后备人才选拔工作中,调查被选对象的家族非常必要。这主要是为了发现与被选者运动能力发展有关的因素,准确诊断被选者的实际运动能力,并更好地预测被选者的最高竞技水平,提高成才率。家族调查中常用的方法是问卷调查法和结构访谈法。调查对象是被选者的家庭成员及与其关系密切的直系亲属,调查内容包括这些人员的形态特征、运动经历与能力、健康状况、生活环境等。被选对象家族调查的具体内容参考表1-2。

表 1-2　运动员家族调查内容

姓名：　　　性别：　　　出生日期：　　　专项：

从事业余训练开始时间：　　　从事专业训练开始时间：

	家庭成员基本情况	父亲	母亲	爷爷	奶奶	外公	外婆
家庭长辈情况	年龄(岁)						
	身高(厘米)						
	体重(千克)						
	职业						
	学历						
	体型						
	兴趣爱好(体育相关方面)						
	性格						
	健康状况						
同辈兄弟姐妹情况	年龄(岁)						
	身高(厘米)						
	体重(千克)						
	体型						
	健康状况						
运动员情况	出生情况、外表及体型、健康状况						
说明							

填写人：　　　填写日期：

（三）体格检查

体格检查主要是为了了解被选者的健康情况，如是否有身体缺陷和先天性疾病，并判断这些缺陷或疾病对其运动能力发展的影响。呼吸系统（肺活量、肺通气量等）、心血管系统（心脏检查、血压等）、运动系统（体表检查、体态、肌肉系统、关节功能等）和医学常规检查（血尿常规等）是竞技体育后备人才体格检查的重点内容，这与普通的健康体检不完全相同。

（四）鉴别发育程度

对儿童少年后备人才进行选拔的过程中，要特别注重对其发育程度的鉴别。鉴别的方法主要有以下几种。

1. 确定发育年龄（骨龄）

拍摄骨龄片，主要参照腕骨的 X 线照片（图 1-1）。

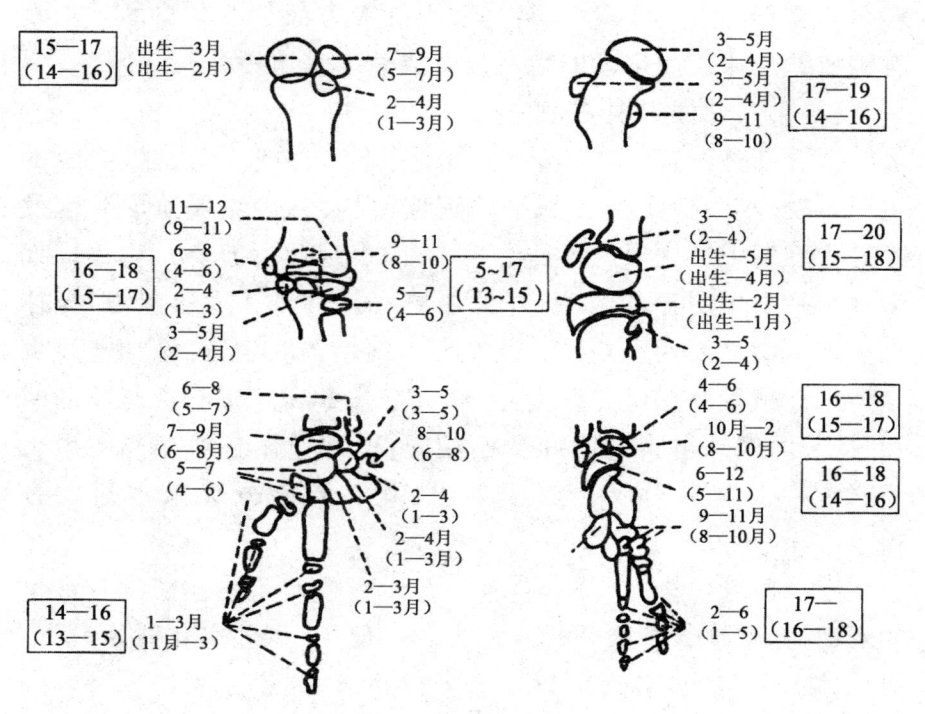

图 1-1

2. 评价发育程度

可通过骨龄或第二性征出现的顺序评价发育情况。

(1) 骨龄

骨龄主要用于判定发育类型。儿童少年在生长发育过程中,由于受遗传和环境等因素的影响,相同性别、相同年龄的儿童少年可区分为早熟(早发育,即骨龄超过生活年龄1岁以上者)、一般(正常发育,即骨龄与生活年龄的差值在±1岁之间者)、晚熟(晚发育,即骨龄小于生活年龄1岁以上者)三种发育类型。研究资料显示,在生长发育过程中,早熟、一般、晚熟三种不同发育类型的儿童少年,其身体形态、机能、素质指标(如身高、肩宽、胸围、肺活量、心功能指数等)的差异十分显著,且在青春期前就已出现。例如,身高,表现为青春期早期早熟组＞一般组＞晚熟组,后期表现为晚熟＞一般＞早熟。由此可见,三种不同发育类型的儿童少年在形态、机能、素质、智力和心理等方面都有各自的生长发育和成熟规律。而运动能力与发育成熟度密切相关。

(2) 第二性征出现顺序

青春期是儿童少年形态、机能、素质和心理活动发生突变的重要时期,其经历了生长水平的突增、性发育等重要阶段。性发育是青春期中最主要的特征之一,它的出现预示着少年机体内部激素水平发生明显的改变,并促使男女性具有了生殖能力,身体也呈现出明显的性别差异。性发育包括性器官发育、性功能发育和第二性征发育。研究证实,虽然每个儿童少年青春期开始的时间、持续时间和结束的时间各不相同,但都遵循基本相同的生长模式。一般通过男女少年阴毛、睾丸和乳房分度来判断发育程度。

女少年乳房分度标准:乳房是女性青春期第二性征发育最早的特征,是女性青春期开始的标志。一般10岁乳房就开始发育,但个体差异较大,有的可早至8岁或晚至13岁才开始发育。女少年乳房分度主要根据乳头、乳晕和乳腺在不同阶段的变化,以及乳节出现时间与大小进行分度评价。一般区分为五级。0°:乳部未发育,乳部平坦;Ⅰ°1:乳头、乳晕呈芽苞状突起,尚无乳节块出现;Ⅰ°2:有乳节块出现,有触痛,其他情况与Ⅰ°1相似;Ⅱ°1:乳头、乳晕呈芽苞状突起,乳节硬块大于乳晕,乳腺稍鼓起;Ⅱ°2:乳腺鼓起较大,乳节硬块不易摸到,其他情况与Ⅱ°1相似;Ⅲ°:乳头突起,乳晕突起消失,乳腺鼓起显著,呈成熟的乳房特征。

女性阴毛分级标准:0°:阴部无毛;Ⅰ°:阴毛开始在大阴唇出现,短而稀少;Ⅱ°:阴毛长到耻骨联合处,稍密而长,部位比较集中;Ⅲ°:阴毛分布达耻骨联合上缘,呈倒三角形。

根据女少年乳房和阴毛发育分级标准,可推导发育程度,见表1-3。

表1-3 根据女少年第二性征推导发育程度参考标准

发育程度(岁)	分度		
	乳房	阴毛	其他
8	0°	0°	
9	0°—Ⅰ°1	0°	
10	Ⅰ°1—Ⅰ°2	0°	
11	Ⅰ°2—Ⅱ°1	0°	
12	Ⅱ°1—Ⅱ°2	0°—Ⅰ°	
13	Ⅱ°2	Ⅱ°—Ⅲ°	月经初潮
14	Ⅱ°2	Ⅲ°	
15	Ⅱ°2	Ⅲ°	

男少年阴毛分度标准:0°:阴部无毛;Ⅰ°:阴毛开始出现在阴茎根部,毛稀少而短;Ⅱ°:阴毛长到耻骨联合处,稍密而长,部位比较集中,初步呈倒三角形趋势;Ⅲ°:阴毛分布范围广,毛密而长,已呈明显倒三角形,并有向下肢鼠蹊部、脐部延伸,毛发重者有向菱形发展的趋势。

睾丸分度标准:以右侧睾丸长径(即测量睾丸上下的最大距离)的长度为准,分为4级。Ⅰ°:长径1.0—1.5厘米;Ⅰ°—Ⅱ°:

长径1.5—2.0厘米;Ⅱ°:长径2.0厘米;Ⅱ°—Ⅲ°:长径2.5厘米;Ⅲ°长径3.0厘米;Ⅲ°—Ⅳ°:长径3.5厘米;Ⅳ°:长径4.0厘米。

根据男少年阴毛和睾丸发育分级标准可推导发育程度,见表1-4。

表1-4 根据男少年第二性征推导发育程度参考标准

发育程度(岁)	分度		
	阴毛	睾丸	其他
10	0°	0°	
11	0°	Ⅰ°—Ⅱ°	阴茎开始增长,睾丸增大
12	0°	Ⅱ°—Ⅲ°	喉结增大
13	0°—Ⅰ°	Ⅲ°	第一次出现一次性乳节
14	Ⅰ°—Ⅱ°	Ⅲ°—Ⅳ°	声音变粗
15	Ⅱ°	Ⅳ°	阴囊色素增加,遗精
16	Ⅱ°—Ⅲ°	Ⅳ°—Ⅴ°	睾丸增长完成
17	Ⅲ°	Ⅳ°—Ⅴ°	长骨停止生长

儿童少年第二性征出现的年龄顺序与发育程度之间的关系见表1-5。

表1-5 儿童少年第二性征出现的年龄顺序与发育程度之间的关系

发育程度(岁)	男	女
8		骨盆增宽、臀部变圆
9		皮脂腺分泌增多
10		乳房开始发育,出现乳节
11	睾丸开始增长,阴茎开始增长	
12	喉结增大	生殖器增大,阴毛开始生长
13	睾丸明显增大,阴茎充分增长,第一次出现一次性乳节,出现阴毛	阴道分泌物由碱性变成酸性,出现月经初潮

(续表)

发育程度(岁)	男	女
14	声音开始变粗	月经开始趋向规律化,腋毛开始生长
15	阴囊色素增深,开始长胡须,睾丸增长完成,出现遗精	骨盆明显变宽,变长
16—17	阴毛成男子型,出现痤疮,出现精子,长骨生长停止	月经规律化,长骨停止增长,出现痤疮

3. 鉴别青春期发育高潮持续时间、确定发育类型

在儿童少年发育高峰阶段,青春发育高潮持续时间越长,运动能力的自然增长就表现得越充分。所以,在竞技体育后备人才选拔中,只有选择那些依靠自然增长将自身运动能力在青春发育高潮期推向更高水平的儿童青少年,经过科学训练的诱发和促进,才能充分表现出全部优势,最终创造出优异的运动成绩。

青春期是生长发育的第二次高峰阶段,是人体各种生物学特征飞速发展的关键期。在这一阶段中,身高突增,体重明显增加,内脏器官结构和功能趋于完善以及性征快速发育等都是青春发育进入高峰的主要标志。男少年一般在 12—14 岁开始进入突增期,女少年一般比男少年早 1—2 年,在 10—12 岁出现突增。但由于遗传、营养和疾病等因素的影响,青春期开始的年龄存在个体差异。一般来说,当骨龄为 13 岁(男)和 11 岁(女)、出现拇指籽骨骨化中心、乳房开始发育和第一次出现乳节等标志时,则标志着开始进入青春发育期。根据标志出现的早晚,将开始进入青春发育期的时间分为三种情况:男子 10—11 岁、女子 8—9 岁开始(或更早)出现上述标志者,即认为是提早开始发育。男子 13—14 岁、女子 11—12 岁开始出现上述标志者,即认为是正常开始发育。男子 15—16 岁、女子 13—14 岁才开始(或更晚)出现上述标志

者,即认为是推迟开始发育。

采用第二性征来判断青春发育高潮持续时间时,如果任何第二性征提前出现,都意味着青春发育高潮持续时间将会缩短;如果任何第二性征出现时间推迟,则意味着青春发育高潮持续时间延长或发育推迟;如果第二性征正常时间出现,则说明发育高潮持续时间正常。从进入青春发育高潮期到发育趋于稳定,一般要经历 4 年左右的时间,少数人可能会延长和缩短,而个体所表现出来的个体差异均与其自身的发育程度密切相关。

虽然个体在青春发育期中存在明显差异,但可以根据上述特征(青春发育期开始和持续时间),将青春发育期中的儿童少年的发育类型划分为 9 种情况,见表 1-6。

表 1-6　儿童少年的发育类型

发育类型	高潮持续时间
早发育(提早开始发育)	发育高潮持续时间缩短型 发育高潮持续时间正常型 发育高潮持续时间延长型
正常发育(正常开始发育)	发育高潮持续时间缩短型 发育高潮持续时间正常型 发育高潮持续时间延长型
晚发育(推迟开始发育)	发育高潮持续时间缩短型 发育高潮持续时间正常型 发育高潮持续时间延长型

(1)早发育。①缩短型。由于开始发育年龄早,身体形态、机能和素质起点低,发育期短,提高的幅度小,运动能力得不到充分发展,所以,他们仅仅是儿童组的"优胜者",很难成才。②正常型。其特征与缩短型相似,也很难成才。③延长型。虽然提早开始发育,但他们的身体形态、机能和素质水平起点高,发育持续时间的延长可以弥补早发育的不足,有成才的可能,但比例较少。

(2)正常发育。这种发育类型的儿童少年在体校中比例最高。此类型中的缩短型由于比一般少年提早成熟,运动能力较早体现出来,容易成为少年组的"优胜者",但该类型的少年运动员会因为发育高潮持续时间的缩短而表现得后劲不足。而延长型由于发育持续时间的明显延长,使身体形态、机能和素质的"自然增长"明显加大,这样,其潜在运动能力可充分表现出来,有利于后天训练的诱导,所以成才率最高。由此可见,发育高潮持续时间越长,训练的诱导作用越强,成才的几率越高。成才率最高的是正常年龄开始发育的延长型,他们的运动才能一般在青春发育期后期可充分表现出来。

(3)晚发育。由于这一发育类型的儿童少年青春发育期开始的时间推迟,他们的体型一般都是瘦长的,由于比正常型和早发育型推迟进入青春期,所以他们的肌肉、内脏系统会延迟发育,这就会错过运动能力干预的敏感期,成才率也会降低。此外,晚发育的个体有时会伴有部分医学问题,如甲状腺功能低下等,所以在选材时要高度重视。

综上所述,竞技体育后备人才青春发育期开始的早晚固然重要,但更为重要的是青春发育期持续时间的长短。一般来说,正常开始发育,青春发育期持续时间越长,成才率越高。

(五)选材指标的测试

在竞技体育后备人才选拔的实施过程中,确定选材指标体系是非常关键的一个环节,所选指标应具有典型性、可行性和综合性,这直接影响选材的结果。确定选材指标体系,还应遵循"因项而异"的原则,不同项群的选材指标是有区别的。

对于体能主导类项群,运动员竞技能力的主导因素是体能,所以选材指标主要是形态、机能、素质,这些指标的权重较大。赛艇运动是体能主导类项群的一个代表项目,赛艇运动员选材指标以身体形态、机能、素质为主,见表1-7。

表 1-7　赛艇运动员选材指标

指标		初选权重/(%)		中选权重/(%)	
形态	身高	13	45	8	20
	克托莱指数	6		4	
	肩宽	7		4	
	下肢长/身高	9		—	
	指距—身高	10		4	
机能	心功能指数	15	15	8	20
	肺活量	—		4	
	最大摄氧量			8	
素质	3000 米跑	15	35	—	30
	杠铃俯卧拉	—		5	
	负重深蹲			5	
	500 米单人艇			4	
	2000 米单人艇			5	
	4000 米单人艇			7	
	3 分钟立卧撑	11			
	下蹲伸臂距	9		4	
协调	平衡	5	5	—	20
	水感协调性	—		7	
	基本技术	—		8	
	桨数差			5	
战术	控制速度感	—	—	5	5
	意志品质	—	—	5	5
心理	神经类型☆(资格指标,测试后不计入总分)				

对于技能主导类项群,运动员的竞技能力以技能为主,体能为辅,所以选材指标主要是技战术,此外心理指标也是主要指标。

第一章 竞技体育后备人才选拔与培养的基础理论

射击运动是技能主导类项群的一个典型项目,射击运动员选材指标体系见表1-8。

表1-8 射击运动员选材指标

指标		初选权重(%)		中选权重(%)	
形态	手长	6	20	2	8
	上肢长/身高×100	7		3	
	体重×1000/身高	7		3	—
机能	肺活量/体重	7	7	5	5
素质	1000(男)/800(女)米跑	5	10	3	6
	俯卧撑	5		3	
心理	视简单反应时	6	50	4	54
	时间估计误差	5		5	
	动觉方位	5		5	
	用力感	9		7	
	手动稳定性	9		7	
	场依存性—场独立性	7		5	
	焦虑	4		5	
	自信心	—		3	
	意志	—		4	
	智商	5		4	
	性格	—		5	
协调技术	手脚协调性	10	10	6	18
	技术质量	—		12	
	技术效果				
战术	战术意识			6	6
	战术效果				
	战术质量				
知识	学习成绩	3	3	1.5	3
	专业知识			1.5	

一般来说,在初级选拔中,选材指标以遗传潜力、身体条件和一般身体素质为主;在中高级阶段的选拔中,选材指标有所拓展,要将专项素质和专项技术纳入选材指标体系中。确定选材指标后,要测试这些指标,测试是获取被选者竞技能力现实状态信息的有效手段。整个测试过程主要包括三个环节,分别是测试准备、组织测试和整理数据,严格按照测试程序开展工作,而且要注意测试方法应达到标准化和规范化的要求。

(六)综合评价与分析

综合评价与分析是竞技体育后备人才选拔实施的最后一个环节,主要是对照"选拔标准"来综合评价、分析和判断各项调查、检查与测试结果。综合评价与分析中主要采用的方法有统计方法、评价量表法、个体间和群体间对比评价法等。

第三节 竞技体育后备人才培养理论

一、竞技体育后备人才培养的指导思想

我国竞技体育后备人才培养的指导思想主要是以人为本、体教结合和可持续发展。

(一)以人为本

培养竞技体育后备人才,必须树立以人为本的观念,以"以人为本"为根本出发点和落足点,同时要树立新型的发展观,即竞技体育的发展离不开众多人的参与,竞技体育的发展成果是可以由多数人享有的。

(二)体教结合

在竞技体育后备人才培育中,要将体育与教育结合起来,打

破传统人才培养观中将二者分离的局面。树立体教结合的指导思想,应做到以下几点。

(1)将竞技体育与体育教学相结合,培养社会需要的体育人才是体育教育的主要目的之一。

(2)将竞技能力培养和文化教育相结合,培养全面型竞技体育人才,满足社会发展需求。

(三)可持续发展

培养竞技体育后备人才要走可持续发展之路。体教结合不但有利于全面提高竞技体育后备人才的文化水平与综合素质,而且有利于提高竞技体育后备人才的竞技能力与比赛成绩,这为竞技体育后备人才的可持续发展奠定了坚实的基础。

二、竞技体育后备人才培养的原则

竞技体育后备人才培养的基本原则主要包括以下几项。

(一)科学性原则

严格按照科学发展观的要求构建人才培养体系,开展各个环节的工作。以人为本是人才培养的根本出发点与立足点,将此作为竞技体育后备人才培养的指导思想,走可持续发展的培养之路。

竞技体育后备人才的培养是在实践训练中实现的,在训练过程中要向相关体育科研机构、专业教练员以及运动员提供优良的训练环境与科研条件,改变落后训练方式,使竞技运动训练向科学方向发展,从而培养出符合社会需求以及能够为我国竞技体育事业做出贡献的优秀运动员人才。

(二)协同性原则

在竞技体育后备人才培养中贯彻协同性原则,要求做到以下两点。

第一，将竞技体育后备人才培养体系的各个环节与各个系统有机结合起来，各系统机构制定统一的培养目标，充分发挥各自的功能，努力实现共同的效益与目的，并将教育训练系统与体育竞赛系统的内外部关系处理好。

第二，招收体育特长生时，要适当扩大招生范围，学校要鼓励运动队多参与一些专业竞赛，并多与专业体育俱乐部合作，使后备人才在不同形式的竞赛中提高实战能力，丰富实战经验，提高运动成绩。

(三)多元化原则

竞技体育后备人才培养的多元化原则主要表现为培养模式多元化、训练方式多元化以及资金筹备多元化。

1. 培养模式多元化

在模式方面，"包括体育系统专业队靠在学校，在专业队训练，在学校进行学习的模式；学校、专业队一体化的模式；体育学院兴办竞技体校的模式；高校举办高水平运动队的模式；传统体育中小学校的模式；体育试点学校多模式共存的模式"[①]。这些模式各有特点与优势，它们相互取长补短，从而提高人才培养质量。

2. 训练方式多元化

不同竞技体育后备人才之间在身体素质水平、运动基础、训练水平、技战术能力等方面存在或多或少的差异，面对具有不同个性的后备人才，要坚持因材施训，采取具有针对性和个性化的训练手段，同时注意训练途径的多元化，以提高训练效果。

---

① 张丹.我国竞技篮球后备人才培养体系的研究[D].武汉体育学院,2008.

3. 资金筹备多元化

竞技体育后备人才的培养需要资金保障,培养体育人才的资金主要来源于国家财政投入。除此之外,社会各界的支持也是必不可少的,社会各界发挥自身资源优势,提供资金支持,有助于大大提高体育人才培养的效果。

三、竞技体育后备人才培养的要求

(一)制定明确可行的培养目标

在竞技体育后备人才的培养中,要对个性迥异的后备人才制定明确而实际的培养目标,并围绕培养目标而设计培养计划,注意不同年龄阶段运动员培养的不同内容和要求,培养过程要体现出针对性,这样才能提高培养的效果,实现预期的培养目标。

(二)营造轻松有趣的训练氛围

在运动训练过程中,教练员要密切关注运动员的兴趣,努力创造和谐有趣的训练氛围,提高运动员训练的积极性。在青少年运动训练的早期阶段,不要过分追求比赛成绩和结果,教练员应该对青少年运动员在训练过程中的表现给予积极的鼓励,这样有利于后备人才的培养和发展。

(三)提高教练员的专业水平

要想提高竞技体育后备人才的竞技能力,就要先提高教练员的专业水平。这就需要建立专门的教练员培训部门,对教练员进行系统、正规的培训和管理,提高教练员的专业水平。

第四节 国内外竞技体育后备人才选拔与培养模式综述

一、国外竞技体育后备人才选拔与培养模式

(一)美国竞技体育人才选拔与培养模式

美国奥委会、美国大学体育协会和职业联盟主要负责承担美国竞技体育方面的事务。美国没有专门的部门负责高水平竞技体育管理,美国是以学校为中心发展竞技体育的,各学龄段的学生都有机会参加体育运动。从中学时期就开始对青少年运动员进行选拔与培养,大学时期是培养运动员的高级阶段。美国竞技体育队伍的主要力量源于大学生运动员,他们代表美国参加奥运会。在美国独特的教育模式下,中学和大学体育成为培养竞技体育后备人才的主要途径,体育与教育密切结合,取得了良好的培养成果。

(二)德国竞技体育人才选拔与培养模式

一个国家对竞技体育后备人才的选拔与培养直接关系到该国在奥运会中的成绩与排名。德国政府深刻认识到了这一点,因此非常注重后备人才培养工作。德国主要由体育俱乐部、各级体育运动协会和州政府发现与挖掘体育人才。德国体育俱乐部中设有青少年部,体育后备人才的培养工作就是由青少年部负责的,一个职业俱乐部中一般有若干支青少年队。一般情况下联邦政府不会直接干预青少年体育后备人才的选拔与培养,政府主要从资金、政策、设施资源、科研以及开展竞赛活动等方面支持与推动竞技体育人才培养。

目前,德国各级部门和组织主要采取以下措施来推动竞技体育后备人才选拔与培养工作的顺利开展。

第一,建立体育运动重点学校和竞技体育合作学校,帮助竞技体育后备人才发展成为优秀的运动员。

第二,给予资金支持和科研支持,为竞技体育后备人才的训练与比赛提供资金保障和科研跟踪服务。

第三,体育俱乐部、体育协会和政府举办体育比赛,在比赛中发现与培养竞技体育后备人才,并奖励优秀的后备人才。

第四,针对优秀青少年竞技体育后备人才流失的情况,德国体联与相关机构展开合作,积极改善这一现状,并努力提高教练员的专业水平。

(三)俄罗斯竞技体育人才选拔与培养模式

体校是俄罗斯发展竞技体育的重要基地。俄罗斯建立体校,鼓励儿童、青少年积极参与体育运动,并选拔与培养青少年运动员,将优秀运动员输送到国家队,使其获得更高水平的发展。俄罗斯国家队的运动员中有90%以上是由体校培养的。俄罗斯在选拔竞技体育后备人才时,会考虑被选者的体育兴趣爱好,并采用科学手段对被选者的体能、竞技能力、心理特征进行测试与判断,在这个选拔与培养的过程中也离不开教练员的经验判断。俄罗斯主要围绕奥运会制定后备人才培养计划。

(四)澳大利亚竞技体育人才选拔与培养模式

澳大利亚最重要的体育管理机构是澳大利亚体育运动委员会,澳大利亚体育运动学院直属澳大利亚体委。澳大利亚体院有完善的体育设施、高水平的专业教练员以及丰富的科研资源,这为体院培养优秀运动人才提供了重要的条件。澳大利亚的运动选材体系较为完善,选拔与培养出了优秀的自行车、皮划艇、田径等项目运动员。

澳大利亚在全国范围内推行竞技体育人才发掘与培养计划,

人才选拔办法是经验丰富的教练员通过体能、生理及技能测试来筛选正参加某一运动项目的青少年运动员,人才培养办法是经过选拔后,政府提供资金支持,有关部门提供运动科学、运动医学、器材设施等多方面的支持,并组织系统的训练,开展丰富的比赛,使后备人才的运动能力能够充分发挥出来。

(五)日本竞技体育人才选拔与培养模式

日本竞技体育后备人才选拔与培养模式属于综合型管理体制,由政府和体育社会组织共同管理体育工作。日本政府设有专门的体育管理机构,而且注重有关政府部门的协调运作。政府对体育的管理主要在于宏观把控,采取的是民办官助的形式,依靠民间社团、联盟、学校、企业等社会力量来共同发展体育运动。政府负责制定方针政策,发挥部门协调、监督的职能,并依靠法律来规范与约束。各类社会体育组织在政府的宏观管理下负责体育的具体业务管理,包括制定项目发展规划、建立各种规章制度,组织运动员训练和比赛,开展大众体育活动等。

日本竞技体育后备人才培养的思想观念是以教育为首位,学校为依托,使教育和体育相统一,培养全面发展人才。日本中小学的学生运动员首先是学生的身份,然后才是运动员的身份,无论从事什么运动,都必须和所有学生一样接受同等程度的教育,修满同样的课程。学校体育俱乐部在日本非常普遍,主要在课余时间组织学生进行训练,学校也十分鼓励学生寒暑假进行集中训练,但政府不主张让初中以下的学生进行专项训练。另外,私人俱乐部在日本也很受欢迎,他们招募有一定运动技术和发展前途的少年儿童进行训练。日本采用的是业余训练为主、短期集训的训练体制。

日本学生参加体育运动的法律保障体系十分健全,《学校教育法》严格规定了学校对于建设体育设施的责任和义务;《日本学校安全协会法》规定成立学校安全协会,处理学校体育活动中出现的安全事故;《国家体育场馆法》和《学校健康中心法》进一步明确了体育场馆建设管理、体育运动设施的配备责任,这些都对日本竞技体育后备人才的培养提供了全面的法律保障。

二、我国竞技体育后备人才选拔与培养模式

(一)举国体制模式

新中国成立之初,我国实行计划经济政策,为了展示新政策的优越性,我国建立了与计划经济相适应的体育管理模式——举国体制模式。也就是由政府直接办体育,国家集中管理,政府作为体育管理的主体,采用计划手段、行政手段对体育资源进行配置与管理。在当时的社会背景下,采用这种体育管理模式也是必然的。在这种体育管理模式下选拔与培养竞技体育后备人才,有助于集中调配全国体育力量和资源,促进各部门团结协作,上下一条心,形成合力,将全国资源最大限度地利用起来培养竞技体育人才,努力实现中国竞技体育崛起的宏伟目标。几十年来我国竞技体育运动员在世界体育大赛上取得的一系列佳绩证明了计划经济条件下由政府主导的举国体制模式的可取性。

(二)金字塔模式

20世纪80年代中后期,我国经济发展模式由以计划经济为主转变为以社会主义市场经济为主,我国竞技体育管理模式也随之改变,进而出现了新的竞技体育后备人才选拔与培养模式——金字塔式人才培养模式,如图1-2所示。

图 1-2

金字塔模式是我国在社会转型期竞技体育改革的产物。它的指导思想是建立适应社会主义市场经济模式的、与现代体育运动规律相符的、国家调控、依托社会、自我发展、充满生机与活力的体育管理模式和良性循环的运行机制，形成国家办与社会办相结合、集中与分散相结合的竞技体育新模式。它的目标是将原来由国家"包办"的形式逐步部分地"分解"到学校、企业、社会团体，使我国竞技体育人才培养逐步学校化、社会化。[①]然而，在金字塔人才培养模式的实施过程中依然存在计划经济时期的痕迹，具体表现为对政府的依赖性很强，适应社会主义市场经济的竞技体育后备人才选拔与培养机制尚未真正建立起来。正因如此，导致新的人才模式在运行中出现了以下问题。

(1)运动训练的科学化程度低。

(2)体教分离，运动员文化素质低下，退役后的生活与就业得不到保障。

(3)教育系统训练资源短缺，后备人才培养体系难以建立。

(三)体教结合模式

因为各国的国情不同，建立的竞技体育后备人才选拔与培养模式也不同，但我国可以结合国情而适当借鉴国外先进的人才培养模式，以弥补我国现有模式的缺陷，如体教结合模式就是值得借鉴的人才培养模式。我国选拔与培养竞技体育后备人才，必须贯彻科学发展观，实施"体教结合"，建立与新时代发展相适应的竞技体育人才选拔培养体系。

未来我国培养竞技体育后备人才的总趋势是政府与社会相结合、体教结合，如图1-3所示，体育系统、教育系统与社会系统有机结合，横向上是合作和竞争的关系，纵向上层层连接。

---

① 于振峰.新时期我国竞技篮球项目后备人才培养研究[M].北京:北京体育大学出版社,2012.

图 1-3[1]

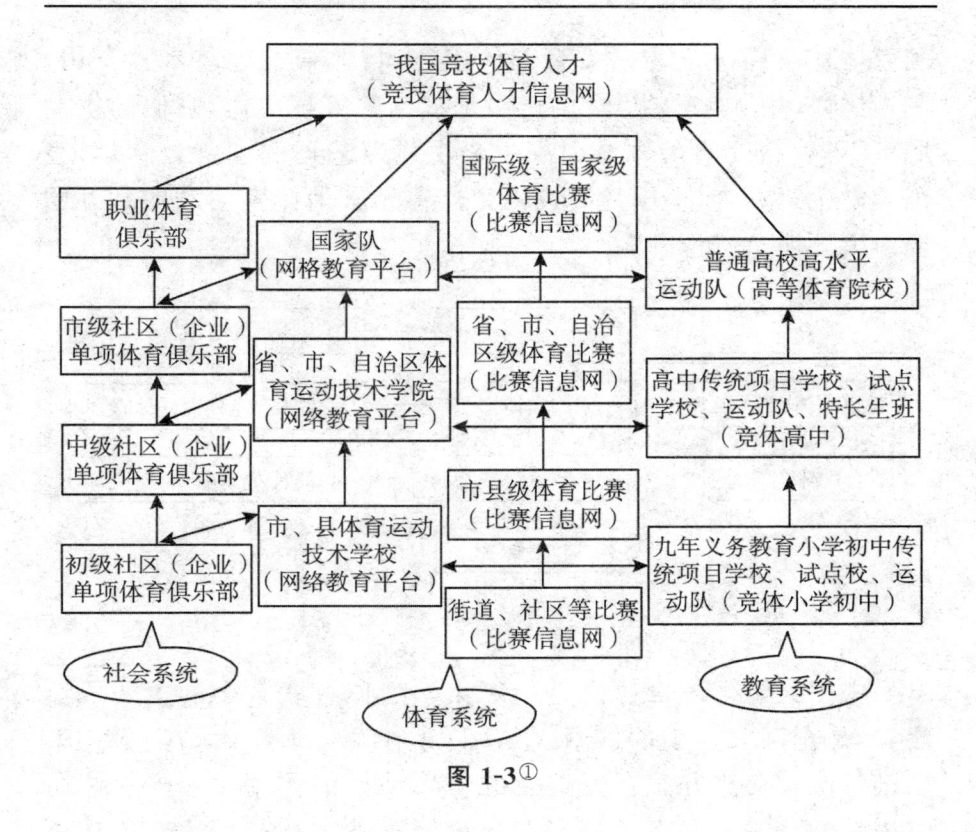

第五节　我国高校竞技体育人才培养理论及新模式构建

一、我国高校竞技体育人才培养的理论解析

(一)我国高校竞技体育人才培养的组织管理机构

1. 外部宏观管理组织机构

我国高校竞技体育的外部管理机构主要是民政部、教育部和

---

[1] 张志华.我国高校竞技体育后备人才培养的理论与实践研究[M].北京:化学工业出版社,2014.

国家体育总局(图1-4),教育部体卫艺司(体育卫生艺术教育司)和大体协(中国大学生体育协会)是真正的管理主体,它们的主要职责不同,高校课余体育训练主要由体卫艺司的训练处管理,全国大学生运动会、全国性高校体育比赛及其他体育活动的举办主要由大体协负责管理。

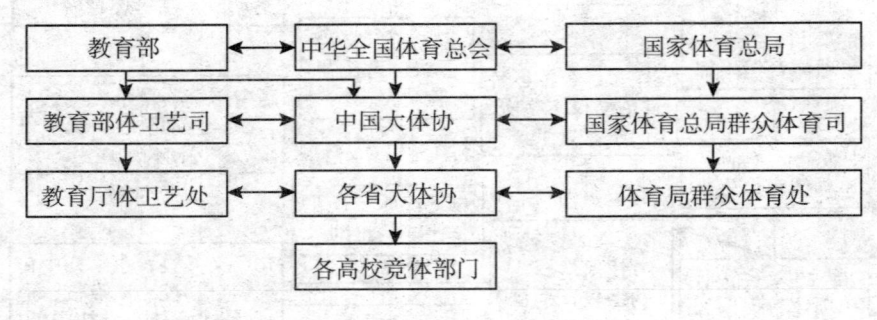

```
教育部 ↔ 中华全国体育总会 ↔ 国家体育总局
  ↕              ↕              ↕
教育部体卫艺司 ↔ 中国大体协 ↔ 国家体育总局群众体育司
  ↕              ↕              ↕
教育厅体卫艺处 ↔ 各省大体协 ↔ 体育局群众体育处
                 ↕
              各高校竞体部门
```

图 1-4

中国大学生体育协会是国际大学生体育联合会的主要成员之一,是全国大学生的群众性组织,其在我国大学生与世界大学生进行体育交流方面发挥重要的领导和组织作用。中国大体协组织机构设置如图1-5所示。相比于国外高校竞技体育管理机构,我国组织机构设置还不够完善,如没有建立资格委员会审查机构,各层次管理部门职能分工模糊,工作效率差等,这些都有待进一步完善。未来大体协软硬件方面的建设不断健全,将有助于促进大体协进一步发挥自身在高校竞技体育后备人才培养方面的作用。

目前,中国大体协呈伞状组织结构体系(图1-6),这种具有中国特色的协会管理方式是在我国国情和社会主义市场经济体制下孕育而生的,是由政府化管理向社会化管理过渡的过程中形成的阶段产物,它的产生与权力和利益的制度化分配密不可分。

2. 内部微观管理组织机构

我国的经济体制、教育体制比较集中统一,在此影响下形成的高校竞技体育人才内部管理形式比较单一。我国高校竞技体育人才的微观管理体制既不是独立型体制,也不是非独立型

第一章 竞技体育后备人才选拔与培养的基础理论

体制,而是介于二者之间。内部日常管理涉及高校许多部门,如图 1-7 所示。我国高校竞技体育人才的微观管理主要包括招生管理、专业学习管理、训练比赛管理、思想管理等内容。

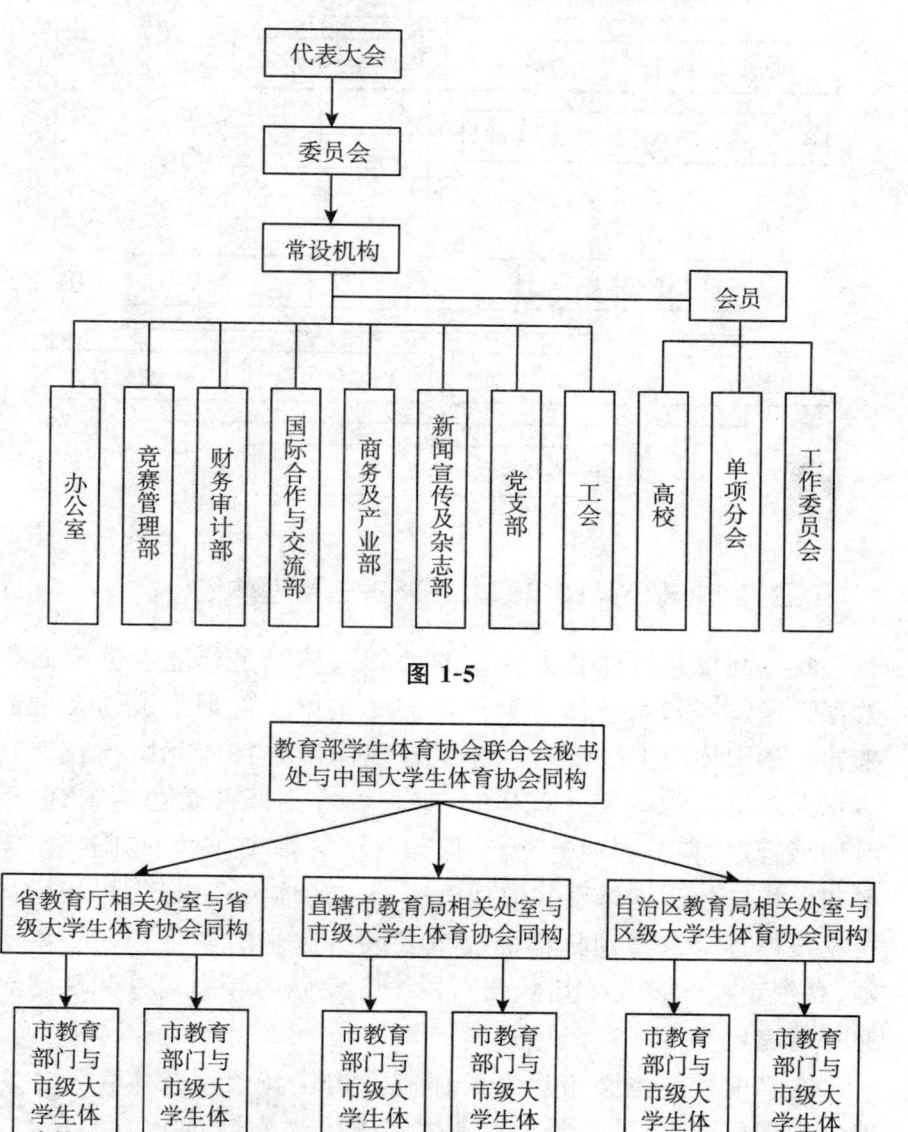

图 1-5

图 1-6

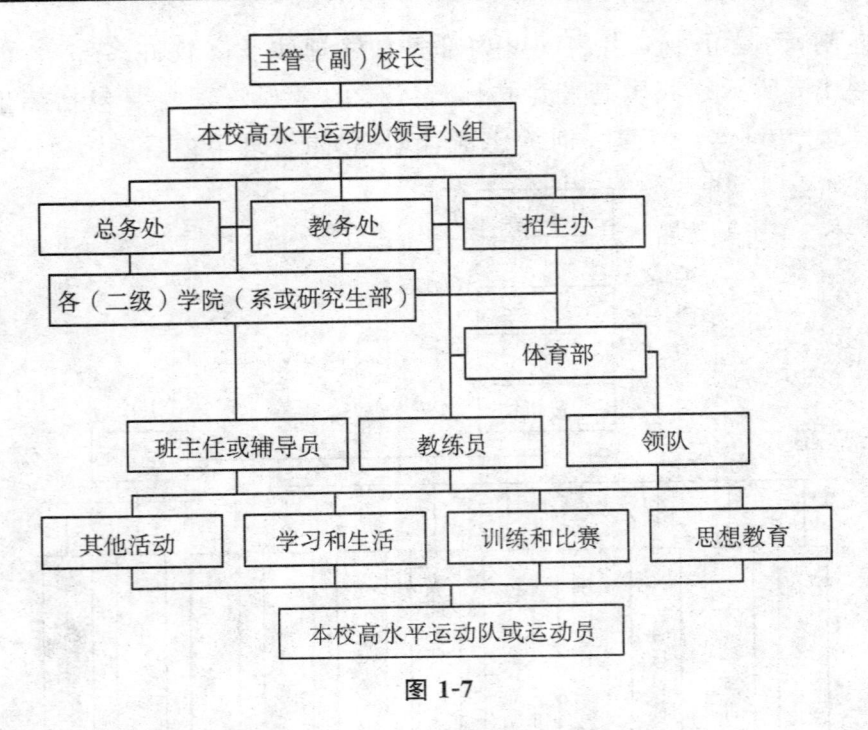

```
          主管（副）校长
                │
       本校高水平运动队领导小组
       ┌────────┼────────┐
    总务处    教务处    招生办
              │          │
    各（二级）学院（系或研究生部）
                         │
                        体育部
       ┌─────────┼─────────┐
   班主任或辅导员  教练员     领队
   ┌─────┬─────┬─────┐
 其他活动 学习和生活 训练和比赛 思想教育
              │
       本校高水平运动队或运动员
```

图 1-7

（二）我国高校竞技体育人才培养的管理体制

我国高校竞技体育人才培养的管理体制是建立在国家高等教育管理体制和竞技体育管理体制的基础上逐渐形成与发展起来的。举国体制下的政府主导型管理体制是目前我国高校竞技体育人才培养的主要管理体制，管理内容主要涉及招生管理、学习训练管理、竞赛管理等，为了保障这些管理工作的顺利开展，需要制定相应的制度体系。但现阶段相应的体系还未形成，我国高校竞技体育组织管理机构的设置及政策法规的实施存在一些问题，高校竞技体育人才培养及高校体育发展的管理需求无法得到充分的满足。

在当前社会主义市场经济体制下构建高校竞技体育人才培养的管理模式，关键是要对管理体制进行改革与创新。创新高校竞技体育人才的管理体制，要与我国竞技体育管理体制改革和高等教育改革的步伐保持一致，要密切结合我国高校竞技体育发展现状及竞技体育人才培养现状而进行改革创新，同时要对国外的科学改革方式与成功经验积极加以借鉴。例如,美国高校竞技体育人才培养管理实行的是职能独立的模式,中国大学生体育协会可借鉴该模式,转变自身的管理职能,优化我国高校竞技体育人才的培养环境,健全完善培养制度。此外,要加强政府职能的转变,推进大学生体育协会的实体化进程,使中国大学生体育协会真正发挥自身的智能作用,充分调动大学生体育协会中各单项协会在培养竞技体育人才方面的积极性,切实提高我国高校竞技体育人才培养质量与管理效果。

二、我国高校竞技体育人才培养新模式的构建

(一)我国高校竞技体育人才培养新模式的提出

目前我国高校竞技体育人才培养模式具有"各自为政、各为其事"的弊端,各高校虽然重视建设高水平运动队,但投入较少,而且政策支持力度较弱,管理比较随意,不够严格,缺乏长远可行的法律法规体系,这些导致高校竞技体育人才培养不规范,培养质量差。

我国各高校的资源条件不同,竞技体育发展情况也不同,所以对竞技体育人才培养的模式也应该是多种多样的,具体培养过程也应体现差异性。但受诸多因素的限制,导致我国高校竞技体育人才培养模式雷同、单一,这直接影响了大学生运动员和高校教练员的训练积极性,也影响了竞技体育人才的可持续发展。

我国在培养竞技体育人才方面主要依靠的是体育系统,随着我国竞技体育发展理念的转变,竞技体育人才的培养受到了教育系统、职业体育俱乐部等社会体育相关单位的关注,充分利用这些社会体育资源,发挥教育系统与俱乐部的优势,可以大大提高竞技体育人才培养效率,同时也能为竞技体育人才多元化培养模式的构建提供现实基础。在我国多元化竞技体育人才培养模式的影响下,高校培养竞技体育人才的模式也发生了转变,即从过去由体育资源独家包办的单一格局逐步转变为以教育资源为主,

以体育企业、体育俱乐部及其他社会体育社团等社会体育资源为辅的多元化格局。① 在新的培养格局下,有关人员提出了高校竞技体育人才培养的新模式——高校基地多元化培养模式。该模式强调培养高校竞技体育人才要充分发挥高等教育的重要作用,要将高校教育资源和体育资源充分利用起来,组织科学而系统的训练,提高运动队的训练水平,并将文化教育融入人才培养计划中,提高竞技体育人才的文化素质和综合素质,进而提高人才培养质量。此外,新的培养模式还提出要充分发挥体育企业、体育俱乐部等社会体育力量的作用,充分整合社会体育资源,从而为大学生运动员的未来职业转型打好基础。

(二)我国高校竞技体育人才培养新模式的理论模型构建

我国高校竞技体育人才培养新模式的理论模型如图 1-8 所示,这是以学校培养为中心、多渠道培养的模式,各培养单位并非各自封闭、各自为政,而是相互联系、互相补充、相辅相成。

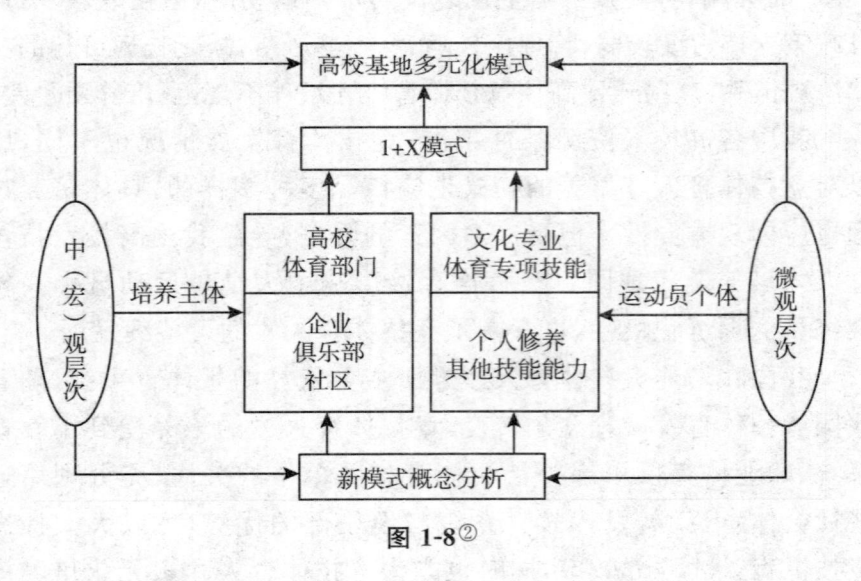

图 1-8②

---

① 张志华.我国高校竞技体育后备人才培养的理论与实践研究[M].北京:化学工业出版社,2014.

② 同上.

第一章 竞技体育后备人才选拔与培养的基础理论

高校基地多元化模式可以简化为"1+X"模式,这一模式可以从宏观和微观两个层面来理解。

从宏观层次上看,"1"指的是高校,高校文化氛围浓厚,可以培养大学生运动员的文化素质和运动技能,促进竞技体育人才全面发展。"X"指的是体育部门及社会上丰富多彩的体育资源(企业、俱乐部、社区等),这些资源在培养竞技体育人才、推动竞技体育发展方面发挥着重要作用,将这些资源充分运用到高校竞技体育人才培育中,可以弥补高校自身的缺陷与不足,从而提高人才培养效率。

从微观层次来看,"1"指的是运动员的文化专业,大学生运动员作为学生,必须学好文化课,具备良好的文化知识素养,以免退役后就业困难。"X"指的是运动员的体育专项技能、个人修养和其他技能能力。大学生运动员的第一身份是学生,第二身份是运动员,作为运动员,应拥有良好的竞技能力,在自己的专项中保持较高运动水平,并不断向更高水平努力,同时大学生运动员要注重提升个人修养、个人品质和其他技能,综合发展。

第二章 我国竞技体育后备人才的文化素质培养

竞技体育运动员的综合素质在很大程度上决定了我国竞技体育事业的综合实力，而运动员的文化素质又是最基础的素质，是影响其他素质形成与发展的关键因素，从根本上支撑着运动员的全面发展。因此在竞技体育后备人才培养中，不能一味强调培养后备人才的竞技能力，还应加强文化教育，提高后备人才的文化素质，为其综合素质的提高奠定基础。本章主要就我国竞技体育后备人才的文化素质培养展开研究，主要内容包括文化教育对运动员竞技能力发展的影响、竞技体育后备人才应具备的文化素质、我国竞技体育后备人才文化学习能力的培养、我国竞技体育后备人才文化教育现状及发展对策。

第一节 文化教育对运动员竞技能力发展的影响

运动员的文化学习与其竞技能力发展是相互联系、相互促进的，文化学习过程与运动训练过程是一个整体提高的过程，在这个过程中，文化素质发挥基础作用。运动员学习丰富的文化知识，可以对技战术有更准确的理解，能够对自身心理状态进行调整，促进正确决策，甚至还能使自己的运动寿命延长。如果运动员缺乏基本的文化知识，则其在运动训练中对教练员提出的训练方法手段及意图就很难准确理解，从而影响训练效果和竞技能力的提高。

在运动训练中，发现规律、掌握规律、运用规律等运动发展规律在一定程度上对运动员竞技能力的发展产生影响，运动员必须以文化知识为支撑，从理论上准确分析这些规律，并从感性认识上升到理性认识，才能在实践中正确运用这些规律，而只有在科学理论的指导下进行训练，才能提高训练效果。运动员发现运动规律和运用运动规律的能力与其文化水平成正比，即文化水平越高，能力就越强。所以，运动员不能忽视对文化知识的学习，只有掌握了一定的文化知识，具备良好的文化素质，才能更加积极主动地配合教练员完成训练计划，提高训练效果，增强运动能力。

下面具体分析文化教育对运动员体能、技战术、心理及运动智能发展的影响。

一、文化教育对运动员体能的影响

运动员竞技能力体系中，体能是基础构成部分，体能训练能够促进运动员身体形态的改善、身体机能的增强及运动素质的提高，良好的体能有利于运动员在运动训练和比赛中预防伤病。

运动员对运动过程的理解主要取决于其本身的文化程度，文化程度高的运动员往往训练的主动意识更强，即使没有教练员指导，也能从自身实际出发而有针对性地进行练习，弥补自己的不足之处，使自己的体能总体得到提高。运动员的文化知识水平、意志品质等都能体现在自我训练中，不管是自己选择训练内容，安排训练时间与负荷，还是采用训练方法手段等，都与文化学习方式对应。运动员在体能训练实践中，其自身所具备的专业知识与科学知识发挥着重要的指导作用。知识水平高的运动员自我训练的主动意识强，甚至训练效果比有教练员监督都要好，在运动员自主训练的同时，教练员及时指正错误的地方，则能大大提高运动员的训练效果。运动员文化学习与科学体能训练的关系如图 2-1 所示。

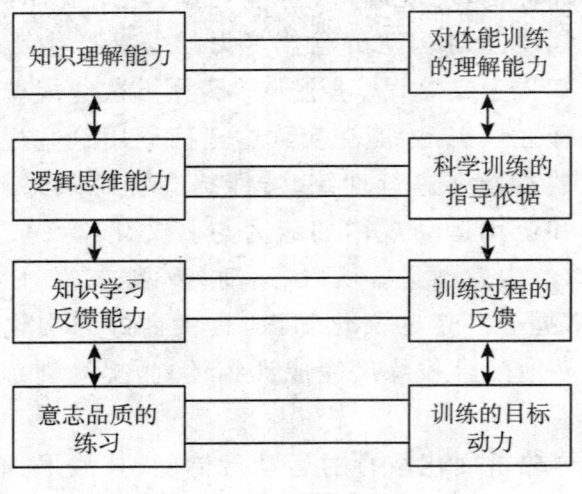

```
┌─────────────┐      ┌─────────────┐
│ 知识理解能力 │◄────►│ 对体能训练  │
│             │      │ 的理解能力  │
└──────▲──────┘      └──────▲──────┘
       │                    │
       ▼                    ▼
┌─────────────┐      ┌─────────────┐
│ 逻辑思维能力 │◄────►│ 科学训练的  │
│             │      │ 指导依据    │
└──────▲──────┘      └──────▲──────┘
       │                    │
       ▼                    ▼
┌─────────────┐      ┌─────────────┐
│ 知识学习    │◄────►│ 训练过程的  │
│ 反馈能力    │      │ 反馈        │
└──────▲──────┘      └──────▲──────┘
       │                    │
       ▼                    ▼
┌─────────────┐      ┌─────────────┐
│ 意志品质的  │◄────►│ 训练的目标  │
│ 练习        │      │ 动力        │
└─────────────┘      └─────────────┘
```

图 2-1[①]

体能训练中,运动量和运动强度是否适宜,可通过运动员的本体感觉这一指标来衡量。运动员可运用自己的知识与经验对运动量和强度进行判断与控制,从而以适宜的负荷达到最好的训练效果。运动员要不断学习文化知识,在文化知识学习过程中,其观察能力、反应能力、分析判断能力、逻辑思维能力等都会逐渐提高,并能在体能训练中实现良好的迁移。例如,学习数学知识会使运动员的反应速度得到提高,而反应速度又是运动员必须具备的基础体能素质之一。此外,运动员通过日常学习还能提高视觉、听觉、触觉以及本体感觉,这些都会对运动员的体能发展有益。

二、文化教育对运动员技战术的影响

运动员如果能够深入理解技战术,则其便能很好地掌握技战术,这对其竞技能力的发展也将十分有利。运动员技战术训练是

[①] 聂红海.河北省专业运动员文化课学习对其竞技能力发展的作用分析[D].河北师范大学,2015.

一个反复练习、不断提高的过程,在这个过程中运动员的文化知识水平会影响其对技战术要领的掌握。

运动员掌握技战术的过程也就是其主观意识上分析、理解以及运用的过程,而其自身所具备的文化知识素养是分析、理解与运用的基础与前提。运动员文化素质对其技战术提高的影响主要从以下三个方面体现出来。

(1)运动员通过大脑中枢的活动来练习与提高运动技战术,运动员的知识层次对其分析与理解技战术的动作要素、动作要领具有重要影响。例如,运动员学习与掌握铅球技术时,背向或侧向滑步的投掷姿势是最先练习的内容,掌握基本投掷姿势后再进行旋转姿势的练习,之所以这样安排,主要是因为初级练习者还没有深入掌握铅球运动的技术原理知识,而旋转投掷技术具有一定的复杂性,所以要循序渐进安排练习,在具备一定知识基础后再练习复杂技术。

(2)掌握运动技术通常要经历泛化、分化、动作自动化三个阶段(图2-2),这是运动技能形成的基本原理。其中分化阶段就是运动员利用自身所学知识分析理解技战术的过程,在理解的基础上反复练习,达到自动化效果。

泛化阶段 —掌握动作要领→ 分化阶段 —改进、提高→ 动作自动化阶段

图 2-2

(3)不同运动员的知识层面不同,所以他们可能对同一问题有不同的理解,而且也会采用不同的方式去解决同一问题。运动训练力求利用最少时间通过最佳训练方法达到最佳训练效果,要达到这一目的,就要求运动员拥有良好的文化素质。例如,在战术练习中,运动员要先利用自己的专业知识来分析战术,然后在教练的引导下对战术的实质、战术要求形成正确的理解,这有助于促进运动员战术素养的形成和战术水平的提高。

三、文化教育对运动员运动心理的影响

(一)对心理结构的影响

心理结构是人对客观物质世界的主观反映,也就是主体对客体的反映。运动员的文化素质对其心理结构具有重要影响,具体体现在以下几方面。

1. 激发动机

文化素质水平高的运动员能够更加明确比赛任务,能结合自身实际而确立比赛目标,树立正确的参赛动机,在比赛中将自身潜能充分发挥出来,争取实现预期目标。

2. 增加信心

在体育比赛中胜败乃是常事,失败是运动员经常会遇到的一道坎,经常失败的运动员甚至会对自己失去信心,此时适时调整心理非常重要。文化素质水平高的运动员不会因为暂时的失败而否定自己,他们往往能够认清自己的优势,并正确看待自己的不足,适时调节情绪,以良好的状态迎接之后的每一场比赛。

3. 保持良好战斗状态

运动员文化知识水平高,抗干扰能力、自我控制能力较强,在比赛中往往能够根据比赛需要和比赛环境很好地调整自己的状态,以最佳状态参赛。

4. 自我要求更加严格

运动员应该有好胜的个性心理,这种求胜心理能够激发运动员努力拼搏,不断突破自己,文化素质好的运动员往往能更加严格地要求自己,努力在比赛中取得一次次的突破。

(二)对心理稳定性的影响

心理稳定性指的是运动员在运动训练与比赛中主动克服外在不良影响,积极调整心理状态,使自身心理水平保持在可控范围内的能力。运动员参加重要比赛,有的会感到无比兴奋,而有的则感到十分紧张,过度紧张者的症状主要表现为心跳过快、呼吸短促、尿频等,甚至难以控制自己,这是中枢神经系统过于活跃,而植物性神经系统调节功能减弱的结果。运动员不管是过于兴奋还是过于紧张,都体现了心理的不稳定性,而这些不稳定心理都会对运动员在比赛中的表现及最终的比赛结果产生不良影响。运动员心理变化越大,身体机能波动就越大,情绪起伏也就明显,这不利于正常发挥。但文化素质水平高的运动员能够较好地控制自己的情绪,使心理波动趋于平稳,这主要得益于其在文化学习中得到提高的观察力、注意力、想象力、创造力以及分析与解决问题的能力等对调整心理状态发挥了正引导作用。[1]

运动员学习科学文化知识,掌握专业理论知识,再加上在训练与比赛中不断积累经验,从而有助于提高心理稳定性。在日常学习中也能不断提高心理的稳定性,虽然不同文化课的特性不同,但它们在提高心理稳定性方面的原理是相通的,对运动员进行文化教育,既能使运动员掌握文化知识,又能培养其作为社会人所需要具备的一些基本能力。

认知能力、情感、意志在心理学上是一个有机整体,它们之间是相互联系、相互制约的关系,运动员的竞技水平直接受其知识水平、情感水平及意志水平的影响。所有复杂的心理活动都是建立在感知觉基础上的,人们认识客观事物也是从感知觉开始的,任何心理活动都离不开感知觉。优秀的运动员不仅要有良好的感知觉能力,还要有优良的心理品质,如自信乐观、顽强拼搏等,这是现代竞技体育对优秀运动员心理素质的基本要求。文化素

---

[1] 聂红海.河北省专业运动员文化课学习对其竞技能力发展的作用分析[D].河北师范大学,2015.

质教育能够有效促进运动员心理素质的提升,运动员的心理成长是循序渐进的,因此要特别注意在青少年时期进行培养,这能够给运动员的整个运动生涯带来积极影响。

四、文化教育对运动员运动智能的影响

竞技体育不是简单的身体运动,而是以体能、技战术能力、心理能力、运动智能等为基础的综合运动。运动智能指的是运动员运用自己的知识技能科学参加比赛的能力。运动智能是运动员竞技能力的重要组成部分之一,在比赛中发挥着重要作用,甚至在某些情况下对最终比赛结果起主要决定作用。运动员的观察力、注意力、记忆力、逻辑思维能力、想象力及分析解决问题的能力等是其运动智商的主要表现载体。现代竞技体育对运动员的智力水平提出了越来越高的要求,在专项训练中,运动员智力好,才能更准确地认识与把握项目规律和特点,从而更科学地参与训练。文化教育是提高运动员运动智力的主要途径。

文化程度高的运动员一般运动智力也高,他们的思维很活跃,也比较理性,在训练与比赛中往往能够理性分析问题,有效解决问题,并能准确判断对手的意图,为本方创造最佳作战时机。因此,通过加强文化教育来提高运动员的智力水平很有必要。

文化教育影响运动员竞技能力的发展,进而影响运动成绩。运动员参加比赛,主要就是为了获得优异的成绩。通过比赛成绩可以综合评定参赛运动员的竞技能力。影响运动员在比赛中竞技表现的因素可分为内部因素与外部要素两类,内部因素指的是运动员的竞技能力,而影响运动员竞技能力的因素又包括先天遗传和后天训练两类。外部因素指的是比赛条件、社会条件等,其中比赛条件包括比赛评定、比赛规则、裁判人员的专业素质、比赛评判手段等都会影响比赛评定的结果,它们相互影响,对运动员的比赛成绩具有重要影响。

上面提到的内部因素与外部因素中,运动员自身竞技能力

(内部因素)在一定范围内是可控的,而客观方面的因素(外部因素)通常不可控(图 2-3)。运动员的比赛结果与其主观上的文化程度有着很大的关联,具体表现为文化程度决定其对比赛规则的理解与运用能力;运动员在文化学习中形成的洞察力、执行力以及控制力对比赛走向有决定性影响。因此,为了提高运动员的竞技能力与比赛成绩,必须加强对运动员的文化教育。

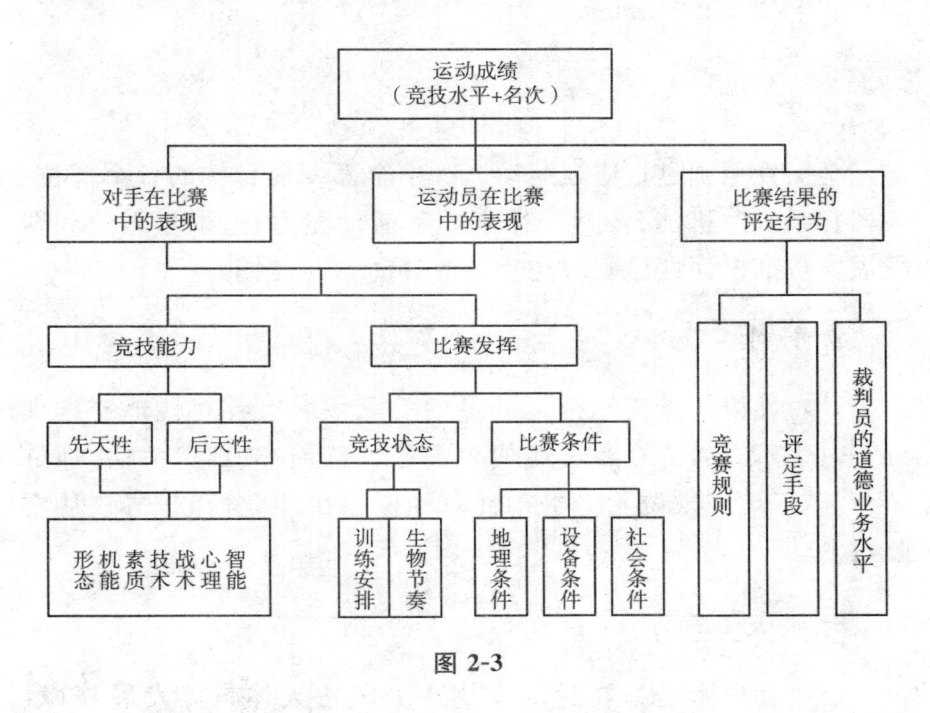

图 2-3

第二节　竞技体育后备人才应具备的文化素质

对竞技体育后备人才进行文化教育,首先要清楚竞技体育后备人才应具备哪些文化知识。学校文化课教育能够使竞技体育后备人才掌握基本的文化知识。对于可能成为运动员的体育后备人才来说,除了要掌握基本文化知识,还应掌握专项运动知识,包括运动训练知识、体育竞赛知识、运动保健知识等。本节重点就其中的运动训练知识与体育竞赛知识展开分析。

一、运动训练知识

(一)运动训练的原则

1. 全面性原则

全面性原则是指应在运动训练中全面发展身体的各个部位、各器官系统的机能、各种身体素质和活动能力,追求身心的和谐发展。贯彻全面性原则应注意灵活变动、有所侧重。

2. 针对性原则

针对性原则是指结合运动员的实际情况有针对性地安排训练。对于不同的运动员要确定不同的训练内容、训练方法、训练负荷等,不可强求统一。贯彻针对性原则应注意计划严谨、从实际出发。

3. 渐进性原则

渐进性原则是指在运动训练中必须按人体自然发展规律、机体适应性规律和超量恢复原理进行科学训练,从而逐步提升技能水平。贯彻渐进性原则应注意循序渐进、遵循人体生理规律。

4. 适量性原则

适量性原则是指运动训练中要安排恰当的生理和心理负荷量。训练效果的大小很大程度上取决于运动刺激的强弱。只有强度适宜,才有利于能量的恢复和超量补偿。贯彻适量性原则应注意量力而行、适当安排。

(二)运动训练的方法

1. 分解与完整训练法

分解训练法指的是将完整技术动作或战术配合过程合理分成若干个环节或部分,然后按环节或部分分别训练的方法。分解训练法适用于技术动作或战术配合过程较为复杂、可分解的情况下。

完整训练法指的是从技术动作或战术配合的开始到结束,不分部分和环节,完整进行练习的训练方法。完整训练法适用于单一动作的训练或不宜分解的技术的训练。

2. 持续训练法

持续训练法指的是负荷强度较低、负荷时间较长、无间断地连续进行练习的训练方法。持续训练主要用于一般耐力素质的训练中,而且这一方法对促进负荷强度不高但过程细腻的技术动作的完善非常有利。

3. 间歇训练法

间歇训练法指的是严格规定多次练习时的间歇时间,使机体在没有完全恢复的状态下反复进行练习的方法。通过严格控制间歇时间,可以在激烈对抗和复杂困难的比赛环境中更加稳定地发挥技术。

4. 变换训练法

变换训练法就是指通过变换运动负荷、练习内容、练习形式以及条件,从而提高运动员练习积极性、趣味性、适应性的训练方法。

5. 重复训练法

重复训练法指的是多次重复同一练习,并合理安排休息时间的训练方法。多次重复同一动作或同组动作,经过不断强化运动条件反射的过程,有利于牢固掌握技术动作。

6. 综合训练法

综合训练法是指把以上各种训练法结合起来运用,或者在一组训练中安排各种技术训练、灵敏训练、力量训练等多种内容的训练方法。通过综合训练可促进运动员运动素质和运动水平的全面提高。

(三)运动负荷的科学安排与调控

安排运动负荷需要遵循负荷、应激与恢复原理;竞技状态的形成与科学调控原理;周期性与节奏性原理以及竞技能力的训练适应原理等。教练员应在运动训练中根据训练任务及运动员的个体情况,参照人体机能的训练适应规律,以大负荷为核心,长期、系统和有节奏地安排运动负荷。

科学安排与调控运动负荷需注意以下几点。

1. 不同训练阶段采取不同调控方法

在训练初期,为了使运动员尽快进入运动状态,需要适当增加负荷量。在专项训练阶段,要通过增加负荷强度刺激来加快运动员的机体适应过程。

2. 运动负荷的个性化安排

教练员通过科学诊断来全面了解运动员的个体特点,从而确立符合不同运动员个体特点的个体负荷模型。

3. 处理好负荷量、负荷强度与总负荷的关系

按照运动项目的特点、训练任务、个体特点等,以总负荷的要求为基础,确定好量和强度的最佳组合。注意应从实际情况出发,合理搭配负荷强度和负荷量。

4. 重视恢复

运动水平的提高离不开对训练负荷的合理安排,没有恢复,也就没有新的负荷安排。教练员要注意掌握运动员训练后不同恢复阶段的时间、个体负荷的极限能力、承受极限负荷后的恢复时间,根据这些要点安排大负荷训练,并在训练后采用多种手段帮助运动员及时恢复,消除身心疲劳。

二、体育竞赛知识

(一)国内外重要体育比赛

国内外重要体育比赛主要有奥林匹克运动会、冬季奥林匹克运动会、亚洲运动会、世界大学生运动会、世界杯足球赛、世界篮球锦标赛、世界排球锦标赛、世界杯排球赛、世界田径锦标赛、全国运动会等。竞技体育后备人才应学习与了解这些重大赛事的基本信息,如起源与发展、比赛方法、主要规则等,从而为成为一名优秀的运动员奠定知识基础。

(二)体育竞赛的方法

体育竞赛的组织编排方法主要包括以下几种。

1. 淘汰制

在参赛队员比较多而比赛时间有限的情况下,为节约时间,可采用淘汰法,包括两种形式,一种是单淘汰,一种是双淘汰。

(1)单淘汰制

单淘汰制是参加比赛的队经过一次失败后,即被淘汰。这种竞赛方法适用于比赛队数多、比赛时限短、对名次要求不甚严格的竞赛中。采用单淘汰制进行比赛,具体方法如下。

比赛轮数:如果参加队数是 2 的乘方数,则比赛轮数正好是以 2 为底的幂的指数。如有 8 个队参加,即可分为 3 轮。

比赛场数:比赛总场数等于参加队数减 1。具体方法如下。

第一,根据参赛队数制定比赛轮次表,然后经各队抽签,再将队名填入相应表内。例如,8 个队参加比赛,轮次如图 2-4 所示。如果参加比赛的队不是 2 的乘方数,第一轮比赛中就会有一些队轮空。在编排上要使第二轮比赛的队数为 2 的乘方数。

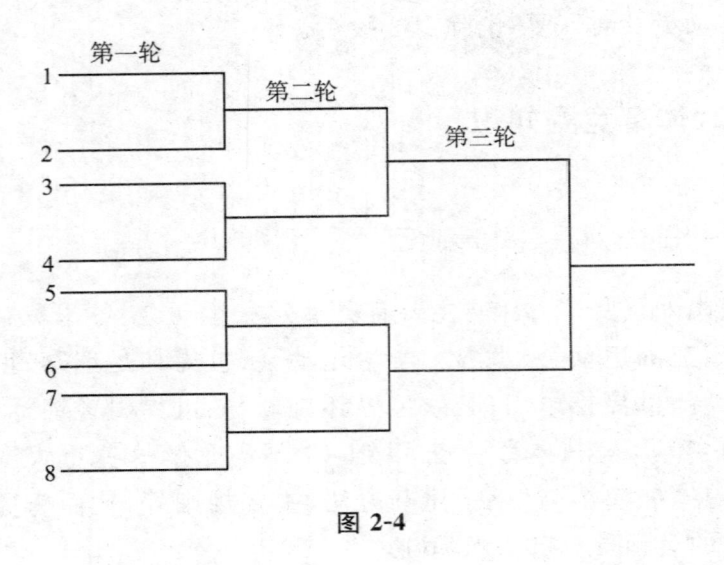

图 2-4

第二,轮空。若参赛者人数是 2 的乘方数,则第一轮都有比赛,如果不是 2 的乘方数,则第一轮有"轮空",使参赛者在第二轮中形成"满档",即 2 的乘方数。轮空数＝号码位置数－参赛人数。例如,参赛者 27 人,按比赛轮数的计算方法,号码位置数就是 32 个,如图 2-5 所示。

第三,抢号。参加比赛的人数稍大于 2 的乘方数时,选择参加人数最接近的、较小的 2 的平方数作为号码位置数,其中一小部分参赛者进行"抢号"。抢号就是在同一号码位置上,先进行一场比赛,胜者进该号,抢号的位置和轮空位置一样,"抢号"也算一轮。例如,有 11 个队参加比赛,轮次如图 2-6 所示。第一轮有 5 个队轮空,第二轮为 2 的乘方数。

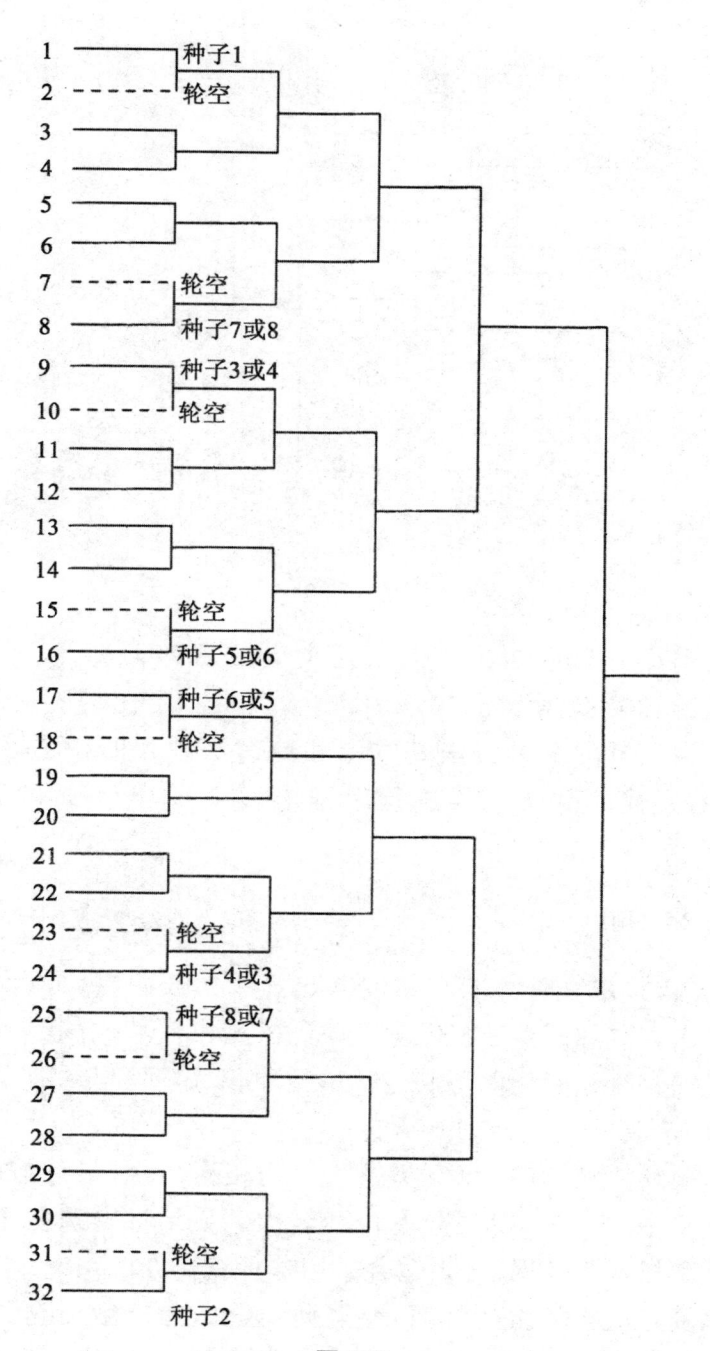

第二章 我国竞技体育后备人才的文化素质培养

```
1 ——— 种子1
2 - - - - 轮空
3 ———
4 ———
5 ———
6 ———
7 - - - - 轮空
8 ——— 种子7或8
9 ——— 种子3或4
10 - - - - 轮空
11 ———
12 ———
13 ———
14 ———
15 - - - - 轮空
16 ——— 种子5或6
17 ——— 种子6或5
18 - - - - 轮空
19 ———
20 ———
21 ———
22 ———
23 - - - - 轮空
24 ——— 种子4或3
25 ——— 种子8或7
26 - - - - 轮空
27 ———
28 ———
29 ———
30 ———
31 - - - - 轮空
32 ———
    种子2
```

图 2-5

图 2-6

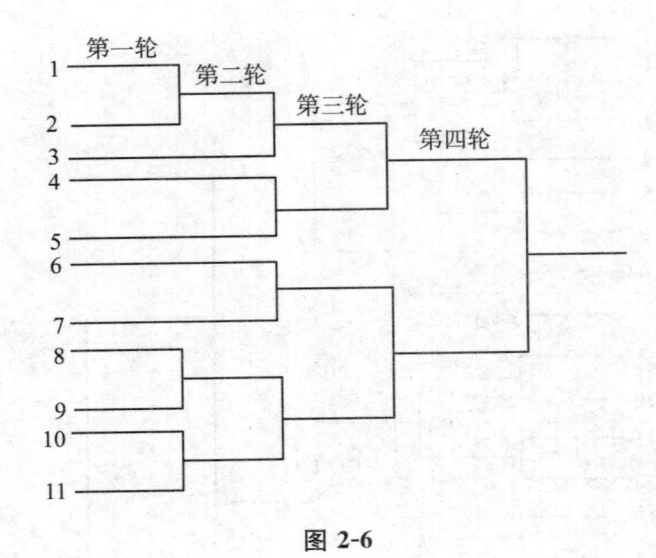

(2) 双淘汰制

双淘汰制是参加比赛的队两次失败后即被淘汰。这种竞赛方法给比赛队增加了竞争的机会,而减少了比赛胜负的偶然性。双淘汰制的编排方法基本上和单淘汰制相同,只是进入第二轮后,失败的队还要再进行编排继续比赛,再失败的队则被淘汰。

2. 循环制

循环制,是每队都能和其他队比赛一次或两次,最后按成绩计算名次。这种竞赛方法比较合理、客观和公平,有利于各队相互学习和交流经验。循环制包括单循环、双循环和分组循环。

(1) 单循环

单循环,是所有参加比赛的队均能相遇一次,最后按各队在全部比赛中的积分、得失分率排列名次。如果参赛球队不多,而且时间和场地都有保证,则适合采用这种竞赛办法。

比赛轮次与场次的计算:参赛队(人)数是奇数时,轮数和队(人)数相同。参赛队(人)数是偶数时,轮数=队(人)数-1。比赛场数计算公式如下。

第二章 我国竞技体育后备人才的文化素质培养

$$比赛场数 = \frac{队数或人数 \times (队数或人数 - 1)}{2}$$

比赛顺序的编排：一般采用轮转法。参加队数不论是偶数还是奇数，都应按偶数编排。如果是奇数，可以补"0"号与"相遇的队"轮空一次。例如，8个队参赛，编排方法见表2-1。还有一种"逆时针轮转法"，见表2-2。如果参赛队是奇数，可以用补"0"的办法编排，见表2-3。

表2-1　8个队参赛的比赛顺序（轮转法）

第一轮	第二轮	第三轮	第四轮	第五轮	第六轮	第七轮
1—2	1—3	1—4	1—5	1—6	1—7	1—8
8—3	2—4	3—5	4—6	5—7	6—8	7—2
7—4	8—5	2—6	3—7	4—8	5—2	6—3
6—5	7—6	8—7	2—8	3—2	4—3	5—4

表2-2　8个队参赛的比赛顺序（逆时针轮转法）

第一轮	第二轮	第三轮	第四轮	第五轮	第六轮	第七轮
1—8	1—7	1—6	1—5	1—4	1—3	1—2
2—7	8—6	7—5	6—4	5—3	4—2	3—8
3—6	2—5	8—4	7—3	6—2	5—8	4—7
4—5	3—4	2—3	8—2	7—8	6—7	5—6

表2-3　5个队参赛的比赛顺序

第一轮	第二轮	第三轮	第四轮	第五轮
0—5	0—4	0—3	0—2	0—1
1—4	5—3	4—2	3—1	2—5
2—3	1—2	5—1	4—5	3—4

(2) 双循环

双循环，即所有参赛队均能相遇两次，最后按各队在两个循环的全部比赛中的积分、得失分率排列名次。如果参赛队少，通过双循环比赛方法可创造更多的比赛机会。

(3) 分组循环

分组循环是将所有参赛队先分成若干个小组进行第一阶段预赛,然后每组的优胜队之间再进行第二阶段的决赛,决定最终名次。

3. 混合制

每种竞赛方法都有自身的优缺点,而且它们的优缺点都不是绝对的,只要符合竞赛的目的、性质、队数、时间、场地等的需要,就是相对正确和先进的。在特定条件下如果将不同的竞赛方法混合起来使用,就会扬长避短。一般可以先在第一阶段预赛中采用分组循环制,第二阶段决赛中采用淘汰制。

第三节 我国竞技体育后备人才文化学习能力的培养

一、制约竞技体育后备人才文化学习的主要因素

竞技体育后备人才对文化课兴趣低是制约竞技体育后备人才文化教育发展的一个重要因素。造成竞技体育后备人才文化学习兴趣低、文化基础薄弱的原因有很多,下面以体校学生为例分析几个主要原因。

(一) 学习基础的限制

体校学生中有一部分是因为文化课学习成绩较差,对文化课失去兴趣与信心,所以选择体育这条路来开拓新人生。而走上体育之路的学生本来文化知识基础较差,再加上将大部分时间与精力放在训练和比赛上,越发不重视学习文化知识,所以导致知识文化水平难以提升。

(二)学习时间的限制

体校的教育模式一般是半天时间训练,半天时间学习文化课,和普通学校的学生相比,体校学生学习文化知识的时间十分有限,要通过较短时间的学习而掌握丰富的文化知识是不现实的。

(三)角色转换频繁的影响

体校学生有双重身份,一是学生,二是运动员,在文化课上,他们是学生,在运动训练和比赛中,他们是运动员。文化课学习要求学生静心思考,而运动训练和比赛又要求运动员充分展现身体活动,两种不同的模式在体校学生身上反复交替。体校生要适时转换角色,并适应不同角色的要求,所以他们无法像普通学校的学生一样专心学习文化课。

二、竞技体育后备人才文化课自主学习能力的培养

培养竞技体育后备人才的自主学习能力,能够使其主动学习文化知识,提高学习效果,提高其文化素质水平。自主学习与被动学习、机械学习是相对的,它是在教师指导下以学生为中心的学习,注重对学生学习兴趣和学习动机的培养。教师在指导过程中创设与教学内容要求相符的情境,并将新知识与旧知识之间联系的线索提示给学生,从而使学生在自主学习中学会搜集和处理信息、学会主动获取新知识、学会科学分析问题和有效解决问题,并学会与同学或教师友好互动和相互合作。转变被动学习方式,推行自主学习方式,有助于促进竞技体育后备人才对文化课学习兴趣与学习信心的提升,从而培养他们良好的学习习惯。

学生自主学习的策略具体包括培养学习兴趣、唤醒学习意识、创设自主学习情境、营造民主和谐的学习氛围、体验自主学习

的欢乐、养成自主学习习惯等。结合这些学习策略和竞技体育后备人才自身的特点,应着重从以下几方面培养竞技体育后备人才文化知识自主学习能力。

(一)转变态度

运动员职业不是终身性质的,在文化教育中,应从国家队运动员退役后的职业转变和我国体育产业发展趋势等方面提高竞技体育后备人才对学习文化课知识重要性的认识,使其摒弃"重体轻文"的错误思想,树立体育与文化知识两手都要抓、两手都要硬的正确思想,积极主动地学习文化知识,为长远发展打好基础。

(二)培养学习兴趣,养成学习的好习惯

体校的学生普遍养成了按时训练和主动训练的习惯,但很多学生都缺乏主动学习文化知识的意识,更没有形成良好的学习习惯。要使他们养成好的文化学习习惯,首先要清楚认识他们的特点。体校学生从运动员角色转换到学生角色,需要有一个适应的过程,教师应适当创设情境,引导学生尽快适应学生角色,进入学习状态。例如,在语文课上先用几分钟时间简单介绍一些运动明星,英语课上观看英语动画,或创设有趣的情境让学生即兴表演,从而顺其自然地导入新课,激发学生的学习热情,吸引学习的注意力,久而久之便能够使学生养成好的学习习惯,并使他们的自主学习效率不断提升。

(三)结合个体特点制定学习目标

有了明确可行的学习目标,才能激发学生学习的动力。体校学生经过系统培养和个人努力,在比赛中取得优异成绩,往往能够获得二级运动员或一级运动员证书。高校面向体校学生招收高水平运动员,对体校学生的文化课成绩也是有一定要求的,按照这个要求制定文化课学习目标,能够激励学生努力学习,向目标前进。

(四)科学设计教学内容、合理选用教学方法

竞技体育后备人才普遍文化基础较差,所以针对这一群体进行文化教育,要以基础文化知识教学和基础知识运用为主,同时要安排具有针对性的强化练习与巩固复习。教师要适当将授课难度降低,结合学生的具体情况设计适宜的教学内容,选用易被学生接受和有趣的教学方法,不要贪多贪快。

(五)寻找适合的学习方法

学习有方法,但没有定法。我们不能单独评价哪种学习方法最好,只有结合具体学习情境和学习者的个人情况才能对学习方法的好坏做出评价,只有与学习者个性特点相符的且对达到学习目标有益的学习方法才是最好的学习方法。学生在预习、上课、完成作业、复习及考试等各环节都要找到适合自己的学习方法,教师要加强引导、指导与辅导,并与学生交流讨论有哪些更好的学习方法,帮助学生设计个性化学习方法。

(六)科学评价

教育具有评价功能,构建科学合理的评价机制,能够帮助学生正确认识自我,增加学生的自信心,并使学生发现自己的不足,主动改正缺点,不断完善自我。对竞技体育后备人才进行评价,主要从两方面展开:一是评价他们的日常行为,二是评价他们的课堂学习情况。每天都可进行日常行为评价,这方面可采用自评方式,由学生自己对一天的学习行为进行总结,总结中既包括做的好的方面,也包括做的不足的地方,全面总结,不可避重就轻。课堂学习评价一般在课的结尾进行,可以是教师评价学生的课堂行为和学习情况,也可以由学生自己评价,如有哪些收获、感受如何等,这有助于使学生集中精力学习,提高学习效率。

第四节 我国竞技体育后备人才文化教育现状分析

一、我国竞技体育后备人才文化教育的发展历史与现状分析

(一)举国体制下竞技体育后备人才文化教育的缺失

20世纪50年代,我国竞技体育开始蓬勃开展,这与当时实行的举国体制有必然的联系。在社会主义初级阶段背景下,适应我国竞技体育发展目标的举国体制应运而生。举国体制下主要由体育部门在国家财政的支撑下发展体育事业,体育部门将全国体育资源合理配置、充分利用,最大限度地将各方面的积极性调动起来,上下一条心,致力于发展竞技体育事业,提高竞技水平,创造优异成绩,为国家争取荣誉,提高综合国力。举国体制可以说是计划经济条件下发展体育事业的必然结果。举国体制在培养运动员、推动体育事业发展方面起到了显著的作用。20世纪60年代中期,"思想一盘棋、组织一条龙、训练一贯制"的三级训练网体系成为我国发展竞技体育的重要模式,举国体制不断趋于完善。

计划经济时期的运动员是国家的正式职工,国家不仅负担现役运动员的衣食住行,还为退役运动员分配工作,使其有稳定的收入。所以在当时人们都很羡慕专业运动员职业,这也是很多青少年儿童被家长送入体校的主要原因之一。体校既开展文化教育,也开展运动训练,这种体制与全日制教育不协调,再加上体校的运动训练不断趋于专业化,所以需要在不影响运动训练的基础上采用一套合理的方法对文化教育的问题加以解决。对此,国家体委训练局和一些地方的体育部门成立了体工队文化教育科

第二章 我国竞技体育后备人才的文化素质培养

(组),运动员的文化教育由这一部门专门负责管理,体育部门内部自办教育的格局由此形成。这也说明竞技体育系统与教育系统的关系越来越远,二者几乎彻底分离。

(二)体教结合模式下竞技体育后备人才文化教育发展情况

体教结合模式建立后,竞技体育后备人才文化教育随着该模式的发展而发展,具体经历了以下几个阶段。

1. 探索阶段

在一定时期内举国体制是培养优秀运动员最便捷、最有效的体制,该体制在培养高水平竞技人才、提高我国竞技运动水平方面取得了很大的成功,从 20 世纪 80 年代初中国女排崛起到北京奥运会上中国运动员取得的优异成绩足以证明这一点。随着社会的不断发展,以集中封闭为主要特点的举国体制逐渐暴露出缺陷,不仅是运动训练方面有缺陷,在安置退役运动员方面也出现了问题。因为举国体制下培养竞技体育人才,对文化教育的重视不够,所以造成了运动员文化素质水平低的局面。文化素质较差的运动员退役后要在高校中继续接受教育是有一定难度的,而且也很难在社会竞争中立足,就业难对他们来说是一大困扰。

现代社会各行各业的发展与成熟为人们提供了很多就业机会和充足的发挥空间,但同时也对求职者的文化水平提出了较高的要求。"全日制教育—高考—上大学—择业"这条路是青少年获得文凭、提高文化水平和将来顺利就业的主要道路。很多运动天赋好的孩子也选择了全日制教育,所以业余体校数量较之前有了减少,现有的体校生源少,面临发展危机。为弥补新形势下原体制的不足和解决竞技体育后备人才不足的问题,教育部门决定辅助开展中小学业余体育训练,这使得竞技体育后备人才培养的范围得到了扩大。

1985 年 12 月,原国家教委和国家体委联合召开全国学校业余体育训练工作座谈会,学校业余体育训练的指导思想在此次会议上被明确下来，会议强调要发展学校体育，就应该将学校业余体育训练作为主要内容来抓，认真贯彻新的教育方针，严格遵循教育规律、运动训练规律来系统开展训练，从而更好地培养全面型竞技体育后备人才。此外，学校业余体育训练的目的和任务也在此次会议上被明确提出，会议指出开展学校业余体育训练，以进一步开展群众体育运动，促进全体学生体质的增强和学校体育发展水平的提高。在训练中发现运动天赋和运动基础好的学生，重点对有天赋的学生进行系统培养，打造思想道德素质高、文化修养好及运动能力强的新型人才。被挖掘的运动苗子经过系统科学的训练，有可能成为优秀的专业运动员，将来代表国家参加国际体育赛事，为国争光。即使将来退役，他们也能凭借之前积累的科学文化知识和掌握的专业技能而顺利就业，有些退役运动员还能成为群众体育骨干，为群众体育事业的发展做出重要贡献。总之，此次会议从政府决策层面基本突破了单独由体育部门培养竞技体育后备人才的封闭局面，为体育部门和教育部门联合起来共同培养竞技体育后备人才指出了新方向。"体教结合"的培养模式由此萌发。

为转变运动员文化教育落后、竞技体育人才文化素质水平低的局面，原国家体委决定将"运动队院校化"作为突破口，提出"优秀运动队向学校化过渡的方针"，我国运动员文化教育改革与实践的帷幕由此拉开。20世纪70年代末期，我国一些地方在业余体校基础上创办了中等体育专业学校，这类学校的任务是多元的，包括培养竞技体育后备人才、培养中小学体育教师、强化运动员文化教育等。过早退役的运动员也可以在学校接受教育，对他们进行文化教育，有望将其培养成优秀的体育师资，从而扩充我国体育师资队伍，解决体育师资不足的问题。与此同时，体育运动学校培养体育师资和加强运动员文化教育也有助于解决运动员的就业问题。20世纪80年代，全国体育运动学校数量、在校学生数量以及专职教练员数量不断增加，体育运动学校得到了政府的大力支持与社会的认可。我国还明确提出要密切联系体育体

第二章 我国竞技体育后备人才的文化素质培养

系和教育体系,这为运动队实施竞技体系和教育体系的结合明确了方向。

总之,这一阶段我国各地从实际出发探索竞技体育后备人才文化教育的改革路径,积极构建符合新形势的竞技体育后备人才文化教育体系,并取得了一定的成绩。

2. 发展阶段

1986年,原国家教委、国家体委号召加强学校体育工作,将学校业余体育训练工作全面落实,提高学校体育发展水平,培养优秀的体育后备人才,并先后印发了《全国培养高水平学生运动员试点学校申报审批暂行办法》《关于开展业余体育训练,提高学校体育运动技术水平的规划》,详细规定了试点学校申报条件和审批程序,明确部署了学校业余体育训练的任务和进程,并提出要建设体育强国,就要将学校体育工作重点抓好,加强课余运动训练,增强学生体质,挖掘有运动天赋的少年儿童。在国家的号召下,我国各地大、中、小学积极创办运动队,组织课余运动训练,将学校体育与学校教育结合起来大力培育竞技体育人才。1987年,原国家教委确立了52所普通高校试办高水平运动队,这些高校从自身实际出发建立运动队(以田径和三大球项目为主),按照教委要求招收运动成绩优秀的中学生,并从在校大学生中挖掘体育成绩突出者,将他们作为训练和培养的主要对象,目标是培养优秀的大学生运动员,使其在省级大学生运动会或全国大学生运动会上取得优异成绩。

高校如果只从学校中挖掘运动人才,则难以在短时间内使运动成绩显著提高。于是从20世纪90年代开始,高校招收体校运动员和优秀退役运动员,尝试创办高水平运动队,之后这一改革不断扩大规模。有些学校专门在高中设立预科班,专门面向还未进入专业队的运动员学生招生。这一阶段从某种意义上来说,学校的运动水平是由招生这一环节决定的。学校把"体教结合"的目标定位在省市大学生运动会或全国大学生运动会上为校争光,为了降低招生成本,并在短期内创造好成绩,高校特别面向专业运动员招生,招生政策也随着形势和目标定位的变化而变化,政策比较灵活,为高校高水平运动队的发展和运动水平的提高提供了优秀的人才资源。这一时期,一些运动水平较高的运动员为了接受高等教育而放弃进专业队的机会或提早退役进入高校,但因为高校的训练环境、条件较差,训练水平整体不及专业队训练,所以习惯了专业训练的运动员进入高校后感觉无所适从,再加上他们文化基础薄弱,学习文化课比较吃力,所以不管是文化学习还是运动训练,都不尽如人意。这也是我国在运动员"院校化"改革中的一个难题。

3. 多元化探索阶段

20世纪90年代中后期,在《中国教育改革和发展纲要》《国家体委关于优秀运动队教育工作深化改革的意见》《国家体委关于加强和发展优秀运动队职业教育的意见》等文件的指引下,我国全面贯彻落实运动队文化教育工作,进一步探索竞技体育与文化教育相结合的科学路径。[①]

在多元化探索阶段,我国普通高校创建"一条龙"竞技体育人才培养模式,如1997年清华大学成立跳水队,除招收少数几名优秀运动员外,重点培养小运动员,从附小、附中到大学进行"一条龙"培养。在一条龙式的培养过程中,将文化教育与运动训练有机结合,使学生运动员的学习进度和普通学生保持同步,学习、训练两不误,这对于培养全面发展的优秀体育后备人才具有重要意义。

随着高校高水平运动队的不断发展,对生源的需求越来越大,因此中小学也逐渐开始重视对体育特长生进行培养,并成立体育特长生培训班,这有力推动了体育传统学校的发展。为了鼓励中小学体育工作的开展,国家制定了一些与体育特长生招生相

---

① 于振峰.新时期我国竞技篮球项目后备人才培养研究[M].北京:北京体育大学出版社,2012.

第二章　我国竞技体育后备人才的文化素质培养

关的优惠政策,高校也不断拓宽招生面,招生量不断增加。此外,招收体育特长生的高校不再限于原来规定的 52 所高校,各地很多高校都纷纷以不同形式创建高水平运动队,招收体育特长生,一些体育学院还办起了竞技体校。竞技体校的运动员在基地训练期间由学校专门派教师给他们上课,赛后调整期间再回到学校和其他学生一起上课,学校对运动员的教育方式比较灵活,运动员学制可以延长。

竞技体育与体育院校相结合的模式也是我国培养竞技体育后备人才的重要模式之一,主要有以下两种形式。

第一,体育教育资源与竞技体育资源重组、体工队与体育学院合并,采用这一形式的代表院校是南京体育学院和吉林体育学院,如吉林省体工队与体育学院合并,实施运动员的身份学生化、运动员的管理学籍化、运动队的管理院校化,也就是所谓的"三化"改革,这种形式下就是完全在体育院校内对运动员进行文化教育。

第二,依托体育院校而将教学、训练、科研有机结合起来。这种形式下的运动员都是体育院校学生,他们学习文化知识,也参加运动训练,文化教育和训练兼顾。

竞技体育人才的培养模式不同,学校的办学管理体制也就有一定的差异,常见的办学管理体制有体工队负责运动训练、院(校)负责文化教育的院队分开的分散管理型体制;以运动技术院(校)为主体、院队合一的集中管理型体制;依托体育院校和普通高校对优秀运动员进行文化教育的结合管理型体制,等等。[①]

4. 加强管理阶段

21 世纪以来,"体教结合"的人才培养模式在全国各级学校以不同方式落实,如运动员学籍注册在学校,运动员资格注册在省级专业队的体、教联姻;省级专业运动队以部分项目为单位与普

---

① 于振峰.新时期我国竞技篮球项目后备人才培养研究[M].北京:北京体育大学出版社,2012.

通高校合作或联合办队;高校成为国家队的训练基地或承办某项目的训练;体工队成建制地并入综合大学体育学院和体育专业学院;校长负责制共建学校体育人才培养基地;创办体育特色学校等。① 体教结合自成体系,多种实施形式共存,取得了良好的实践成果。

进入 21 世纪后,体育部门与教育部门从不同层面管理学校体育工作,在体教结合模式下促进竞技体育后备人才管理的不断规范,有序推进培养竞技体育后备人才的工作。国家体育总局、教育部还联合印发关于国家级体育传统项目学校评定办法、标准及评分的通知,表彰国家级体育传统项目学校,同时决定定期检查评估。此外,教育部、国家体育总局联合下发《关于进一步加强普通高等学校高水平运动队建设的意见》,对高校高水平运动队建设进行全面部署,涉及招生政策、学籍管理、运动训练、竞赛制度等方面。

总之,体教结合的人才培养模式在很大程度上解决了学训矛盾,关注运动员文化教育,注重提升运动员文化水平,从长远考虑运动员退役后的就业问题,将文化教育与竞技训练同步重视起来,这为我国培养出优秀的竞技体育后备人才做出了巨大贡献。

二、我国竞技体育后备人才文化教育存在的问题

现阶段我国竞技体育后备人才文化教育方面主要存在以下几方面的问题。

(一)学训矛盾依然存在

在我国培养竞技体育后备人才的历史进程中,学训矛盾一直都存在,而我国体育行政部门也一直在努力解决这个问题,但矛盾始终没有彻底消除。学训矛盾产生的根源是我国长期以来培

---

① 于振峰.新时期我国竞技篮球项目后备人才培养研究[M].北京:北京体育大学出版社,2012.

养竞技后备人才更偏重运动训练,而对文化学习不够重视,再加上缺乏优秀的高水平教练员,所以导致这个矛盾长期难以消除。学生运动员有双重身份,既要学习文化知识,又要训练和比赛,他们的时间和精力相对有限,难以全面顾及,再加上主观意识上存在问题,对学习与训练的关系处理不好,导致学训矛盾日益加重。

高水平运动员的文化基础更是薄弱,他们训练年限长,几乎将全部精力放在训练和比赛上,很少学习文化知识,甚至连中小学义务教育都没有系统接受,因此文化水平严重滞后于运动水平。这些运动员即使有机会进入高校接受高等教育,也很难跟得上正常教学进度,和其他学生相比学习起来会很吃力,而文化学习不顺利又会影响他们在运动训练中的表现。

(二)教育思想落后,办学方向不明确

随着社会就业机制的改革与完善,政府不再统一安置退役运动员,运动员退役后进入社会就业,要接受人才市场的洗礼与社会的考验,这是一个双向选择。现代社会是学习化社会,要适应学习化社会,首先要推进教育社会化。现代社会就业普遍比较难,很多行业对人才的专业知识、业务能力及综合素质都提出了较高的要求,对此,在竞技体育后备人才文化教育中,要根据社会就业的新趋势及对人才的要求来进行课程改革,增设实用性课程,并从受教育者的实际情况出发对课程资源进行优化,从而培养出适应现代社会发展需求的人才。

当前,我国竞技体育后备人才文化教育的形式化问题严重,有关技能方面的教育内容较少,教师不注重培养运动员的职业技能,而且文化课程设置不合理,缺乏科学性与严谨性,基础课与专业课之间缺乏联系,不成体系,不符合市场经济的特点和社会各行业对人才的要求。再加上受传统竞技体育人才培养体制的影响,我国竞技体育后备人才没有系统接受基础文化教育,造成文化基础薄弱,以致将来步入高校要学习专业知识和专业技能是有较大难度的。有些学校对运动员文化教育的特殊性不予考虑,选用教材比较随意,导致不管是教师教学还是后备人才学习,都面临一定的困难,这直接影响后备人才文化水平的提高及退役后顺利就业。

这里需要提醒的是,培养竞技体育后备人才不是培养专门的运动机器,而是培养全面的精英体育人才,在培养过程中要长远考虑,要对他们的整个运动生涯及退役后的就业与生活负责,为他们的未来发展多提供一份保障。

(三)体育系统和教育系统缺乏深层结合

体育部门从20世纪80年代中期开始与教育部门联合起来办体育,并逐渐构建了新的人才培养体系,即从小学、中学到大学的"一条龙"培养体系。这表明体育部门与教育部门联合办体育的计划进入实质性阶段,竞技体育的发展渠道也因此而不断拓展。体育部门与教育部门在联合办体育的过程中各有自己的决策、运作系统和管理方式,而且各自的权利与义务、追求的目的与要完成的任务也有不同,各自的出发点都是最大化地为自己争取利益。两个部门对"体教结合"没有形成统一的认识。体育部门将此作为解决后备人才培养中文化教育问题的主要手段;教育部门将此作为丰富校园文化,增强学生体质以及提高学校知名度的重要路径。两个部门的出发点和目标都不一致,没有专门就"培养高水平竞技体育人才"这一目标而进行深度交流与合作,运行与管理中缺乏有机协作和整体规划,而且在政策、制度方面的支持与保障力度也较弱。

虽然在体教结合模式下由体育部门与教育部门共同办体育,但发挥主导作用的依然是体育系统。我国体育赛事、体育科研、体育外交等各方面的体育资源都由体育系统集中控制和掌握,体育系统采用计划手段对重要的体育资源进行培养,在管理上主要采用行政手段,尽管我国不断致力于体育改革,但依旧没有从根本上打破体育部门既办又管的传统格局。在体育系统的集中管理背景下,高校高水平运动队一直处于"编外"的尴尬境地,高校教练员没有机会与地方专业队的教练一起接受专业培训,对于运动训练的第一手资料也无法及时获取,因此在培养高水平优秀运动员方面,高校教练员发挥的作用有限,难以成为中坚力量。不仅是高校教练员的处境尴尬,高校运动员的处境也同样如此,他们不能以学校名义直接注册到竞赛管理部门、单独参加国内重要赛事。体育系统从形式上将各级体校转换为中专、大专,但并未深入调整运行机制。体校一味追求运动员输送率,办学导向存在偏差,评价标准系统也不完善,重体轻文的思想根深蒂固,为了让运动员训练和比赛,甚至可以放弃文化课教学,学校文化学习氛围不强,学生缺乏文化学习的兴趣与积极性,因此退役后很难顺利完成继续教育或直接就业。在系统内部对竞技体育后备人才进行培养早已成为体育系统习惯的固定模式,这一培养模式结构严密,运行机制相对完善,为中国竞技体育的发展做出了巨大贡献。但它的弊端也很明显,从运动员的可持续发展来看,这一模式是有待改革与完善的。

体教结合下的教育部门培养运动员的主要目标是让本校运动员在省市大学生运动会或全国大学生运动会上取得优异的成绩,为学校争光,提高学校的知名度。许多教育管理者认为,体育工作是由体育部门专门负责的,学校体育只是增强学生体质,对学生的良好心理素质和社会适应能力进行培养的手段。学校创建运动队是为了丰富校园文化,树立学校品牌,提高学校声誉。因为竞技体育比赛具有非常好的广告效应,因此学校领导热衷于组建高水平运动队,忽略了自身培养优秀运动人才的责任,而直接招收现役或退役的高水平运动员来代表学校参赛,这导致高校高水平运动队之间的比赛成为专业运动员之间的较量。高校甚至与体育局合作、联办,给招收的现役运动员发放文凭。

总之,体育部门与教育部门虽然都在落实体教结合,但二者缺乏统一的认识与一致的目标,所以未能深度合作,这直接影响了我国竞技体育后备人才的培养质量。

(四)行政管理部门不够重视竞技体育后备人才培养

名义上体校有很多主管部门,但因为各部门之间分工不明确,相互之间缺乏交流互动,所以造成了谁都管不好的局面。例如,教育主管部门因为不具备行政管辖权,再加上缺乏正确深入的认识,因此业务指导不够严谨,没有进行真正意义上的统筹管理。而行政管理部门既缺乏对教育问题的正确认识,也缺乏管理经验,所以无法给予实质性的指导。而且因为行政管理部门不够重视培养体育后备人才,所以导致学校与外界脱节,缺乏有效的互动。

(五)竞赛体系中的问题

运动竞赛是体育的最高表现形式,是对运动员的训练水平进行检验,促进运动员实战经验不断丰富,促进比赛承办单位知名度和参赛运动队知名度提升的一个重要手段。在竞技体育后备人才培养中,运动竞赛是一个不可忽视的重要组成部分,这方面目前主要存在以下两个问题。

第一是青少年比赛赛制的问题。由教育部门主办的青少年体育比赛,参赛者主要是在籍在校学生,赛事组织主要按学年段划分,不同学年段的学生参加相应级别的赛事;体育部门举办青少年体育赛事是为了对体育后备人才进行培养,所以一般按年龄分段。可以由不同系统主办的赛事在赛制上存在冲突。另外,不同体校每年参加比赛的次数是有差异的,参加太多会使学生的文化课学习受到影响,而参加太少又达不到培养体育人才的目的。

第二是大学生运动员的参赛问题。除了挂名在学校的专业队,高校高水平运动队每年只有少数机会参加比赛。虽然"体教结合"模式运行了很多年,但体育系统还没有真正开始接管高校体育竞赛,目前还是在教育系统内对大学生体育竞赛进行管理。高校高水平运动队参加的比赛大都是业余水平的比赛,运动员得不到好的锻炼。可以说,体教结合模式并未在竞赛领域得到落实,大学生运动员的可持续发展受到了严重的制约。

(六)竞技体育后备人才文化基础差,后续教育有困难

学生运动员长期以来受到"重专业、轻文化"思想的影响,没有摆正对文化学习应有的态度,认为自己只要训练好、在比赛中取得好成绩就可以高枕无忧了。再加上学生运动员缺乏良好的自律性,所以导致其文化水平与普通同龄学生相比存在一定差距。

在役运动员接受中高等教育后其文化水平渐渐得到了认可,但从教师对他们学习效果的评价来看,还是不能令人满意。学生运动员在学校就读的学习成绩与本校预期教学目标还有一定的差距。对此必须加强对学生运动员文化教育的改革,提高竞技体育后备人才文化教育的质量。

(七)体育系统内缺乏教育资源

目前,我国体育系统主要负责各项体育事业,包括对竞技体育后备人才的培养。但体育系统内部缺乏一定的教育资源,包括教育资金、教育设施及教育人才,这就导致后备人才的教育质量得不到保障,影响了后备人才综合素质的培养与提升。

第五节 我国竞技体育后备人才文化教育发展的对策研究

一、有效解决学训矛盾,推进教育教学改革

改革竞技体育文化教育体制,必须有效落实文化教育工作,将训练竞赛与文化学习的矛盾妥善处理好。有关部门要重新对竞技体育后备人才文化教育的质量标准进行制定,建立科学合理的竞技体育后备人才文化教育管理模式,模式要适应竞技体育运动训练特点,体现出灵活多样性。要结合后备人才的实际情况而

对文化教育教学的教材体系与教学内容进行深入改革,全面落实素质教育。在教学组织形式上,不能千篇一律,不能直接套用原来的组织形式,而要与运动训练密切结合,促进文化教育与运动训练的协调发展。

二、深化与职业教育的结合,构建多元文化教育体系

(一)"职体结合"

在知识经济时代,随着科技的进步,社会上涌现出大量的智力资源,其中主要包括知识、信息和教育等,这些资源的主要利用形式有无形资产投入;形成以技术、专利为主的知识产权等,人们可以反复使用或复制这些生产要素,这些资源具有无限性和可扩散性,能够弥补自然资源的不足。充分利用这些资源有助于兼顾经济效益与社会效益,推动社会经济可持续发展。因此,在新的历史时期,我们不能一味将目光投入到对自然资源的开发利用上,还应加强对智力资源的开发利用。

我国高等教育的规模近年来迅速扩大,而且高等教育不再一味搞精英教育,开始慢慢向大众教育转化。接受过高等教育的人和没有接受过高等教育的人相比,综合素质、接受事物的能力比较强,但劳动技能、动手能力未必就强于其他人。社会就业的天平原来是此消彼长的,但现在因为结构调整不均衡、思想观念陈旧,所以天平的两头都低。而且改革开放后,计划经济时期形成的运动训练体制逐渐显露出自己的弊端,与社会主义市场经济规律不符,从而才慢慢开始落实"体教结合"体制。但竞技体育后备人才培养成本高、文化教育缺失、退役运动员就业难等深层矛盾依然存在,而且短期内很难彻底解决。在这一背景下,"职教结合"培养模式应运而生。

"职体结合"指的是教育系统与体育系统以共同目标为导向,根据竞技体育后备人才的特点,将职业教育与体育有针对性地结

合在一起。这是新时期加强学校体育工作、全面实施素质教育、推动职业技能发展、整合体育与教育资源而实施人才培养、为国家培养高素质技能型劳动者和优秀体育后备人才的重要举措。[①]职体结合教育模式与新时期培养竞技体育后备人才的要求是相符的,可予以实施。

(二)"职体结合"文化教育体系的构建

构建"职体结合"文化教育体系应贯彻"三结合"原则,具体分析如下。

1. 现代化与社会化相结合

树立现代化教育理念,制定现代化教育制度,根据竞技体育后备人才的特点对其进行专门的职业教育,使其充分掌握社会知识、技能和规范,形成正确的价值观念与行为习惯,并能在实践中灵活运用社会知识与技能,自觉遵守规范,维护社会秩序,为社会做贡献。这个过程也是竞技体育后备人才成为社会人的过程。

2. 科学性与可行性相结合

抱着科学求实的态度深入认识与准确分析事物的本质,在遵循竞技体育发展规律与职业教育规律的基础上调整与改革竞技体育后备人才文化教育现状,教育方向、教育目标、教育策略都要具备科学性与可行性。

3. 职业定向性与适度性相结合

职业教育具有自身的特殊性,竞技体育后备人才学习职业知识、掌握职业技能,不仅要遵循竞技训练规律、职业教育规律,还要从自身实际及未来职业目标出发,从而保证学以致用。

人才是经济发展的重要资源,教育是培养人才的重要路径,

[①] 于振峰.新时期我国竞技篮球项目后备人才培养研究[M].北京:北京体育大学出版社,2012.

教育的类型有很多种,其中与经济发展关系最密切、联系最直接的教育是职业教育。在社会经济快速发展和经济结构日渐多元的今天,社会对技术应用型人才有迫切的需求和较高的要求。但在"重学轻术"传统观念的影响下,我国一直没有特别重视发展职业教育和培养技术应用型人才,这是我国劳动力素质差、生产第一线技术应用型人才短缺、科技成果转化率低的一个主要原因。而要解决这些问题,就必须加强职业教育,注重对技术应用型人才的培养。在体育领域要解决竞技体育后备人才出路难的问题,就要采用"职体结合"教育模式,将竞技体育与职业教育结合起来,形成多类型、多层次、多形式、多渠道的体育人才职业技能教育与培训体系,为竞技体育后备人才的未来发展创造良好的条件。

三、培育优秀的文化师资队伍

为推动竞技体育后备人才文化教育的发展,提高文化教育的质量,就必须建设优秀的师资队伍,提高文化教师的专业水平和职业素养,提高其待遇水平,使其在人才培养中充分发挥自身价值。建设专业师资队伍,需做好以下工作。

第一,改善教师的工作条件,提高福利待遇水平,使教师队伍不断趋于稳定,将教师的工作积极性和创造性充分调动起来。制定一些优惠政策,吸引优秀人才。

第二,拓展文化教育经费的筹措渠道,根据有关规定对专职教师、兼职教师、教学辅助人员等师资资源进行合理分配。文化课兼职教师主要是来自普通学校的优秀教师。

第三,在不同教育阶段都要按照教育部提出的标准来配备教师,达到教育部的要求。自办学校与非自办学校都应健全教师队伍建设,先完善专职教师编制,然后聘请优秀的兼职教师,专兼职教师兼顾,但注意师生比例要适宜。

第四,培养优秀的文化课教师,提高其思想道德素质、教学业务素质。为体校文化课教师与普通学校文化课教师之间的交流学习创建平台，使体校文化课教师能够及时获取有效的教育资源。

第五，充分落实体校在职文化课教师的继续教育工作，提高培养力度，不断提高教师的专业知识素养和专业技能水平，促进其综合教学能力的提升，使其达到与普通学校文化课教师队伍同样的水平。

第六，贯彻落实《教育部关于进一步加强和改进师德建设的意见》，加强师德宣传与建设，强化师德教育，提升师德水平，严格考核管理，积极探索改进师德建设的多元路径。

四、科学构建利益与责任相连、运动成绩与文化学习挂钩的制约机制和激励机制

虽然现在社会各界广泛关注着竞技体育后备人才的文化教育，有关部门也出台了一些相关法规政策，但因为落实不到位，导致文化教育现状无法令人满意。竞技体育后备人才文化知识缺乏的直接原因是文化学习时间得不到保证，而导致他们文化学习时间少、文化课出勤率低的根本原因是在现有人才培养体制中，运动员的文化素质水平和教练员及行政管理人员的切身利益没有直接的关系，而只有运动员的运动成绩与教练员、行政管理人员的利益直接挂钩，体校才会重视文化教育。为扭转这一局面，有必要在竞技体育后备人才培养质量的评价体系中纳入文化教育相关指标，详细规定竞技体育后备人才文化教育的条件（教育资金、教学设施、师资队伍建设、后勤管理等），建立相关责任机制与激励机制，使竞技体育后备人才文化教育成果与教练员、管理者甚至是各级领导的利益直接挂钩，这样就能使这些相关利益者从思想上高度重视对后备人才的文化教育，并真正落实这方面的工作。

五、将文化教育政策法规落到实处

处于基础训练阶段的竞技体育后备人才的文化教育受到了巨大冲击。加强竞技体育后备人才文化教育工作,根本上要依靠法制保障。体育行政部门应严格执行现有法律与政策,如《中华人民共和国义务教育法》等,切实落实运动员文化教育工作。此外还要进一步加强立法,并完善监督机制,提高相关政策法规的执行力度和监督力度,使竞技体育后备人才文化教育真正纳入法制化轨道。同时,还要完善配套法律,健全法规体系,对运动员文化学习的基本权利予以保障,使竞技体育后备人才文化教育与运动训练相脱节的矛盾彻底得到解决。

第三章 我国竞技体育后备人才的竞技能力培养

竞技能力是运动员在比赛中取得优异成绩的运动能力，是运动员体能、技能、心智能等能力的综合体现，也是竞技体育后备人才培养的重点。在竞技体育后备人才竞技能力的培养中，要将各种竞技能力要素有机结合起来，不能孤立训练与培养，这是竞技体育后备人才培养管理中必须坚持的指导思想。本章在简要分析运动员竞技能力的基础上着重研究运动员竞技能力各组成要素的培养方法，具体包括体能素质、技战术能力以及心理和运动智能的科学训练。

第一节 运动员竞技能力解析

一、运动员竞技能力的概念

运动员竞技能力是运动员在运动训练和比赛过程中所体现出来的体能、技能及心智能等因素的综合能力。良好的竞技能力是运动员参加训练和比赛的重要主观条件。

二、运动员竞技能力的组成要素

运动员竞技能力主要由体能要素（身体机能、运动素质）、技能要素(运动技术、运动战术)和心智要素(运动心理、运动智力)组成,如图 3-1 所示。

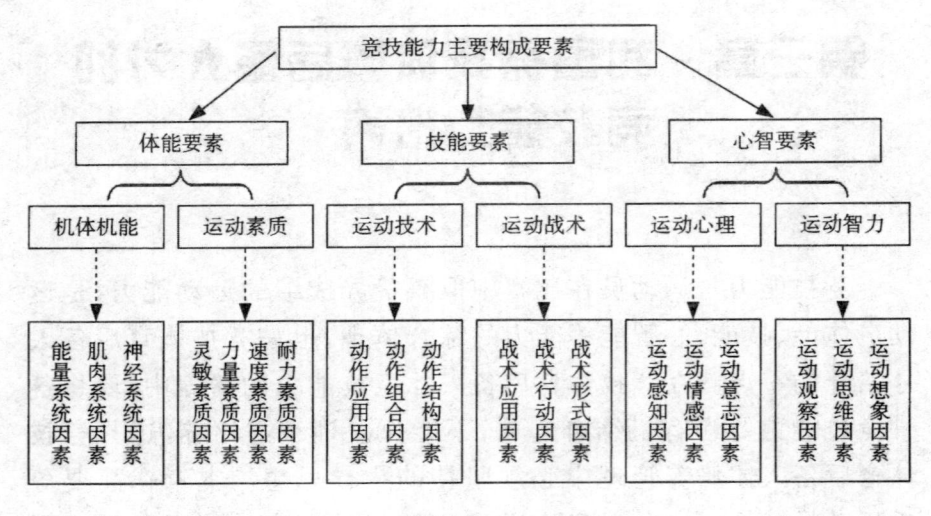

图 3-1

三、优秀运动员竞技能力结构模型

运动员竞技能力结构模型是以运动员竞技能力各组成要素之间相互联系、相互作用的特性与功能为依据所建立的模型,该模型抽象概括了运动员竞技能力结构,能够将竞技能力构成因素的共性和各因素相互关系的本质特性充分体现出来。不同运动员的竞技能力结构都有自己的独特性,但优秀运动员竞技能力的结构存在很多共性。针对优秀运动员竞技能力的特征而构建结构模型,能够将他们在竞技能力方面的共性科学概括并准确描述出来,从而为确定运动员竞技能力训练目标而提供参考,此外这一结构模型对运动选材和运动员基础训练也具有远程导向作用。

在优秀运动员竞技能力结构模型的构建中,需要先对优秀运动员竞技能力各构成因素的指标值加以收集,再经过统计与处理而建立结构模型,这种结构模型可以是定量模型,也可以是定量与定性相结合的模型。随着运动员竞技水平的不断提高,也要及时修订优秀运动员竞技能力的结构模型。

以优秀运动员竞技能力结构模型为参照而为其他运动员制定训练计划、确定训练目标时,要对训练对象的个体特点予以充分考虑,使他们的个人优势与天赋得到最大程度的发挥。不同运动员竞技能力各组成因素的发展是不均衡的,这种现象普遍存在。运动员竞技能力体系中,某些素质或能力可能存在缺陷,但如果有一些比较突出的素质与能力,那么在一定范围内就能弥补其他素质的缺陷与不足,从而使运动员的竞技能力总体上保持在一个特定水平,这就是运动员竞技能力非均衡结构的补偿效应。[①]

第二节 我国竞技体育后备人才体能素质的培养

一、体能的概念

体能是指人体各器官系统的机能在身体和心理活动(由大脑控制)中表现出来的能力(主动与被动)。在体质结构中,体能是非常重要的组成要素,通过体能测量可以了解竞技体育后备人才的体质水平。

二、体能素质训练原则

(一)自觉积极原则

自觉积极原则指的是竞技体育后备人才对于已设定的行为目标而采取的一种主动性行为。体能训练是后备人才克服惰性,战胜困难,下决心通过自我训练而完善自身的一个过程。只有养成自觉的训练习惯,才能取得良好的训练效果。

---

① 田麦久.运动训练学[M].北京:高等教育出版社,2006.

(二)系统性原则

系统性原则指的是体育后备人才在体能训练与培养中按照体能发展的内在规律合理规划自己的训练方案,并且长期不断地坚持练习。贯彻系统性原则要求系统安排训练过程中不同阶段的训练要素,包括训练内容、方式、训练负荷以及比重等。

(三)全面性原则

全面性原则指的是在发展专项运动技能的前提下,全面安排和充分发展后备人才的各项运动素质,使其身体形态、身体机能、身体素质以及心理、智能素质实现全面而均衡的发展。

(四)个性化原则

个性化原则指的是在确定训练目的、选择运动项目、安排运动时间和运动负荷时,要参考后备人才个人实际情况和外界环境条件,结合个体差异因人而异地进行培养。

三、体能素质训练内容

体能由身体形态、身体机能及运动素质组成,竞技体育后备人才体能素质培养与训练主要从这三个方面出发。

(一)身体形态

身体形态能够从一定程度上反映出人的竞技能力水平,不同身体形态对运动素质的发展有不同的影响。在身体形态训练中,要注意根据竞技体育后备人才不同生长发育阶段的形态学特征、不同专项的特点以及遗传情况等进行安排,采用多种方法促进其身体形态的改善。

(二)身体机能

身体机能培养中主要涉及能量系统、肌肉系统、心肺系统、神经系统、免疫系统等内容,各个系统的训练中又包括许多具体的内容,训练内容结构如图 3-2 所示。

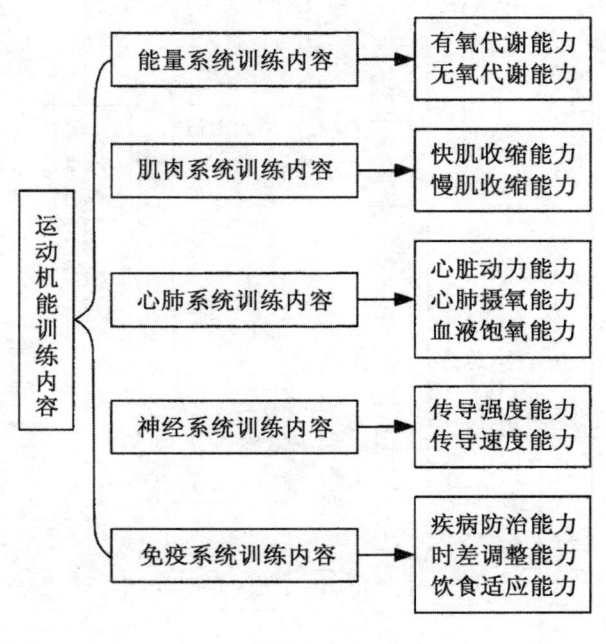

```
                              ┌─→ 有氧代谢能力
          ┌─ 能量系统训练内容 ─┤
          │                   └─→ 无氧代谢能力
          │
          │                   ┌─→ 快肌收缩能力
          ├─ 肌肉系统训练内容 ─┤
          │                   └─→ 慢肌收缩能力
运动              
机能      │                   ┌─→ 心脏动力能力
训练  ────┼─ 心肺系统训练内容 ─┼─→ 心肺摄氧能力
内容      │                   └─→ 血液饱氧能力
          │
          │                   ┌─→ 传导强度能力
          ├─ 神经系统训练内容 ─┤
          │                   └─→ 传导速度能力
          │
          │                   ┌─→ 疾病防治能力
          └─ 免疫系统训练内容 ─┼─→ 时差调整能力
                              └─→ 饮食适应能力
```

图 3-2

(三)运动素质

运动素质培养包括力量、耐力、速度、柔韧等基本运动素质及灵敏等复合运动素质,这些运动素质之间密切联系、相辅相成(图 3-3),一种素质的变化与发展会影响其他素质,因此必须注意培养的整体性。

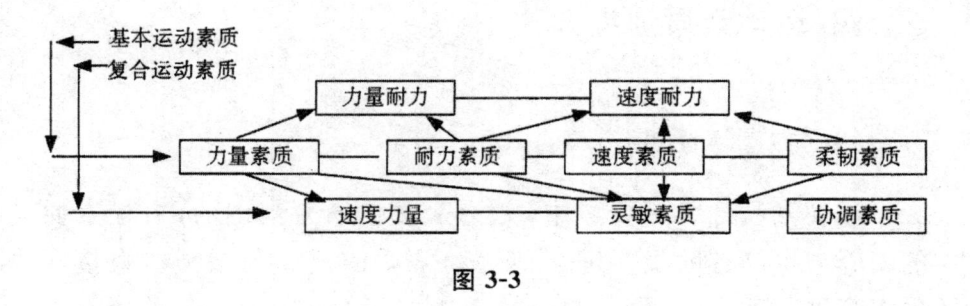

图 3-3

基本运动素质与复合运动素质又包括更具体与详细的运动素质,如力量素质包含最大力量、速度力量及力量耐力等,如图 3-4 所示。这些都是非常重要的训练内容,在运动素质训练中不可忽视。

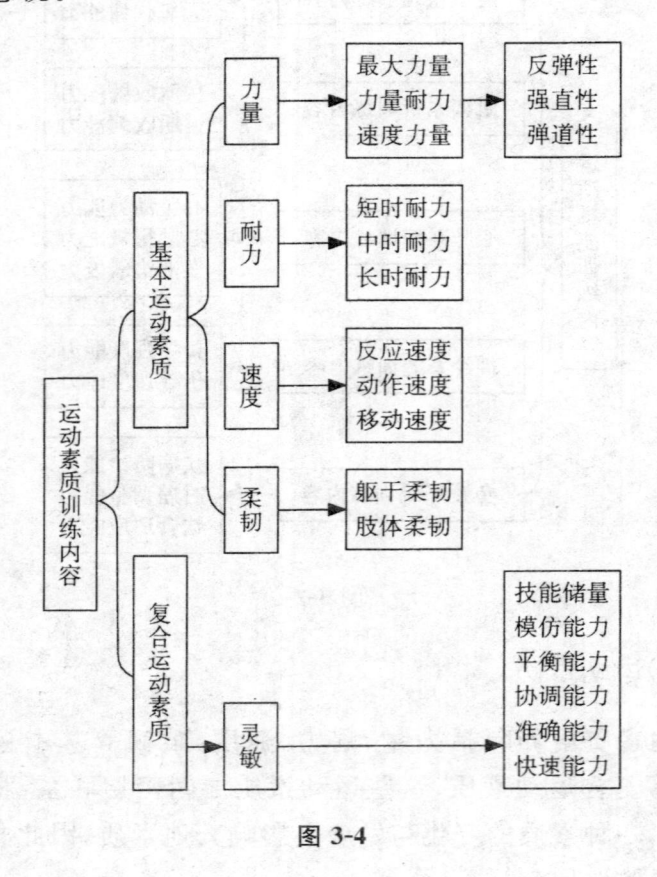

图 3-4

四、运动素质训练方法

(一)力量素质训练

运动素质各组成要素中,力量素质是最为基础的,力量素质的培养与提高有助于促进其他运动素质的提高与增强。力量素质有多种分类方法,常见的分类方法如图 3-5 所示。各种分类之

第三章 我国竞技体育后备人才的竞技能力培养

间存在密切联系,了解并掌握这些分类方法,能够为科学选择力量训练方法与手段提供依据。

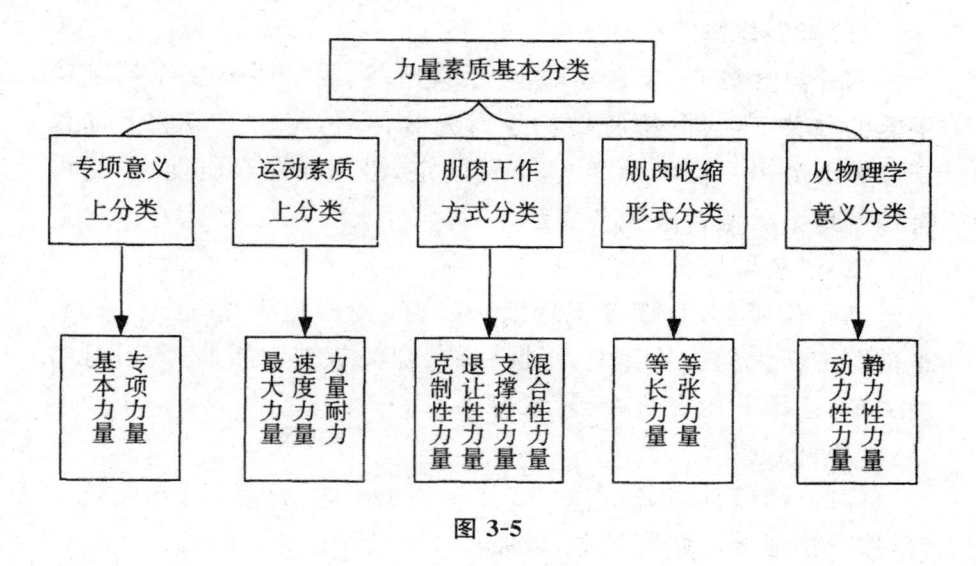

```
                    力量素质基本分类
    ┌───────────┬───────────┬───────────┬───────────┐
  专项意义    运动素质    肌肉工作    肌肉收缩    从物理学
  上分类      上分类      方式分类    形式分类    意义分类
    │           │           │           │           │
  基本力量    最大力量    克制性力量  等长力量    静力性力量
  专项力量    速度力量    退让性力量  等张力量    动力性力量
              力量耐力    支撑性力量
                          混合性力量
```

图 3-5

不同部位力量素质的训练方法如下。

1. 头颈部力量训练

(1) 头手倒立

在墙壁前缓慢屈臂成头手倒立,两手主要起维持平衡的作用,两脚轻轻靠放在墙壁上,以头支撑体重,坚持片刻。

(2) 背桥练习

脚和头着地支撑,采用仰卧或俯卧姿势,腰腹部上挺,两手置于胸腹部,身体反弓成"桥"或腹部向下,以额头和脚趾支撑,臀部上提成"桥"。

(3) 双人对抗

两人一组,同伴站在练习者身后,选择带子或毛巾围在练习者前额,同伴一手拉住毛巾两端,一手扶在练习者肩胛部,肘关节伸展。练习者两脚站稳,上体固定,向前向下低头,对抗同伴向后拉毛巾的力量。

2. 臂部力量训练

(1) 坐姿弯举

两腿自然分开,坐在凳端,一手握哑铃,另一手掌置于持哑铃手侧的膝关节上部,握哑铃的手臂充分伸展,将肘关节的上部置于膝关节处另一侧的手背上,上臂固定,慢速屈肘至胸前,然后再有控制地下放哑铃成预备姿势。

(2) 坐姿腕屈伸

坐于长凳上,双脚置于地面,双脚间距略宽于肩,上体前倾,把前臂放于大腿或长凳上,正握杠铃,腕关节被动屈曲;向后弯举腕关节;还原开始姿势,反复练习。

(3) 仰卧撑

仰卧,两臂伸直,撑在约50厘米高的台上,屈臂,背部贴近高台,然后快速推起两臂伸直,连续做10—15次。

3. 腹部力量训练

(1) 仰卧起坐

仰卧在凳上或斜板上,两足固定,两手抱头,然后屈上体坐起,再还原,一次做10—15个,也可两手于颈后持杠铃片或其他重物负重训练。

(2) 半仰卧起坐

平躺地上或练习凳上,两手持杠铃片置于头后,两足固定。上体向前上方卷起,同时两膝逐渐弯曲。用力吸气,放松呼气,收缩时停两秒。

(3) 仰卧举腿

仰卧于垫子上,两脚并拢两腿伸直,双手置于头后;或仰卧于斜板上,上体位于高端,两手抓握板端,身体伸展。两腿伸直双脚并拢,慢速上举,腿与上体折叠,使脚尖举至头后,然后慢速还原。

4. 腿部力量训练

(1)跳深

练习者先将 5—8 个高度为 70—100 厘米的跳箱盖纵向排好,每个跳箱盖横放,间距均为 1 米。面对跳箱盖并腿站立,双脚同时用力跳上跳箱盖,紧接着向下跳,落地后立即又跳上第二个跳箱盖,连续跳上跳下 20—30 次。

(2)蛙跳

身穿沙背心,带沙护腿(也可不负重),全蹲。两脚蹬地,腿蹬直向前上方跳起,腾空后挺胸收腹,快速屈腿前摆,以双脚掌落地后不停顿地连续做 6—10 次。

(二)速度素质训练

1. 反应速度练习

(1)反应起跳

如图 3-6 所示,画一个圆圈,圈外分开站两人,练习者站在圈内圆心处,手持竿长超过圈半径的竹竿向圈外人脚下划圆,圈外人在竿经过自己脚下时迅速往上跳起,避免被打中,若圈外人起跳慢,脚被竹竿打中,则在圈内持杆,原来的持杆者站到圈外,继续练习。

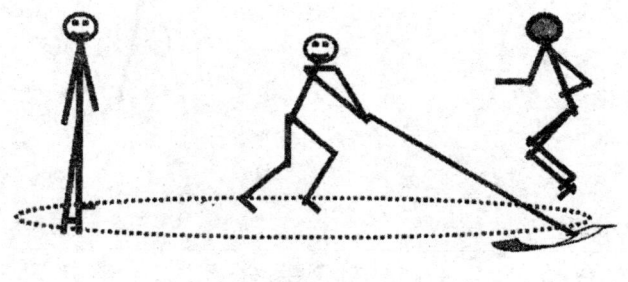

图 3-6

（2）压臂固定瑞士球

如图 3-7 所示,在长凳上立腰直背坐立,一侧手臂水平向同侧方向伸出,手掌将瑞士球压住。同伴向侧面不同方向拍球(拍球力量 60%—75%),练习者手用力按压,防止球移动。

图 3-7

2. 动作速度练习

（1）横向飞鸟

两脚左右开立,双手在体前平举杠铃片,向两侧打开手臂直至最大限度,然后还原,反复练习(图 3-8)。

图 3-8

（2）纵向飞鸟

双脚左右开立,双手在体侧持握杠铃片,直臂快速举到头顶,然后还原,反复练习(图 3-9)。

图 3-9

(3)双杠快速臂撑起

双手抓在双杠上支撑身体,两手间距约同肩宽。屈肩、屈肘,身体下移,然后臂部发力再次撑起身体,反复练习(图 3-10)。

图 3-10

(4)仰卧快速伸臂

仰卧在瑞士球上,双手持哑铃迅速直臂举起。上臂固定不动,保持片刻,然后下放到头两侧。休息片刻再进行屈肘练习(图 3-11)。

图 3-11

(5)仰卧双腿快速提球

仰卧,双腿放在瑞士球上,用一根绳子将双踝系在一起,保持球的固定。两臂在身体两侧的地面上向斜下方向伸展,掌心贴地面。两膝发力靠近胸部,直至大腿与地面的夹角为钝角,反复练习(图 3-12)。

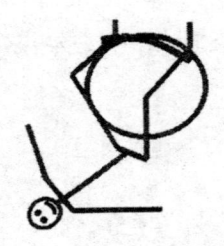

图 3-12

(6)侧卧腿绕环

侧卧在斜板上,身体充分伸展,上侧腿大幅度绕环,然后换腿练习,两腿交替进行(图 3-13)。

图 3-13

(7)绳梯连续交叉步

两脚左右开立,两臂向左右两侧充分伸展,脚跟跷起,前脚掌撑地,向左侧或右侧快速移动身体。以向左侧移动为例,左脚先左移,右脚前交叉移到身体左侧,反复练习(图3-14)。

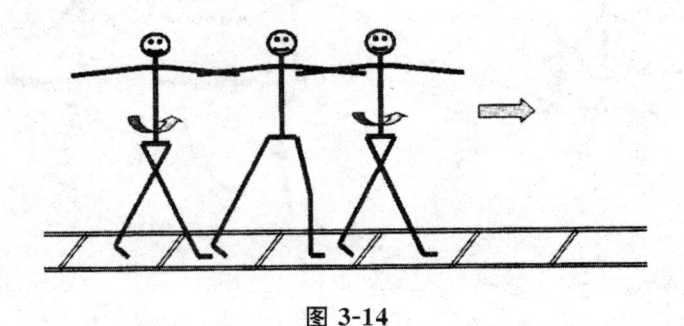

图 3-14

(8)负重交换腿跳

将轻杠铃放在肩上,双手握杠铃杆两侧,双腿交叉。快速起跳,落地后两腿分开,反复练习(图3-15)。

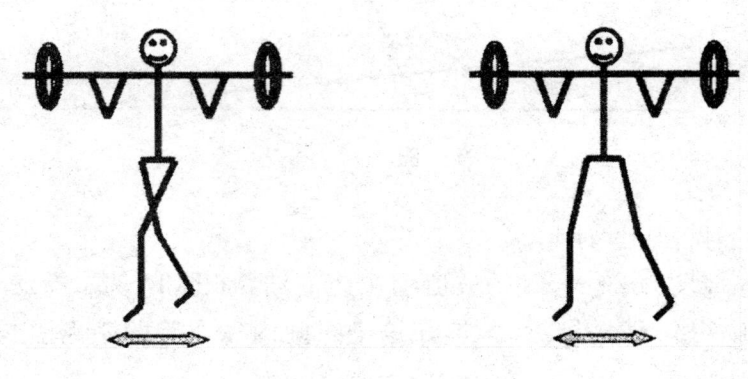

图 3-15

3. 位移速度锻炼

(1)高抬腿伸膝走

按照短跑的方式大步走,摆动腿高抬,充分屈膝,使脚向大腿靠近(图3-16)。

(2)下坡跑

在坡度为3°—7°的跑道上以最快速度下坡跑(图3-17),注意动作节奏。

图 3-16

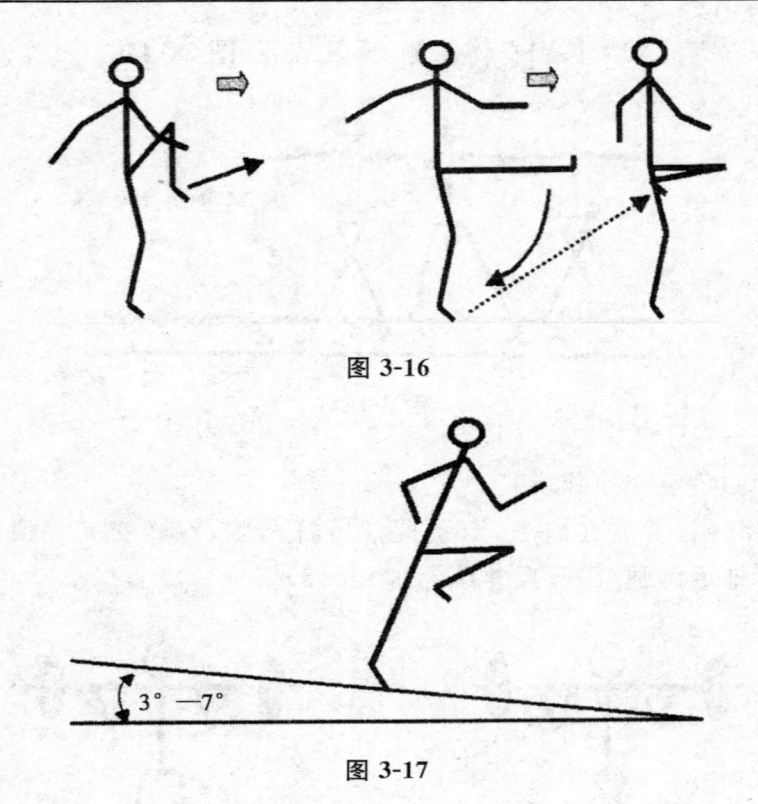

图 3-17

（3）陡坡上坡跑

在坡度为 20°—35°的坡道上快速上坡跑（图 3-18）。持续 4—8 秒后稍停顿，然后继续，争取在这个时间内每次跑的距离更长。

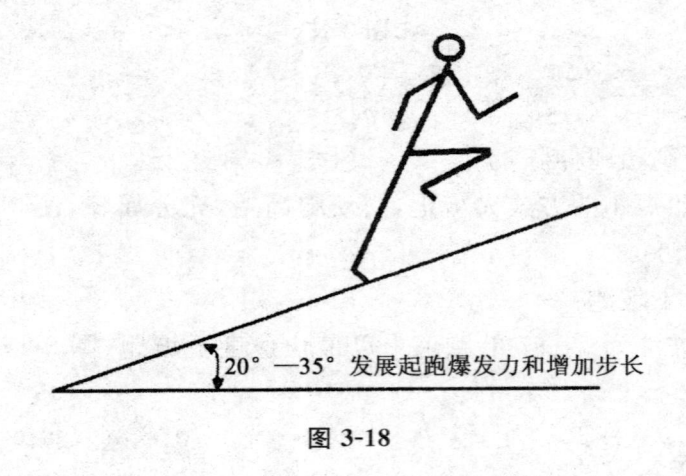

20°—35° 发展起跑爆发力和增加步长

图 3-18

(4)跑台阶

如图 3-19 所示,快速跑上台阶,每跑 4—8 秒后稍停顿,然后继续。

图 3-19

(5)踮步折叠腿大步走

以短跑的方式充分摆臂大步走,充分弯曲摆动腿,后蹬腿要加上踮步动作(图 3-20)。

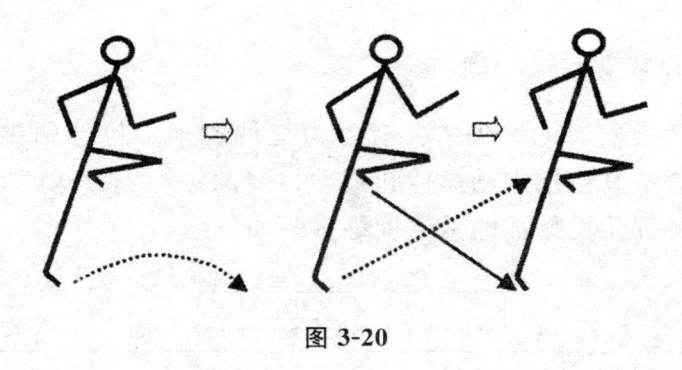

图 3-20

(三)耐力素质训练

1. 无氧耐力训练

(1)计时跑

包括短距离重复计时跑或长距离的计时跑。具体根据练习者水平及跑距而定,结合跑的距离适当调整训练强度。重复 4—8 次,组间间歇 3—5 分钟。训练强度 70%—90%。

(2) 间歇跑

短段落间歇跑：距离 30—60 米，强度 95% 以上，持续 10 秒左右，重复组数根据具体情况而定，间歇 1 分钟左右。

长段落间歇跑：距离 100—150 米，强度 95% 以上，持续 10 秒以上，重复组数和次数根据具体情况而定，间歇 2 分钟以上。

2. 有氧耐力训练

(1) 重复跑

在跑道上练习，中小强度，跑距较长，如 600 米、800 米、1000 米、1200 米等。

(2) 定时跑

在场地、公路或树林中定时跑，时间为 10—20 分钟或更长。

(3) 定时定距跑

在场地或公路上定时定距跑，例如在 14—20 分钟内跑 3600—4600 米。

(四) 柔韧素质训练

柔韧素质训练方法主要有静力拉伸和动力拉伸两种。这两种训练方法又包括主动拉伸和被动拉伸两种训练方式，如图 3-21 所示。各部位柔韧性的具体训练手段如下。

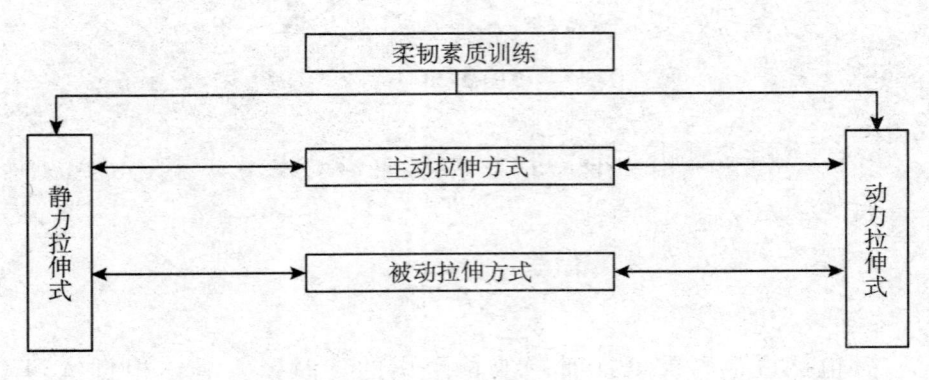

图 3-21

1. 颈部柔韧训练

(1) 前拉头

站立(也可坐在垫子上),双手置于头后并交叉。呼气,拉动头部使之与胸部靠近,下颌与胸部接触(图3-22)。练习过程中要向下压双肩。

(2) 后拉头

站立(也可坐在垫子上),慢慢向后仰头,双手置于前额,慢慢将颈部向后拉动(图3-23)。动作轻快缓慢,保持10秒左右。

(3) 侧拉头

站立(也可坐在垫子上),左肘在背后弯曲,从背后用右臂将左臂肘关节抓住。向右拉左臂的肘关节直到过身体中线。呼气,使右耳与右肩紧贴(图3-24)。

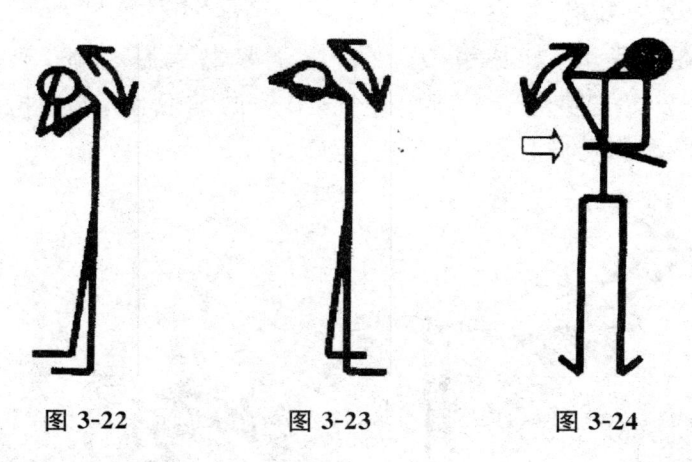

图 3-22　　　图 3-23　　　图 3-24

(4) 仰卧前拉头

屈膝仰卧在地上,双手置于头后并交叉。呼气,拉动头部使之与胸部靠近。肩胛部位尽量着地(图3-25),动作幅度尽可能大,保持10秒左右。

(5) 团身颈拉伸

身体从仰卧姿势开始举腿团身,头后部和肩部支撑身体重心,双手在膝后将腿抱住。呼气,拉动大腿使之靠近胸部,双膝和小腿前部着地(图3-26)。保持10秒左右。

图 3-25　　　　　　　　　图 3-26

2. 背部柔韧训练

(1) 站立伸背

双脚并立,上体向前倾直至平行于地面,双手置于栏杆上,比头部位置稍高。四肢伸展,髋部弯曲。呼气,双手抓住栏杆下压上体,背部下凹呈背弓姿势(图 3-27)。反复练习。

(2) 坐立拉背

坐在垫子上,双膝稍微弯曲,躯干紧贴大腿上部,双手抱住腿,肘关节置于膝关节下面。呼气,上体向前倾斜,双臂抱大腿拉伸后背,双脚触地(图 3-28)。反复练习。

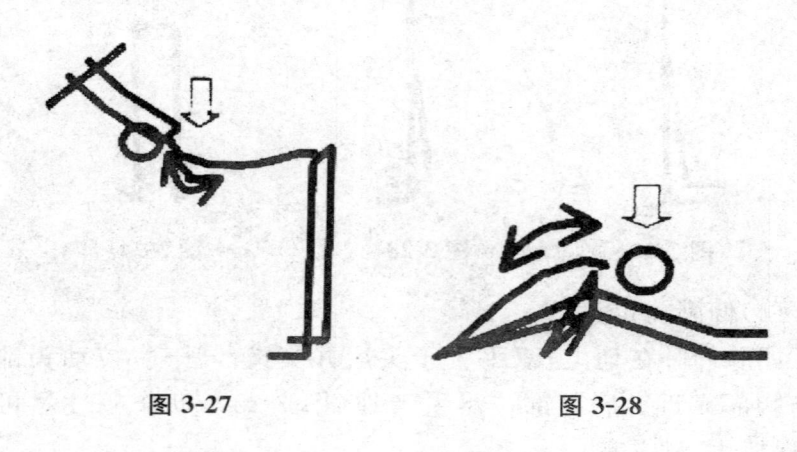

图 3-27　　　　　　　　　图 3-28

3. 腿部柔韧训练

(1) 分腿拉脚

前后分腿,右腿在前屈膝约 90°支撑,左腿在后以膝关节支撑,右手扶地。上体前倾,左手在身后抓住左脚,向臀部方向拉

(图 3-29)。双腿交替练习。注意保持髋关节、膝关节、踝关节和脚在前后方向上成一线。

图 3-29

(2) 扶墙上拉脚

一只手扶墙站立,一条腿屈膝,使脚跟靠近臀部。呼气,另一只手抓住屈膝腿提起的脚背,吸气,缓慢向臀部方向提拉(图 3-30)。

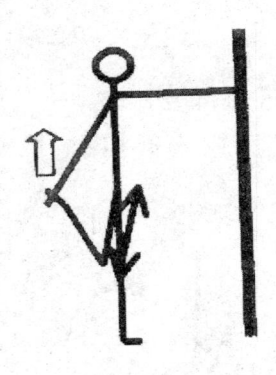

图 3-30

(3) 垫上仰卧拉引

臀部坐在垫上跪立,后倒身体到躺在垫上,脚跟在大腿两侧,脚尖向后。身体后倒过程中呼气,直到背部平躺在垫上(图 3-31)。重复练习。

图 3-31

(4) 台上仰卧拉引

躺在台子边缘,台子内侧的腿屈膝,脚靠近臀部帮助固定髋关节。台子内侧手抓住台子内侧腿的膝关节下部。呼气,在髋关节处从台子上移下外侧腿。台子外侧手抓住外侧腿踝关节或脚,缓慢向臀部方向拉引(图3-32)。换腿重复练习。

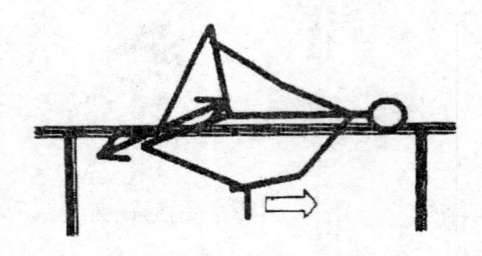

图 3-32

(5) 仰卧拉引

仰卧屈膝,脚跟靠近臀部。吸气,一条腿向上伸膝。呼气,缓慢将在空中伸展的腿直膝向头部拉引(图3-33)。注意被拉引的腿膝关节始终伸展。

图 3-33

(6) 站立拉伸

背贴墙站立,吸气,直膝抬起一条腿。同伴用双手抓住踝关节上部,帮助腿上举(图3-34)。注意上举腿时呼气,动作幅度尽量大。

(7) 青蛙伏地

分腿跪地,脚趾指向身体两侧,前臂向前以肘关节支撑地面。呼气,继续向身体两侧分腿,同时向前伸双臂,胸和上臂完全贴在地上(图3-35)。

图 3-34

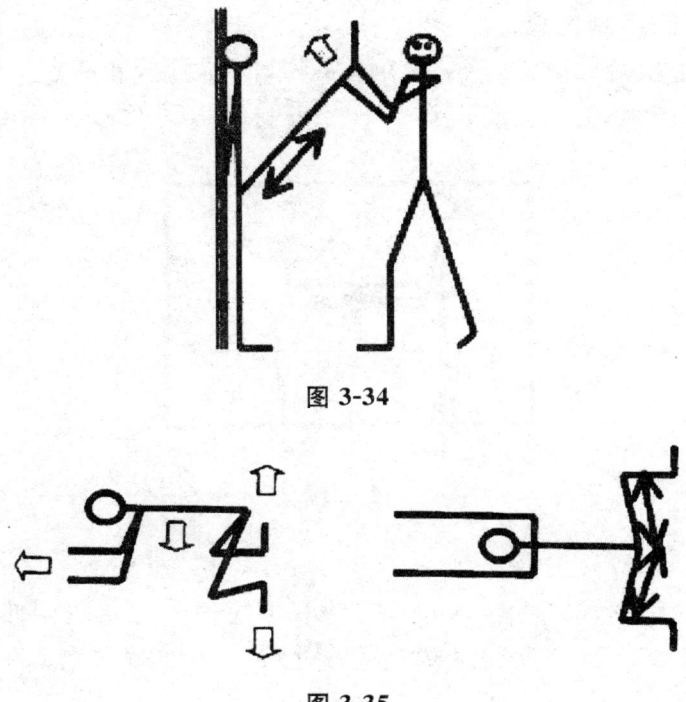

图 3-35

(8) 体侧屈压腿

侧对一个约与髋同高的台子站立,两脚与台子平行。将一只脚放在台子上。双手在头上交叉,呼气,向台子方向体侧屈(图 3-36)。双腿交替练习。

图 3-36

(9) 扶墙侧提腿

双手扶墙站立,吸气,一条腿屈膝,向体侧分腿提起。同伴抓住踝关节和膝关节,帮助继续向上分腿提膝,同时呼气(图3-37)。

图 3-37

(10) 跪撑侧分腿

双腿跪立,脚趾指向后方,直臂双手撑地。一条腿侧伸,呼气,双臂屈肘,降下跪撑腿的髋部至地面,并向外侧转髋(图3-38)。双腿交替练习。

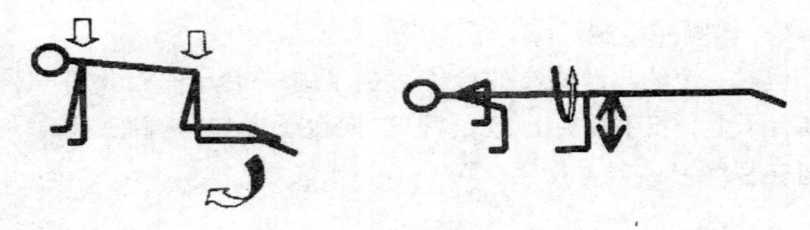

图 3-38

(11) 弓箭步拉伸

弓箭步站立,双脚间距约60厘米,后面脚外旋90°,双手叉腰。呼气,前脚继续前移,后面腿的髋部下压。换腿重复练习(图3-39)。

(12) 肋木大腿滑拉

双手扶肋木,将一只脚放在肋木上与髋同高,另一只脚在地面与肋木平行。呼气,支撑脚向远离肋木的方向滑动至最大程度(图3-40)。双腿交替练习。

图 3-39　　　　　　　　　图 3-40

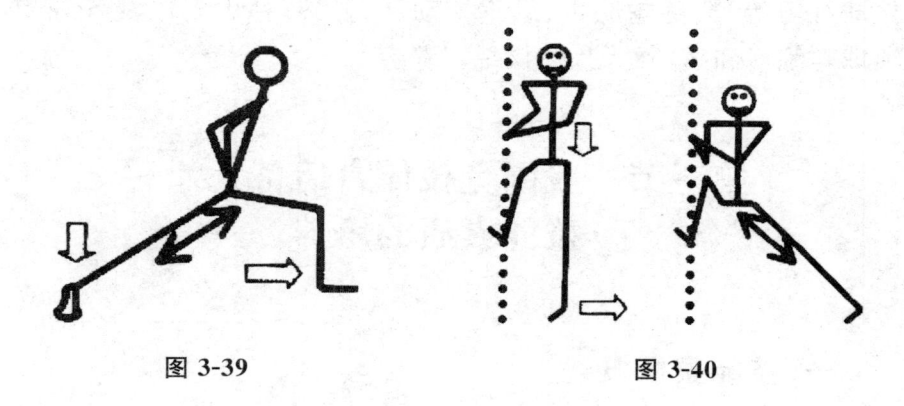

(五)灵敏素质训练

1. 徒手训练

(1)原地团身跳

站立姿势。听到"开始"信号后,原地双脚向上跳起,腾空后两腿迅速团身收紧,然后下落还原。

(2)弓箭步转体

左弓箭步姿势,两臂在身体两侧自然垂下,听到"开始"信号后,两脚蹬地跳起,身体向左转180°转化成右箭弓步姿势,有节奏地交替练习。

(3)退跑变疾跑

蹲距式起跑姿势,听到"开始"信号后,迅速转体180°快速后退跑5米,接着再转体180°向前疾跑5米。

(4)前、后滑跳移动

两脚前后开立,上体稍微前倾,两腿稍微弯曲,两臂自然下垂。听到"开始"口令后目视手势而移动身体,前滑跳时,后脚向后蹬地,前脚向前跨出,随之向前移动身体;当前脚触地后向前蹬地,后脚向后跳,随之向后移动身体。也可以左、右滑跳练习。

2. 器械训练

利用球进行传球、运球、追球、顶球、托球、颠球、接球、滚翻传接球练习等,或翻越肋木、悬垂摆动、钻栏架、钻山羊以及各种专项球类练习和技巧练习、体操练习等。

第三节 我国竞技体育后备人才技能素质的培养

一、技能素质概述

(一)技术能力

技术能力指的是运动员按照技术要求正确完成动作的能力。运动技术主要由身体姿势、运动轨迹、运动时间、动作速率等因素组成,如图 3-41 所示。

动作技术是建立在神经学这一重要生理基础上形成的,形成过程及主要环节如图 3-42 所示。动作技术的形成是各方面有利条件和因素共同支持的结果,动作技术的形成条件因技术难度变化而变化,难度越高,所需条件就越多,如图 3-43 所示。

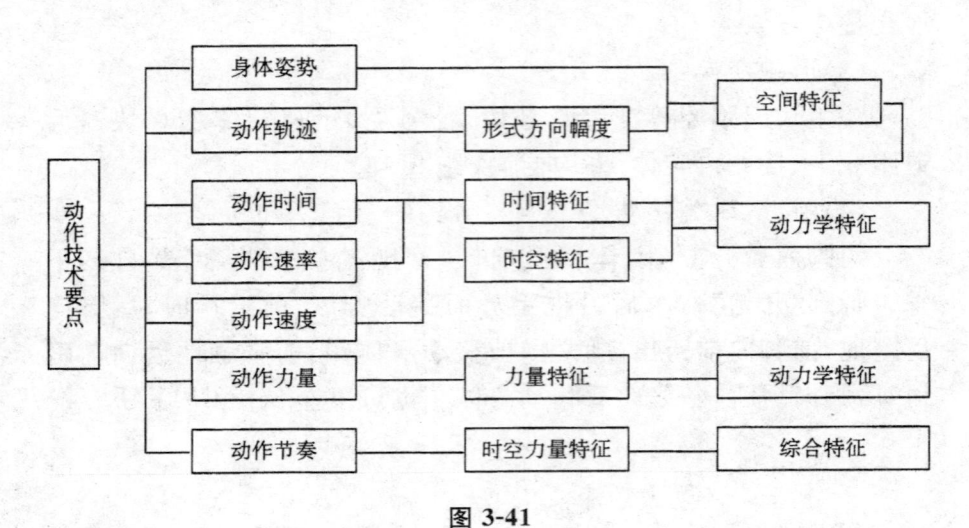

图 3-41

图 3-42

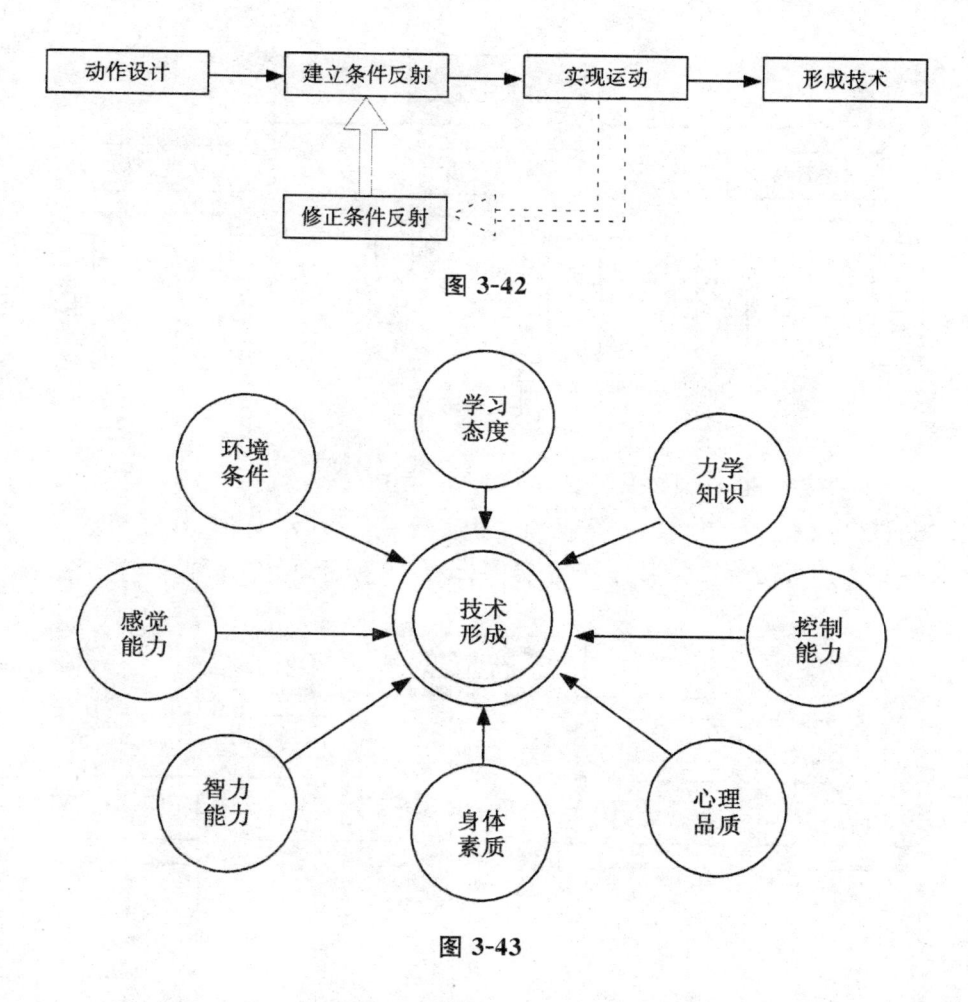

图 3-43

在技术能力训练中会发生技术动作的迁移,如习练新动作技术时会受到已掌握的相关动作技术的影响,从而产生技术迁移。动作技术丰富多样,因此动作技术的迁移类型也有很多种,常见迁移种类如图 3-44 所示。正迁移对竞技体育后备人才学习新的运动技术非常有利,因此要注意发挥正迁移的作用,避免被负迁移干扰,这就需要建立正确的技术概念、熟练并巩固技术动作。

图 3-44

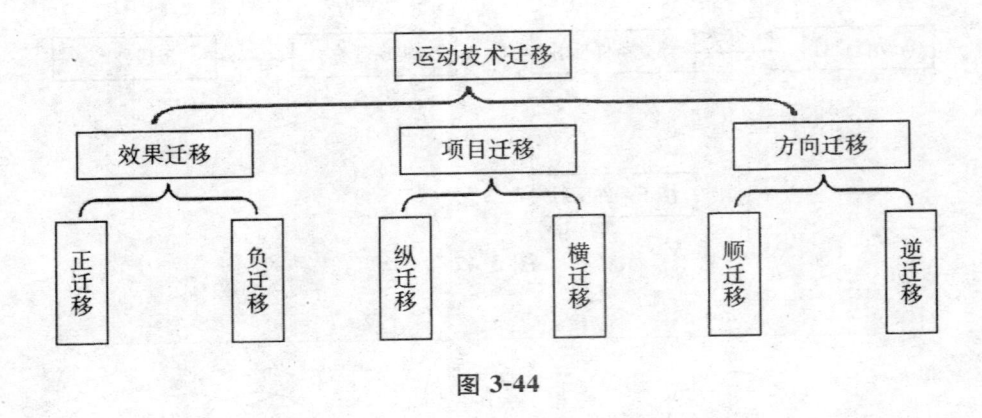

在技术能力训练中,要注重培养竞技体育后备人才的技术诊断能力、评价能力及创新能力,而这都离不开动作技术分析这一环节。进行动作技术分析可参考图 3-45 所示的内容要素与方法。

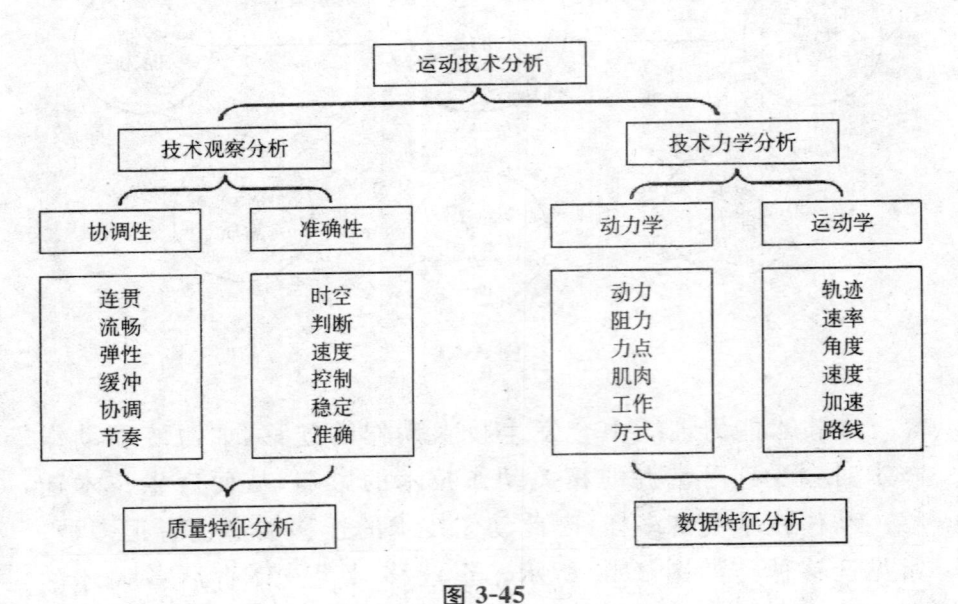

图 3-45

(二)战术能力

战术能力是运动员根据竞赛规则,采取各种谋略和行动以战胜对手或取得理想成绩的综合能力。运动战术的类型见表 3-1。

表 3-1 运动战术的分类

分类方法	类型
按参赛人数的分类	个人战术 集体战术
按攻防性质的分类	进攻战术 防守战术 相持战术
其他分类	体力分配战术 心理影响战术 阵型布局战术

培养竞技体育后备人才的技战术能力,主要是通过训练手段来培养,下面着重分析技战术能力训练的内容、要求与方法。

二、技术能力培养

(一)训练内容

运动技术的训练主要从技术环节、技术细节和技术基础等几方面着手,以篮球急停跳投技术为例,训练内容如图 3-46 所示。

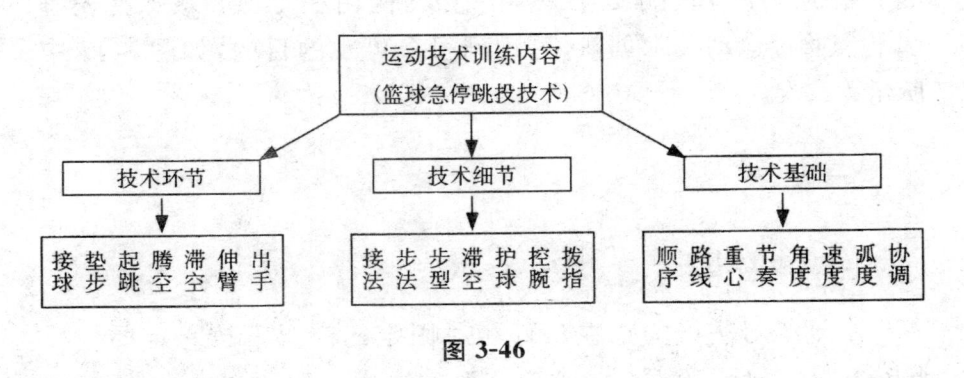

```
                运动技术训练内容
                (篮球急停跳投技术)
         ┌──────────┼──────────┐
      技术环节      技术细节      技术基础
         │            │            │
   接垫起腾滞伸出  接步步滞护控拨  顺路重节角速弧协
   球步跳空空臂手  法法型空球腕指  序线心奏度度度调
```

图 3-46

(二)训练要求

1. 正确处理特长技术与全面技术的关系

特长技术指的是对获取优异运动成绩有决定性影响的、能够充分展现个人特点或优势的、使用概率和得分概率相对较高的技术。特长技术是重点训练内容,要求精益求精,竞技体育后备人才在重点练习特长技术的同时,还应全面掌握专项运动中的各项技术。

2. 正确处理规范化和个体差异的关系

技术规范使技术训练具有严格的标准,对竞技体育后备人才的技术能力进行培养,就要按照标准进行训练,使其技术达到规范化要求。同时,还应将竞技体育后备人才的个人特点重视起来,强化他们的个性技术,使其充分发挥自己的个性和特长,更好地完成运动技术训练任务。

3. 注重技术创新

创新是运动技术不断发展的源泉,通过创新,可以使运动技术的整体水平在某一特定时期大幅度提高。率先创新者会在技术上超越对手,而且能够在相当一段时间内在专项领域保持先进水平。通过运动技术创新,可达到很多可观的目的,如图3-47中所示。

(三)训练方法

1. 重复练习法

重复练习法指的是在条件相对固定的前提下按一定要求反复练习某一动作的方法。这一练习方法适合在动作规格高、动作强度大的动作中使用。

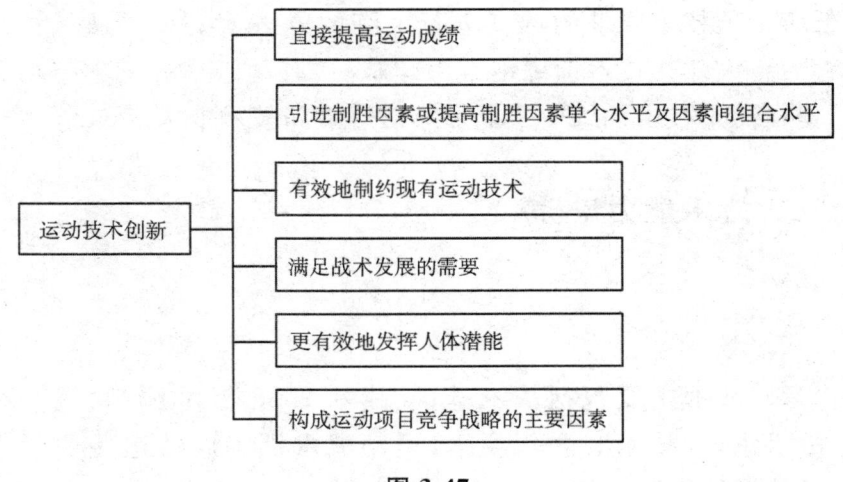

第三章　我国竞技体育后备人才的竞技能力培养

运动技术创新
- 直接提高运动成绩
- 引进制胜因素或提高制胜因素单个水平及因素间组合水平
- 有效地制约现有运动技术
- 满足战术发展的需要
- 更有效地发挥人体潜能
- 构成运动项目竞争战略的主要因素

图 3-47

2. 持续练习法

持续练习法指的是按照相对稳定的强度在相当长时间内持续练习的方法。在球类项目技术训练中多采用持续练习法，一般按照技术规格的要求安排运动负荷。

3. 变化练习法

变化练习法指的是在一定条件下调整动作结构、运动负荷、练习形式的练习方法。在球类项目技术训练中多采用这一练习方法。

4. 比较与分析练习法

比较与分析练习法指的是对比和分析练习者的技术动作，以此得到有利于指导练习者继续训练的指令依据的方法。教练员要认真对比与分析练习者的技术练习现状，得出明确具体的新指令内容，对练习者进行有效指导。

5. 加难法与减难法

以高于专项技术要求的难度进行训练的方法就是加难法。使用这一方法有利于熟练掌握技术动作和提高技术运用能力。

以低于专项技术要求的难度进行训练的方法就是减难法。竞技体育后备人才在技术训练中常用减难法，有利于掌握基本技术动作，但在简单技术训练中采取加难法可提高技术能力。

三、战术能力培养

(一)训练内容

运动战术主要包括战术基础、战术知识、战术原则、战术结构、战术意识、战术观念等要素，运动战术训练应从这些要素出发，具体训练内容体系如图 3-48 所示。

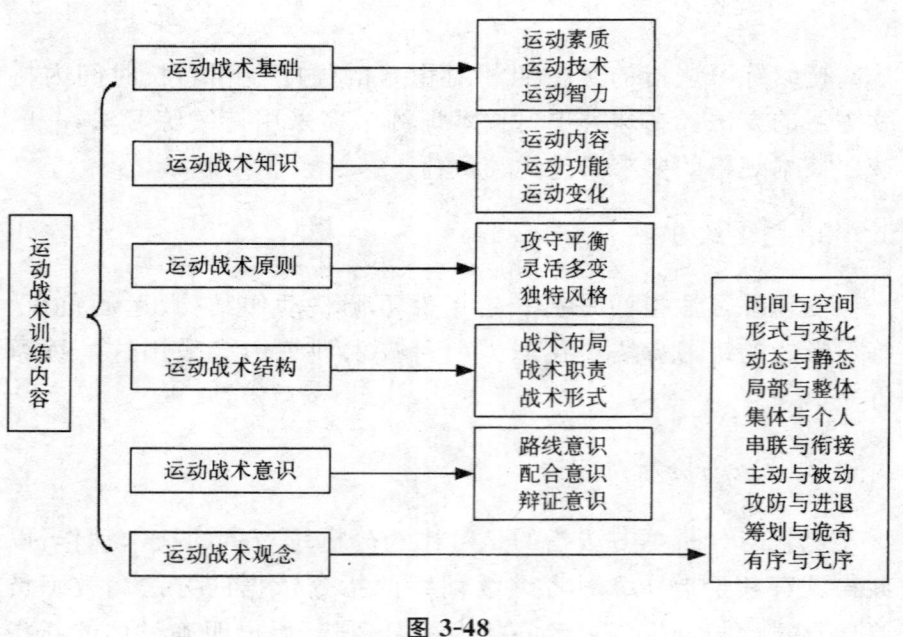

```
                          ┌── 运动战术基础 ──→ ┌ 运动素质
                          │                    │ 运动技术
                          │                    └ 运动智力
                          │
                          ├── 运动战术知识 ──→ ┌ 运动内容
                          │                    │ 运动功能
                          │                    └ 运动变化
                          │                                         ┌ 时间与空间
                          ├── 运动战术原则 ──→ ┌ 攻守平衡           │ 形式与变化
运动战术训练内容 ─────────┤                    │ 灵活多变           │ 动态与静态
                          │                    └ 独特风格           │ 局部与整体
                          │                                         │ 集体与个人
                          ├── 运动战术结构 ──→ ┌ 战术布局           │ 串联与衔接
                          │                    │ 战术职责           │ 主动与被动
                          │                    └ 战术形式           │ 攻防与进退
                          │                                         │ 筹划与诡奇
                          ├── 运动战术意识 ──→ ┌ 路线意识           └ 有序与无序
                          │                    │ 配合意识
                          │                    └ 辩证意识
                          │
                          └── 运动战术观念 ─────────────────────────→
```

图 3-48

(二)训练要求

1. 深刻把握项目制胜规律

遵循制胜规律是实现制胜的基础，在战术训练中必须深刻把握制胜规律。制胜规律包括制胜因素、制胜因素之间的本质联系两个方面。制胜因素指的是决定专项运动成绩的因素。每个运动项目中都有很多制胜因素，正确认识与把握各因素之间的关系对提高战术训练效果、达到制胜目的具有重要意义。

2. 重视战术组合

复合化是运动战术发展的一个新趋势，将个别战术组合起来使用有时比采用单一战术的效果更好。战术组合方式主要有程式性组合、创造性组合等方式。

(三)训练方法

1. 程序训练法

运用程序训练法，要遵循循序渐进原则，并合理编制不同项群战术训练的特殊程序，如体能主导类项群的训练程序：不同选择战术方案→重复熟练→不同情况下进行战术训练→实战训练。技能主导类对抗性项群的训练程序：无防守训练→消极防守训练→积极防守训练→模拟比赛训练→实战训练。

2. 模拟训练法

模拟训练法指的是运动员通过与模仿重大比赛中主要对手的主要特征的陪练人员展开对练，及通过在类似比赛条件的环境中进行练习，从而获得特殊战术能力的训练方法。[1] 在技能主导类项群、体能主导类项群的战术训练中都可以采用这种训练方法，有助于运动员做好充分的战术准备，提高比赛能力。

3. 虚拟现实训练法

虚拟现实训练法指的是运用高科技设备，在电脑屏幕上提前

---

[1] 肖涛,孔祥宁,王晨宇.运动训练学[M].重庆：重庆大学出版社,2016.

"虚拟"出未来可能出现的比赛场景,从而提高竞技体育后备人才预见能力及在各种情况下灵活运用战术能力的训练方法。随着新科技在竞技体育领域的不断渗透,这一训练法将会在竞技体育后备人才技能训练中得到进一步的运用。

4. 实战法

实战法主要是通过组织比赛来培养与提高竞技体育后备人才战术能力的训练方法。采用这种训练方法能够使竞技体育后备人才深刻理解战术,并对其掌握战术的实效性进行检验。

第四节 我国竞技体育后备人才心智能素质的培养

一、心智能素质概述

(一)运动心理

运动心理是指运动员的大脑对运动训练、运动比赛的客观世界的主观反应,这种反应主要通过感知觉、记忆与表象、思维与想象、意志与情感等表现出来。通过运动心理训练能够提高运动员的心理活动水平、心理活动强度,帮助运动员消除心理障碍。

(二)运动智能

运动智能指的是运动员在运动训练或竞技比赛中运用基础和专项理论知识认识训练和竞赛的一般或特殊规律,并运用这些规律解决现实问题的能力。运动智能分一般智能和特殊智能两种类型,竞技运动人才所需的智能是一般智能和特殊智能中某些因素的有机结合,具体包括观察力、注意力、想象力、适应力、思维力、创造力及实际操作能力等。

二、心理素质培养

(一)训练内容

运动心理能力的训练内容包括心理过程和心理个性两个方面。心理过程非常复杂,包括感知、表象、思维、注意、情感、意志、兴趣等多个要素,这些要素缺一不可。竞技体育后备人才参与运动训练与竞技比赛,还需要具备良好的个性心理,因此要重视对后备人才能力、性格、气质等的培养。心理素质训练内容如图 3-49 所示。

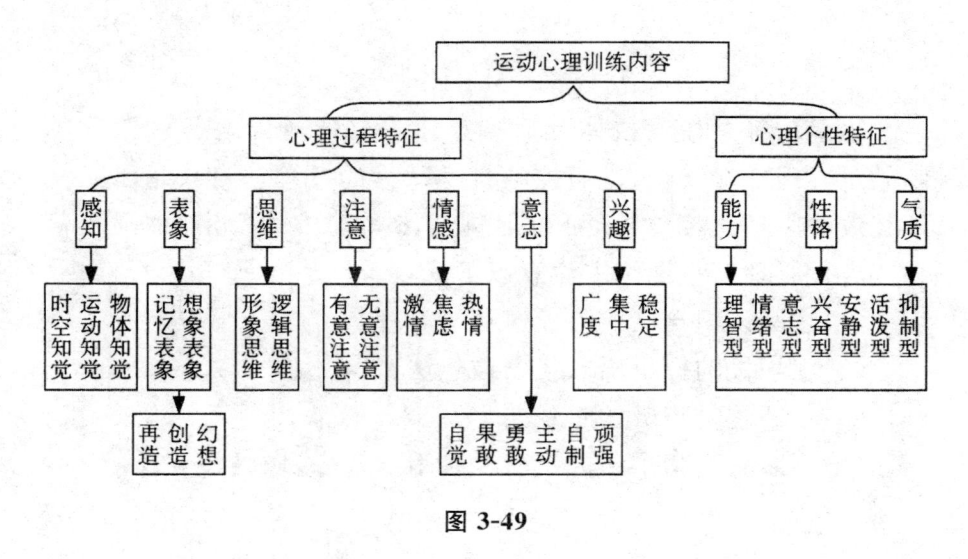

图 3-49

(二)训练方法

1. 表象训练法

表象训练指的是竞技体育后备人才在暗示语的指导下,头脑中反复想象技术动作或比赛情境,从而提高运动技能和增强情绪控制能力的过程。表现训练有助于竞技体育后备人才掌握复杂的运动技术、建立正确动作动力定型、增强自信和保持良好竞技状态。

表象训练法的实施步骤包括测定表象能力、传授表象知识、进行基础表象训练三个环节。

2. 目标设置训练法

目标设置指的是规划动机性活动将要到达的最后结果。目标设置与动机的方向和强度直接相关。如果目标正确、有效,则能够集中人的能量,激发、引导人的活动,即发挥推动行为和指导行为的功能。目标设置训练是依据有效推动行为的原则而合理设置目标的过程。采用这一心理训练方法,要处理好长期目标与短期目标、现实目标和不现实目标的关系。

3. 暗示训练法

暗示训练是指竞技体育后备人才自己通过语言等刺激物的刺激对心理施加影响,进而控制自身行为的过程。自我暗示是一种有效的心理调控方法,可以促进情绪和动作的稳定,增强自信心。进行心理暗示训练需注意以下几点。

(1) 客观认识自己的消极情绪与心理。
(2) 用积极的提示语取代消极想法。
(3) 不断重复积极的暗示语。
(4) 不断重复暗示语并定时检查暗示效果,做到举一反三。

4. 放松训练法

放松训练就是运用暗示语集中注意力,调节呼吸,充分放松肌肉,调节中枢神经系统兴奋性的训练方法。训练和比赛前进行放松练习,有助于调节情绪,缓解紧张心理,使心理状态保持稳定,从而从容参与训练与比赛,不被负面情绪与心理所干扰。

一般可以在表象训练之前、赛前紧张状态下以及训练后进行心理放松练习。

5. 模拟训练法

模拟训练指的是通过模拟比赛对手、比赛场地条件、比赛现场情况、裁判等各方面的情况来达到提高竞技体育后备人才心理适应度的目的的训练方法。进行模拟训练的主要目的是提高临场适应性能力与意志力，从容应对比赛中不断变化的临场情况，充分发挥技战术水平。

三、运动智能培养

（一）训练内容

运动智能训练内容包括观察力训练、记忆力训练、思维力训练、注意力训练及想象力训练等，如图 3-50 所示。

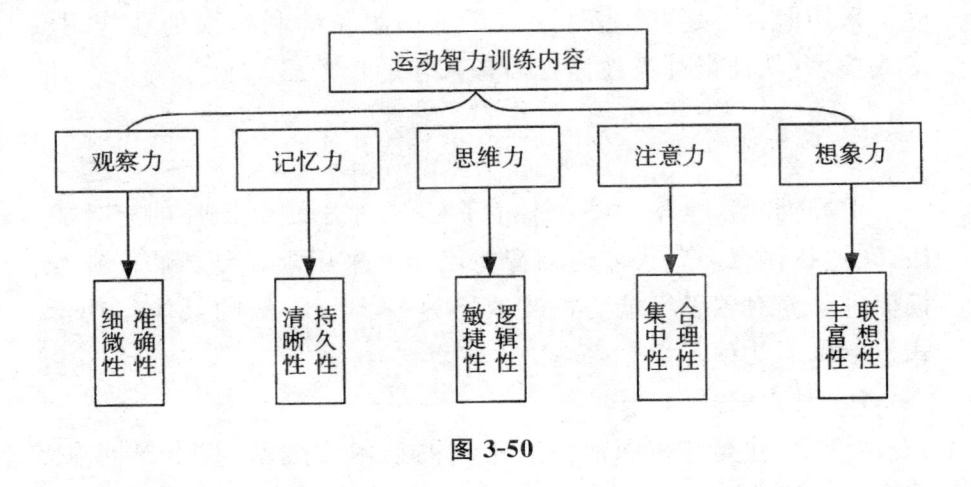

图 3-50

（二）训练方法

1. 语言表达法

语言表达法是运动智能训练中最基本的方法。正确使用语言不但能够有效传递知识，而且能够提高竞技体育后备人才的积极思维能力、分析与解决问题的能力,使其更深入地理解训练内容。语言表达法的具体运用形式有讲解、默念与自我暗示、口头或文字汇报、语言评议等。

2. 正误对比法

正误对比法指的是采用讲解、示范、图片(录像)分析等方式来对比和分析正确与错误的技术或战术,从而使竞技体育后备人才加深对技战术认识的训练方法。这是培养青少年运动员逻辑思维的鉴别力、判断力及想象力的重要方法。在运动智能培养中采用正误对比法的具体形式有以下几种。

(1)语言法

用正确和错误的语言分别描述同一个动作过程,对比两种语言,从而培养竞技体育后备人才的鉴别和分析能力。

(2)直观法

采用图片、录像等直观手段展示一组正确和错误的动作、技术或战术,从而提高竞技体育后备人才的形象思维能力。

3. 求异创新法

求异创新法是培养竞技体育后备人才思维创造性的有效方法,在竞技体育后备人才运动智能培养中采用求异创新法能够积极促进培养对象思维能力的提高。这一训练方法的具体运用形式包括以下几种。

(1)对比求异

对比几种类型相同但细节不同的技术或战术,找出异同点,深入认识细节,从而在比赛中灵活运用这些技、战术。

(2)改造求异

善于发现非正规但有良好效果的变异动作,改造这些动作,采用这些改造后的运动技术能够达到出奇制胜的目的。

(3)组合求异

科学组合事物的不同部分,丰富不同动作的组合变化形式,以此创造更多的战术,并促进竞技体育后备人才求异创新能力的提高。

总之,在竞技体育后备人才运动智能培育中,教练员要不断启发培养对象对技战术的理解,促进他们智力水平的提高。

第四章　我国竞技体育后备人才培养研究——以江苏省为例

在市场经济体制下，我国竞技体育后备人才培养的传统模式逐渐显露出自身的弊端，导致竞技体育后备人才队伍在一定程度上出现萎缩，难以支撑我国竞技体育的可持续发展。对此，我国积极采取一些应对竞技体育后备人才培养问题的措施，如加强体教结合力度，结合新时期的需要而创造新的人才培养模式等，并取得了一定的成效。江苏省是我国体育大省，江苏优秀运动健儿在亚运会、奥运会、全运会中的比赛成绩非常可观，该省竞技体育实力整体比较强。江苏省在我国率先提出建设体育强省，建设体育强省要求进一步加强对竞技体育后备人才的科学培养，数量足、质量佳的优秀运动员队伍是江苏省保持竞技体育优势竞争力及实现竞技体育可持续发展的一个关键因素。本章主要研究江苏省竞技体育后备人才的培养，首先简要分析江苏省竞技体育发展情况，然后具体对江苏省竞技体育后备人才培养现状、培养模式及培养的发展策略展开详细研究。

第一节　江苏省竞技体育发展概况

作为我国先进省份的江苏省经济发达、教育领先、文化深厚，该省自改革开放以来，体育事业和其他事业共同发展，努力向体育强省的目标奋进，江苏省运动健儿在奥运会、亚运会上摘金夺银，为我国竞技体育的发展做出了巨大贡献，而且这一地区竞技体育对我国体育事业的贡献率一直处于前列。下面主要从近些年江苏省竞技体育的成绩情况和总体发展构想两方面来概括江苏省竞技体育的发展情况。

一、江苏省竞技体育成绩情况

(一)奥运会成绩

近年来,我国竞技体育事业不断向前发展,在近几届奥运会上获得的金牌数也一直稳居前列,这反映出我国竞技体育的实力不容小觑。随着江苏省经济的不断发展,该省竞技体育事业也有了全面提升,总体来说,江苏省竞技体育的发展在我国已达到领先水平。江苏省运动健儿在近几届奥运会中也有不俗的表现,金牌贡献排在前列,如在北京奥运会上江苏省贡献了8枚金牌,在全国各省排在首位,在伦敦奥运会上贡献了3.5枚金牌,在里约奥运会上贡献了2.5枚金牌,为我国冲击金牌榜前几名和争取荣誉做出了巨大贡献。江苏省在奥运会上的摘金夺银项目主要是击剑、跳水、乒乓球、羽毛球、体操等,这些都是江苏省的优势项目。

(二)全运会成绩

奥运会是各国比拼竞技体育实力的舞台,全运会是我国各省市体育实力较量的战场。江苏省作为我国的体育大省,在近几届全运会中的成绩令人瞩目,且比较稳定,获得的奖牌总数一直位居前列,如在第10届全运会上竞技项目奖牌数共128枚,金、银、铜牌数分别为51、37和40,位居全国第1名;在第13届全运会上,竞技项目奖牌数共106枚,包括35枚金牌、26枚银牌和45枚铜牌,位居全国第4名。

总体而言,江苏省运动健儿在全运会、奥运会上努力拼搏,摘金夺银,为省、为国争光,与江苏省重视培养竞技体育后备人才、人才培养政策落实到位、培养模式相对健全以及注重在运动员教育训练方面加大投入力度等有关。

二、江苏省竞技体育发展的总体构想

(一)江苏省竞技体育发展的指导思想

江苏省全面树立和落实科学发展观,紧紧围绕富民强省、"两个率先"的目标,以经济建设为中心,以社会建设和管理为重点,以利益兼顾为根本,以五大江苏建设为载体,与"两个率先"的时序进度同步发展,努力建设经济繁荣、政治民主、文化发达、社会和谐的新江苏。江苏省建设体育强省与其他领域的建设同步进行,在科学发展观思想的指导下加大体育强省建设力度,并严格提出对竞技体育发展的要求,争取做到率先发展、科学发展、协调发展、可持续发展,争取江苏竞技体育的发展率先于全国的发展,为国家竞技体育的发展做出贡献。[①]

要使江苏竞技体育实现率先发展、科学发展及可持续发展,就要在发展过程中将点和面、局部与整体、一般与重点有机结合起来,逐步扩大,将落后项目转变为优势项目,并使局部优势向全局优势转变。江苏省要继续对国际竞技体育的发展动向及我国其他体育大省、体育强省的竞技体育发展政策进行深入研究,并总结规律,借鉴国内外的成功经验对本身竞技体育的发展格局进行优化,提高发展的效益,使本省拥有更多的优势竞技体育项目,提高竞技体育的竞争实力,从而在全运会、亚运会、奥运会上取得更加耀眼的成绩。

(二)江苏省竞技体育项目发展的战略选择

江苏省在发展体育事业方面,注重对项目结构的优化和对项

[①] 孙乐乐.江苏竞技体育项目的率先发展与科学发展研究[D].南京师范大学,2011.

目布局的调整,强调突出重点项目,走集约发展、可持续发展之路。对于不同类型的竞技体育项目,在发展指导上各有侧重,如将田径、击剑、举重、射击、乒乓球、羽毛球、体操、跳水、自行车等重点项目做优做强;对于艺术体操、花样游泳、网球、散打、拳击、摔跤、跆拳道、帆船帆板、赛艇、蹦床、游泳、冰上舞蹈、武术套路、排球、篮球、女子足球等基础项目和优势项目,要形成集团优势来积极发展与提高,不断培育新的夺金项目,促进夺金面的扩大,促进潜优势项目向优势项目的积极转换,在一定条件下将同类项合并,全面稳步提升各类项目的发展。

(三)继续发展传统强优势项目和优势项目,挖掘潜优势项目,发展落后项目

江苏省要保持击剑、田径、举重、手球、体操、拳击、柔道、篮球、羽毛球、网球、自行车、跆拳道、赛艇、跳水、武术套路等项目的优势,在此基础上挖掘射击、射箭、曲棍球、现代五项、垒球、沙滩排球、花样滑冰等潜优势项目的潜力,扩大潜优势项目的发展空间,提高潜优势项目的夺牌、夺分能力,并使其发展成为优势项目。

江苏省在全运会上夺牌的点和面比较广,但和其他省市的潜优势项目和优势项目相比,江苏省的优势项目优而不强,潜优势项目的潜力没有得到很好的发挥。对此,一方面要继续保持优势项目的基本优势,并将优势项目发展成为强优势项目,使这些项目与其他省市项目具有明显的优势和强大的竞争力;另一方面要继续扩大竞技体育项目的点和面,争取有更多的项目可以与体育大省、体育强省的优势项目相抗衡,并加强各项目运动员人才培养梯队建设,形成良性循环机制,实现科学发展和可持续发展。

江苏省的落后项目或者说在全运会上没有机会夺得奖牌的项目相对比较少,因此对江苏省来说,发展落后项目的条件还是比较成熟的,而且该省也有能力来改变落后项目的落后局面,比较可行的方法是集中发展落后项目,并与优势项目中的同类项目合并发展,以优势项目带动落后项目,力争突破,创造新的优势项目。

(四)苏北、苏中、苏南分地区发展优势项目,形成地区特色

江苏省竞技体育项目发展的一个主要特征是"大而全",在地理因素的影响下,江苏各地在培养竞技体育后备人才、发展竞技体育方面都有自身的优势,不同地区可选择与本地地理环境、人文环境相适应的项目来集中发展,如在苏中、苏南地区可以集中发展田径、举重、击剑、射击、射箭、体操、国际摔跤、拳击、柔道、自行车、赛艇、跳水、武术套路、武术散打、篮球、网球、乒乓球、羽毛球、曲棍球、排球、手球、游泳、花样滑冰等项目,可以在苏北地区集中发展帆板、滑冰、水球、皮划艇、棒球、铁人三项、激流回旋、自由式滑雪等相对落后的项目,将不同地区的地理环境优势、人文环境优势及各方面的资源充分整合与利用起来,大力发展优势项目,弥补、改善落后项目,开发新的优势项目,从而形成竞技体育项目整体发展与进步的良好局面。

第二节 江苏省竞技体育后备人才培养现状分析

为了解江苏省竞技体育后备人才的培养情况,胡德凤在《江苏省竞技体育后备人才培养现状及可持续发展研究》一文中对江苏省37所竞技体育后备人才培养基地(以向省和国家一级运动队输送优秀体育人才、创造比赛优胜为目的而建立的体校)进行了走访调查,并查阅了江苏省体育局青少年训练管理中心的相关资料,从而得出了一些真实可靠的资料信息与调查数据,分析这些信息与数据,能够对江苏省竞技体育后备人才培养现状有一个较为准确及清晰的认识。本节主要从胡德凤的调查结果入手来全面分析江苏省竞技体育后备人才培养的项目布局情况、培养基地的教练员与运动员情况以及经费、设施与医务监督等方面的情况。

一、江苏省竞技体育后备人才培养基地的项目布局情况

江苏省37个人才培养基地主要训练项目有28个,都是奥运会项目,如田径、游泳等金牌大项,球类运动等普及度较高的项目,击剑、跆拳道、柔道、摔跤等格斗对抗项目,体操、举重等体能类项目,等等。总体来说,各基地普遍重视奥运会项目的训练和重要项目竞技体育人才的培养,根据奥运会需要而建设人才梯队。人才培养基地中参加奥运会项目训练的运动员较多,其中参训人数最多的项目有田径、篮球、游泳、击剑、足球。相对来说,参加武术类项目的运动员相对较少一些,这主要是因为武术项目不是奥运会正式比赛项目。此外,参训人数较少的项目还有自行车、柔道、击剑、射击等成才率较高的项目。人才培养基地参训者的分布反映出一个问题,即各专项竞技体育后备人才的人数分布不均衡,这与项目的普及程度、各基地项目的开展情况等有直接的关系,江苏省竞技体育后备人才培养基地要持续保持高度竞争力,就要集中力量解决部分项目后备人才相对缺乏的问题。

江苏省竞技体育后备人才培养基地大部分竞技体育项目的开设率都超过10%,田径、篮球、举重等项目的开设率甚至超过了40%,但也有一些开设率很低的项目,如艺术体操、跳水、花样游泳、曲棍球、摔跤、女子篮球、女子足球等项目,开设率均低于10%。根据江苏省人才培养基地开设的项目在全运会与奥运会上取得的成绩,可将培养基地上所开展的竞技项目划分为以下三种类型。

第一,优势项目,指的是在历届全运会或奥运会中多次获得金牌,稳定保持较高的竞技水平,形成集团优势,今后有实力继续在奥运会或全运会上获得金牌的竞技体育项目。江苏省的优势竞技体育项目主要包括田径、击剑、羽毛球、射击、体操、自行车、柔道等。

第二，潜优势项目，指的是曾经在奥运会或全运会上获得过金牌，但没有形成集团优势，目前保持良好状态，有可能在今后的比赛中夺得奖牌的竞技体育项目。江苏省的潜优势竞技体育项目主要有篮球、网球、排球、手球、拳击、跳水、赛艇、跆拳道、举重、游泳以及现代五项等。

第三，低竞争力项目，指的是在全运会或奥运会上表现平平的项目，或曾经在奥运会或全运会上获得过奖牌，但目前状态较差，甚至都不可能在全国比赛中获得好成绩的竞技体育项目。江苏省的低竞争力竞技体育项目主要有射箭、水上项目等。

从江苏省竞技体育后备人才培养基地的项目开展情况来看，项目布局与这些项目在全运会或奥运会上的竞争力的吻合度较低。例如，江苏省田径项目在全运会上夺牌的实力非常强，但在奥运会上的竞争力却一般，这个问题不仅困扰着江苏省体育界，而且对我国也是一个困扰。根据我国奥运战略及江苏省的全运战略，今后江苏省应将优势项目和潜优势项目作为重点发展项目，并重点培养这些项目的后备人才。江苏省竞技体育人才培养基地的教练员与管理人员普遍认为，当基地优势项目与省优势项目出现不一致的情况时，应当在保持省优势项目、不放弃省弱势项目的前提下大力扶持基地优势项目。之所以不能放弃弱势项目，是因为和其他省份相比，江苏省的低竞争项目比较少，所以扶持弱势项目还是有时间、有精力的，只有将重点发展和全面发展结合起来，才能促进江苏省竞技体育后备人才实力的提升，推动江苏省竞技体育可持续发展，使江苏省运动健儿在奥运会上取得更好的成绩，为国家贡献更多的金牌。

二、江苏省竞技体育后备人才培养基地的运动员情况

下面主要从文化学习、运动训练、选拔与输送以及参加比赛四个方面来分析江苏省竞技体育后备人才培养的情况。

第四章 我国竞技体育后备人才培养研究——以江苏省为例

(一)文化学习

运动员的文化素质与竞技能力之间有密切的关系,良好的文化素质有助于提升竞技能力,而且文化素质水平高的运动员在退役后更容易就业。运动训练学专家马特维耶夫指出,未来运动成绩的增长主要不是靠最大限度地发挥运动员的体能技能,而是挖掘运动员的智慧,而智能训练的基础就是运动员的文化素质。[①]我国现阶段在竞技体育后备人才培养中面临的主要矛盾是运动员文化学习和训练之间的矛盾,这个问题长期存在,虽然有关方面一直都在寻找解决措施,也尝试了很多措施,但效果不太理想,始终没有彻底消除这个矛盾。青少年运动员必须在正当年少时像普通学生一样接受文化教育,而且还要抓住体能素质发展的敏感期加强基础体能训练。文化学习和运动训练都需要时间,前者是为了积累文化知识,后者是为了提高训练水平和运动成绩。因此对于既要学习文化知识,又要进行运动训练的青少年运动员来说,合理分配时间很关键,这是处理文化学习与训练矛盾的重要突破口。

调查结果显示,江苏省竞技体育后备人才培养基地的运动员平均每周安排26—30节文化课(图4-1),而普通学校通常每周安排36—40节文化课,所以说人才培养基地对运动员的训练其实占用了文化教育的一部分时间,而且基地晚上安排身体恢复课,而普通学校晚上安排文化自习课,所以说在江苏省竞技体育后备人才培养过程中运动训练时间长,文化教育时间短,导致后备人才的文化水平与同龄段普通学生相比有一定差距。

竞技体育后备人才培养基地青少年运动员的文化学习成绩受多方面因素的影响,关于这方面对青少年运动员本人的调查结果如图4-2所示,下面逐一分析这些影响因素。

---

① 胡德凤.江苏省竞技体育后备人才培养现状及可持续发展研究[D].扬州大学,2014.

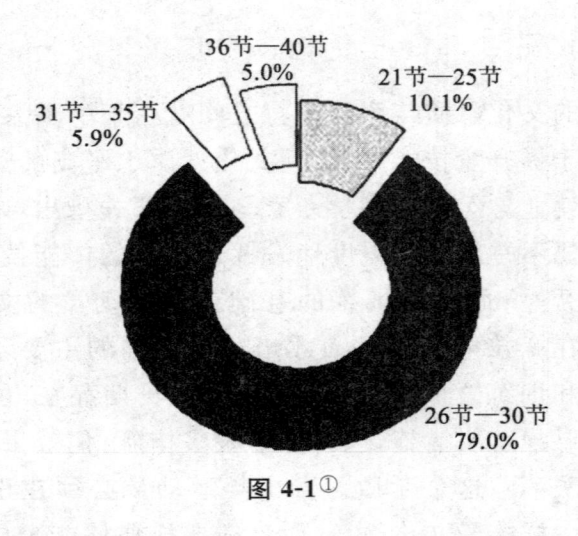

36节—40节
5.0%

21节—25节
10.1%

31节—35节
5.9%

26节—30节
79.0%

图 4-1①

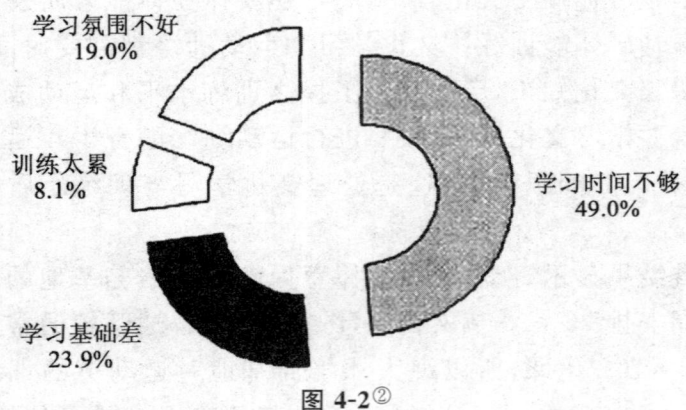

学习氛围不好
19.0%

训练太累
8.1%

学习时间不够
49.0%

学习基础差
23.9%

图 4-2②

(1)学训矛盾。认为因为学训冲突,学习时间不够而影响了自己文化成绩的青少年运动员占49%,这些运动员所在的学校采用半读半训的模式培养体育人才,但更注重训练,训练时间分配的比较多,影响了青少年的文化知识学习。一些青少年本来文化基础就差,如果文化学习时间得不到保证,就会严重影响学习效果和文化成绩。

---

① 胡德凤.江苏省竞技体育后备人才培养现状及可持续发展研究[D].扬州大学,2014.
② 同上.

(2)学习基础差,学习氛围不好。分别有23.9%和19.0%的青少年运动员认为学习基础差和学习氛围不好是导致自己文化学习困难的主要原因。体校学生的文化基础普遍比普通学校同龄段学生差一些,而且学校缺乏良好的文化学习环境和学习氛围,学生学习积极性不高,甚至部分学生厌学,他们将大部分时间与精力投入到训练上,一心只想提高运动成绩,文化成绩则越来越差。

(3)训练太累。有8.1%的学生认为训练太累影响了自己学习文化知识。体校培养运动员人才,贯彻"三从一大"训练原则,日常训练非常辛苦,运动员身心承受的负荷非常大,人的精力又是有限的,经过大负荷训练后,青少年几乎没有多余的精力去学习文化知识,这必然影响他们的文化成绩与未来的长远发展。

(二)运动训练

1. 训练形式

体校的训练形式主要有以下三种。

(1)"三集中"训练形式。地级市体校基本采取这一训练形式,即体校统一对运动员的学习、训练和食宿进行管理,有专门的文化教学设施和专职文化课教师,学校开展不同学段课程以满足不同年龄段运动员的文化学习需要。这种训练形式可以保证运动员的训练时间,有助于提高训练效果,成功输送优秀运动员。

(2)"二集中"训练形式。部分县级市体校采用这一训练形式,即体校集中管理青少年运动员的训练、食宿,青少年的文化学习挂靠在体校附近的中小学,他们在体校训练的时间大部分是每天下午和周末。

(3)"走训制"训练形式。部分县体校采用这一训练形式,青少年运动员基本都是当地生源,体校主要集中管理青少年运动员的训练,青少年完成文化学习后再去体校训练。

江苏省竞技体育后备人才培养基地的训练形式见表4-1。

表 4-1　江苏省竞技体育后备人才基地训练形式统计[①]

训练形式	频数	比例
三集中	29	78.4%
二集中	8	21.6%
走训制	0	0

从统计结果来看，采用"三集中"训练形式的体校占绝大多数，采用"二集中"训练形式的占少数，没有采用"走训制"训练形式的体校。这三种训练形式中，"二集中"和"走训制"训练形式可以保证青少年运动员的文化学习时间，但训练时间得不到保证，从而影响训练质量，因此人才培养基地很少采用这两种训练形式。"三集中"训练形式虽然兼顾了文化学习与运动训练，但大部分体校偏重于运动训练，导致青少年运动员的文化学习成绩不佳。对此，江苏省应结合各体校的实际情况而探索学习、训练双管齐下的人才培养模式，实行功在当下、利在长远的人才培养方式，树立体教结合的人才培养理念，有效协调学训矛盾，齐头并进，共同发展。

2. 训练频数与时间

运动员训练时间与训练频数可以直观反映运动员的训练是否系统，而训练是否系统又直接决定能否实现训练目标。调查发现，每周训练次数超过 6 次的青少年运动员占绝大多数。一些体校采用"三集中"训练形式，学习与训练的安排一般情况下是周一至周五早上统一学习，下午统一训练。每次训练两三个小时的青少年运动员几乎占一半，这个训练时间安排得比较合理，训练量和训练强度都有保证，运动员在训练中更容易处于兴奋状态，有利于取得良好的训练效果。

---

① 胡德凤.江苏省竞技体育后备人才培养现状及可持续发展研究[D].扬州大学，2014.

总体而言,江苏省竞技体育后备人才培养基地安排的训练时间和频次比较合理,运动员训练比较系统,容易实现预期的训练目标,提高训练水平。

(三)选拔与输送

1. 人才选拔

通过对江苏省竞技体育后备人才培养基地的部分教练员和管理人员进行调查后发现,江苏省选拔体育后备人才最常用的方法是教练员自主挑选,其次采用较多的方法是基层推荐,此外根据比赛成绩选拔的方式也比较常用。教练员自主挑选的选材方式缺乏一定的广度,而且教练员自身经验有限,对外界信息了解不够多,如果以这种选材方式为主,可能会造成损失一些好苗子。为了弥补传统选材方式的不足,江苏省体育部门和竞技体育后备人才培养基地应重点做好两个方面的工作:一是做好逐级逐层推荐优秀苗子的工作,二是制定在全省乃至全国范围内选拔优秀运动人才的切实可行的模式与机制,并将竞技体育后备人才联网注册工作搞好。

2. 人才输送

输送率是竞技体育后备人才培养基地认定的重要条件,也是对人才培养基地的培养效益进行考查的一项重要指标。江苏省竞技体育后备人才输送的主要路径是上级单位选拔和教练员自主推荐。由于江苏省在竞技体育后备人才选拔和输送中都对被选者的运动成绩、发展潜力格外关注,而对他们的文化基础和文化成绩不太重视,更没有制定出详细的量化标准,所以青少年运动员大部分缺乏自主学习意识,文化水平较低,这对他们竞技能力的提高和长远发展都是不利的,最后可能会面临被淘汰的局面,这也是江苏省一些体育人才培养基地存在高投入、低产出问题的主要原因。

(四)参加比赛

竞技体育后备人才基地的青少年运动员要不断经过运动竞赛的检验才能逐渐发展成为优秀的运动员。竞技体育后备人才的训练水平和教练员的业务水平都能在高规格的比赛(奥运会、全运会、省运会等)中得到检验。一些基地为了完成上级部门下达的任务,让本基地青少年运动员在比赛中取得好成绩,便会给每个教练员都分配成绩指标,而部分教练员为了完成指标,采取揠苗助长式训练方法,将培养单位是基础性训练定位及青少年身心发展规律抛之脑后,过早开发青少年的潜力会使青少年运动员在之后的训练中缺乏后劲和热情,从而影响他们向更高水平发展。可见,培养单位对比赛的认识、态度以及应对比赛的政策会影响对后备人才的培养效果。

下面具体分析江苏省竞技体育后备人才培养基地的竞赛制度和青少年运动员的参赛情况。

1. 竞赛制度情况

青少年运动员的成长与发展与竞技体育后备人才培养基地的竞赛制度有直接的关系。江苏省现有的竞赛机制比较重视评价青少年运动员的竞技能力,重视运动员的比赛成绩和排名,总体来看,对青少年运动员的评价指标单一,后备人才的文化水平和发展潜能在一定程度上是被忽视的。江苏省体育局及人才基地要对现有的青少年运动员竞赛制度尤其是评价制度进行改革与完善,淡化金牌意识,以免过早对青少年运动员进行专业化训练。基地应全面培养青少年的身体素质、竞技能力,并加强文化教育,在人才培养效果的评价中将多种评价方式综合起来使用,注重发展性评价。此外,基地还应根据不同项目的特点及后备人才的实际情况而组织有利于后备人才长远发展的竞赛,为青少年运动员将来参加高水平比赛打好基础。

2. 参赛次数情况

一般来说，大部分青少年运动员都很少有机会参加省级及以上级别的比赛，大多数情况下是当下的优秀运动员参加这些比赛，即使是有潜力的青少年运动员，也要成为真正的优秀运动员后才有机会参加高水平比赛。

调查发现，江苏省竞技体育后备人才培养基地的青少年运动员大部分每年参加1—2次比赛，每年参加三四次比赛的运动员只有少数，甚至还有一部分运动员一年都没有机会参加一次比赛。一年内没有参加过任何比赛的运动员主要是新训运动员，他们进入基地的时间较短，还处于适应阶段。总体而言，基地青少年运动员每年参加比赛的次数较少，这不利于培养优秀的竞技体育运动员。对此，有关部门在安排竞赛方面要从全局出发，综合考虑，要给基地的后备人才展现竞技能力的机会，让他们在比赛中检验自己，磨练自己，突破自我，实现更好的发展。

基地的很多教练员认为对于青少年运动员来说，每年参加三四次比赛比较合适，但现阶段每年参加一两次比赛的青少年运动员占多数，基地后备人才每年的参赛次数达不到理想要求，因而也难以取得良好的以赛促练的效果。

江苏省每年举办的省级体育比赛较少是基地后备人才参赛次数少和缺乏实战机会的直接原因。以2013年江苏省举办的省级赛事为例来看，省级比赛项目中，举办赛次超过三次的项目有田径、足球、篮球、排球、射击、武术等，大部分项目都只举办了一两次，如跳水、棒球、垒球、曲棍球、橄榄球、花样游泳、射箭、体操、拳击、赛艇等项目的省级赛事在2013年就只举办过一次。造成省级体育比赛次数少的原因有很多，如缺乏比赛经费、有关部门不重视或参赛队少等。即使是江苏省的优势项目，每年举办的省级比赛也比较少，这对于年轻运动员的成长以及将优势项目转变为强优势项目是不利的。

针对竞技体育后备人才参赛次数少的问题，在今后的竞赛安排上,江苏省体育局应加强宏观管理,根据不同年龄层次后备人才的需求而设置不同级别、组别的比赛,使运动竞赛在提升后备人才竞技能力方面的积极作用充分发挥出来,让竞技体育后备人才在比赛中变得越来越优秀、强大。江苏省各县市也应加大办赛力度,增加赛事方面的投入,为青少年运动员提供更多的实战机会。

三、江苏省竞技体育后备人才培养基地的教练员情况

随着竞技体育的不断发展,运动训练的科学化水平也有了大幅度的提高。教练员的业务能力与综合素质对运动员的运动训练及全面发展有非常重要的影响,一个国家世界级水平的优秀教练员越多,该国培养出的世界冠军就越多。因此,要使江苏省竞技体育后备人才培养基地的青少年运动员获得进一步发展,使其最终成为优秀的高水平运动员,就必须重视对优秀教练员的培养,这是至关重要的因素。下面具体分析基地教练员的基本情况。

(一)学历结构

教练员队伍中不同学历层次的教练员人数在所有教练员中的比例构成和分布情况就是教练员的学历结构。基地教练员队伍的基本现状及各方面能力(教学能力、训练能力、科研能力等)主要从学历结构中反映出来,通过学历结构也能对教练员队伍的潜在能力及未来发展有所了解,而且要了解基地教练员的受教育程度和文化水平,主要就是参考学历标准。竞技体育的不断发展对体育人才培养基地的教练员提出了越来越高和越来越严格的要求,具体表现为文化水平紧跟竞技体育发展方向、业务能力强、科研水平高等,教练员要具备这些条件才有可能培养出优秀的运动员。

调查结果显示,江苏省竞技体育后备人才培养基地的教练员队伍中,有一半以上是本科学历,专科学历的相对较少,还有个别

教练员是中专及以下学历,研究生学历的教练员极度缺乏。基地教练员的学历水平整体不高,一些教练员曾经是优秀运动员,退役后从事教练工作,他们的文化水平并不高,本科学历的教练员中,经函授获得该学历的有很多,大部分教练员没有系统地学习体育专业理论知识,所以在日常训练中很难将所学理论知识运用到实践中以科学指导训练,这在一定程度上影响了运动训练和人才培养的科学性。

要改善基地教练员整体学历水平低的现状,就要注重对高学历、高水平教练员的培养与引进,使基地教练员队伍的学历结构不断完善,促进教练员理论素养和实践能力的全面提升,并使教练员能够在训练指导中将理论知识转换为实践能力,以提高训练效果,促进基地后备人才的发展。

(二)职称结构

教练员的职称能够综合反映出其专业知识水平、整体知识结构、科研能力及综合业务能力等,要提高基地青少年运动员的运动水平,就必须先储备一定数量的高职称教练员。

调查结果显示,江苏省竞技体育后备人才培养基地教练员的职称结构比较合理,高级教练员、中级教练员、初级教练员的人数比为3.38∶5∶3.17,国家体育总局规定各类体校高级、中级、初级教练员的组成比例是2∶5∶4,可见基地教练员的职称结构与国家体育总局的要求基本相符。但要推动基地后备人才培养的可持续发展,还要对现有教练员队伍的职称结构进行进一步的优化,重视对教练员综合能力的培养,提高教练员队伍的综合素质与整体水平。

(三)执教年限

以奥运会四年为一个周期,基地教练员中有一半以上具有两个周期以上的执教经历,少数新教练员执教年限不到四年。执教年限长的教练员在多年的学习与实践中积累了丰富的知识与经验,尤其是专项训练经验和比赛临场指挥经验,这类教练员为江苏省培养与输送优秀体育后备人才及推动江苏省竞技体育的发展做出了重要贡献。江苏省人才培养基地在建设教练员梯队方面具有一定的科学性,按照"老带新,新促老"的思路来设立项目和分配教练员,从而使年轻教练员学习资深教练员的经验,使老教练员从新教练员那里学习一些新的训练理念与方法,促进基地教练员的共同发展,提高整个教练员队伍的执教水平。

(四)岗位培训

教练员是竞技体育发展的重要力量,教练员的综合素质对竞技体育事业的长远发展和体育后备人才的成长成才有重要影响。为提高教练员的执教水平与综合素质,建设高水平的教练员队伍,定期对教练员进行岗位培训非常重要,这还直接影响着教练员的职称评定,岗位培训合格是晋升职称的一个必备条件。

针对江苏省竞技体育后备人才培养基地的在职教练员进行岗位培训,要注意科学开展、定期开展、持续开展,这能够促进教练员岗位意识的提升,促进教练员专业知识的丰富,使其对现代化训练方法有所掌握,促进其执教水平和管理能力的增强,进而促进基地人才培养水平的提高和基地竞技体育的健康持续发展。

据相关规定,在岗教练员四年内必须完成200学时的学习任务(面授学时必须在100以上)。但调查发现,江苏省体育后备人才培养基地中教练员参加岗位培训的情况并不理想,一半以上的教练员四年内只参加过一次培训,而四年内完全没有参加过任何培训的教练员也占到一定的比例,可见基地教练员参加岗位培训的次数非常少。而造成这一现状的原因主要有以下几点。

(1)缺少培训经费。政府财政支出是江苏省竞技体育后备人才培养基地培养运动员和培训教练员的主要经费来源,部分基地经费严重短缺,导致基层体校教练员没有经费参加培训。

(2)训练任务繁重,没有时间参加培训。基地的训练具有科学性、系统性、周期性,基地的系统训练要求教练员时时刻刻关注每位后备人才的身体情况和训练情况,并严格督导、科学指导,不断学习与引进一些新的训练方法与训练模式。总之教练员责任重大,负担也很重,他们很难抽出时间去参加培训。

(3)基地个别项目的教练员人数比较少,因此没有单独开设培训班,通常是与其他地区联合组织岗位培训,但因为实际操作中有一定的难度,所以个别项目的教练员无法顺利参加岗位培训。

(五)选材情况

从本质上来说,竞技体育的竞争就是人才的竞争,在竞技体育后备人才培养中,科学选材是非常重要的一个环节,这是培养优秀运动员的基础和前提。科学选材主要就是从不同运动项目的特点和要求出发,运用现代科学方法手段,通过指标测试、准确预测和全面评价而选拔运动天赋好、适合从事某项运动的儿童青少年,然后进行科学系统的培养,并对其在不同阶段的发展予以监测。

运动选材是一个长期的动态的过程,而通过短期的观察与测试是无法科学选材的。江苏省竞技体育后备人才培养基地的教练员在选材中采用的主要方法是经验选材,指标测试选材法是辅助方法。目前各基地的选材测试工具比较齐全,但因为选材理论体系还不完善,所以只通过指标测试得出的数据很难完成选材任务,必须依靠教练员的经验。教练员在运动选材过程中可综合考查江苏省的地理环境、人文环境、经济条件、各类体育项目普及情况及传统优势项目和潜优势项目等多重因素,结合自己的经验进行科学选材、理性选材,切忌主观上随意选拔运动苗子,否则会影响后备人才的可持续发展。

(六)训练计划制订情况

科学制订训练计划是教练员的工作之一,训练计划制订得如何,能够反映出教练员专业能力与执教水平的高低,科学合理的训练计划对竞技体育后备人才的成长成才具有重要的促进作用。在教练员与运动员的训练实践活动中要不断制订、修订训练计划,这是运动训练系统中不可或缺的一个环节。科学的训练计划是科学化、系统化训练的前提,教练员应结合后备人才的实际情况、基地的客观条件以及竞技体育的发展需要来制订多种类型的训练计划,并在训练实践中严格监督训练计划的落实情况,达到预期训练目标。

调查发现,江苏省竞技体育后备人才基地的教练员大部分都制订了年度训练计划、阶段训练计划、周训练计划和课训练计划,但制订多年训练计划的教练员只有少数,整体来看训练计划制订情况良好,但如果缺少多年训练计划,就会影响训练的系统性。为提高基地教练员制订和执行训练计划的积极性,应在教练员考核中将训练计划制订与落实情况纳入考核范围内,有关部门定期检查,确保基地有序执行计划。

四、江苏省竞技体育后备人才培养基地的经费、设施及医务保障情况

(一)经费情况

竞技体育后备人才培养基地要顺利开展各项工作,必须拥有良好的财政条件,如果经费不足,则会在很大程度上影响基地人才培养系统的正常运行,影响文化教育、运动训练及竞赛等各项工作的落实,最终影响基地人才培养的效果,影响竞技体育后备人才的成长与可持续发展。

关于江苏省竞技体育后备人才培养基地中训练经费是否充足的问题,对基地管理人员的问卷调查结果显示,认为基地训练经费比较充足的管理人员占少数,认为基地训练经费只能勉强维持训练的管理人员有很多,还有少部分管理人员认为基地严重缺少经费,不能维持正常训练,后备人才的参赛需求和训练需求得

第四章 我国竞技体育后备人才培养研究——以江苏省为例

不到满足。政府拨款、体彩公益资助以及体育局给予补助是江苏省各体校培养体育后备人才的主要经费来源,虽然经费来源渠道比较多,但这些渠道中最主要的还是政府财政拨款,也就是说基地经费大部分来源于政府财政拨款,来源于其他渠道的经费所占比例少。所以总体而言基地经费来源渠道还是比较单一,导致现有经费无法充分保障后备人才的文化教育、运动训练和参赛需要。对此,体校要主动拓展经费来源渠道,如在保障本校学生正常训练的前提下将本校场馆设施适当有偿对外开放,增加教育训练经费,满足基地人才培养需求。

(二)设施条件情况

现代化科学运动训练需要具备优良的场地设施,这是运动训练的基础条件和基本保障。体校的青少年运动员参加训练主要是为了打好基础,然后在此基础上不断提高,为了保障青少年运动员的正常训练,不断促进青少年后备人才运动成绩的提高,体校必须提供充足完备的场地器材设施。

关于江苏省竞技体育后备人才培养基地的场地设施情况,针对基地教练员的问卷调查结果显示,认为体校训练场地设施情况较好,基本可以满足后备人才日常训练的教练员占一半以上,部分县级体校教练员认为基地的场地设施条件较差,现有设施陈旧,缺少新设施,无法满足日常训练需求。

要改善江苏省竞技体育人才培养基地场地器材设施条件较差的现状,需要从以下两方面努力。

第一,基地领导要充分认识到良好场地设施条件对提高人才培养质量的重要意义,加大经费投入力度来购置新设施,维护旧设施。

第二,对有限的场地设施资源进行合理分配,邻近体校相互协调,资源共享,提高场地设施的使用率。

(三)医务保障情况

在竞技体育训练中,必须做好医务监督工作,即通过医学和生物学手段,对运动员进行全面的身体检查和观察,评价他们的身体状态和身体素质,为科学训练提供可靠依据。对运动员机能监控与医务监督已经成为现代高水平竞技体育训练中不可或缺的重要环节了,青少年运动是我国竞技体育未来的希望,所以更应该加强机能监控与医务监督,对他们的身体机能、身体素质变化情况随时了解与把握,从而根据他们体能和运动能力的发展规律、特点来科学制订训练计划,提高训练效果。

据调查,江苏省竞技体育后备人才培养基地的医疗器械种类比较齐全,基本能够满足运动员选材、运动员机能检测、运动员训练监控、运动员身体恢复等需求,医疗设施的使用率比较高。但国家级竞技体育后备人才培养基地必须配备更完备的仪器设备,不能只配备基础设备,所配备的设备要能够满足训练监测、伤病治疗和身体恢复所需。只有医疗监督设施齐全,并将这些设施正确运用到运动员选材、机能检测、训练监控、身体恢复等工作中,才能将这些设施的作用充分发挥出来,才能更好地完成选材和训练任务,提高选材、训练的科学化,提高人才培养质量和后备人才的成材率。

现阶段,江苏省竞技体育后备人才培养基地的专职医务人员比较少,而且医务人员的记录工作做得不到位,这对基地人才培养事业的健康可持续发展是不利的。对此,基地除了要配备种类齐全和质量好的医疗设施外,还要根据实际需要配备专业的医务人员,并加强对医务人员的培训,提高他们的工作能力,使其更好地为后备人才服务,提供安全保障。

第三节　江苏省竞技体育后备人才培养模式及其改善

在市场经济条件下,传统竞技体育后备人才培养模式的弊端日益显露,于是全国各地都在积极探索新的人才培养模式,"体教结合"就是其中之一,即在竞技体育条件下,通过加强学校体育工作和素质教育工作来提高青少年训练水平,为国家培养优秀的竞技体育后备人才。这一培养模式对体育、教育资源进行了有机整合,与现代竞技体育人才培养的内在要求是相符的。江苏省在体教结合思想的指导下也探索了一些具有特色的体教结合人才培养模式,本节具体分析江苏省的体教结合人才培养模式及该模式的实施情况,然后针对体教结合模式的不足而提出优化对策,以进一步完善该模式,为江苏省培养出高水平的竞技体育后备人才提供指导。

一、江苏省竞技体育后备人才"体教结合"培养模式的现状分析

江苏省在体教结合思想下探索的人才培养模式主要有以下几种。

(一)"南体"模式

江苏省的体教结合竞技体育后备人才培养模式首先体现在以南京体育学院为代表的"南体"模式中。20世纪80年代,南京市开始在体教结合思想的指导下培养竞技体育后备人才,南京体育学院等多所高校以"育人为本"为指导思想,为提高本市竞技体育后备人才的文化素质与运动水平,将教学、训练、科研有机结合起来,优势互补,形成了三位一体的培养模式——"南体模式"。南京市各大高校积极建设优秀的教师队伍,加强对师资队伍的管理,对教练员的再教育与在职培训进行有计划的安排,并在素质教育的要求下改革文化教育教学,从而促进竞技体育人才文化素质和运动水平的提升,培养优秀的运动员。高校要继续沿用这一模式,就要进一步提高体育院校师资队伍的综合素质,适当调整学制,合理安排教学时间与教学内容,并在科学理论的指导下安排训练,在确保竞技体育后备人才取得良好竞技成绩的前提下实施开

门办学,使体育院校充分发挥自身培养体育人才的重要作用。

"南体模式"也有自己的缺点,即学训矛盾严重,运动员的文化水平普遍较低,缺乏知识资本,这不利于其未来就业和社会生活。而且因为体校不注重文化教育,所以生源在不断减少,一些运动天赋好的青少年认为体校对他们没有吸引力,他们更愿意努力学习,考取普通高校,获得好的学历,为将来的就业与生活打好基础。

(二)省队校办模式

南京市重点综合性高校主要采取省队校办模式来培养竞技体育后备人才,具有代表性的学校是南京工业大学。2002年,南京工业大学最早将该模式引进学校,学校运用这一模式组建江苏省女子垒球队,不断加大对该运动队的培训力度,使该运动队在国内、国际各大比赛中多次夺得冠军。南京工业大学建设垒球队的举措也促进了校园垒球文化的传播,促进了校园体育文化的发展,并使学校的知名度有了提升。高校要继续沿用这一模式,就必须创建良好的校园体育氛围,大力发展校园体育文化,不断将新鲜的丰富的体育元素引进学校,从而为更好地培养竞技体育后备人才提供充足的条件。

省队校办模式的缺陷主要是训练体制不健全。对于该模式而言,江苏省体育局管辖的青少年训练管理中心是全省体育传统学校和业余体校运动训练竞赛工作的主要负责方,但同样由省体育局管辖的体育卫生和艺术教育处主要负责省内高水平运动员试点学校后备运动员训练的竞赛工作,两部门在"体教结合"模式下共同负责高校运动员的管理,在建立与规范体育后备人才的注册制度以及省队高水平后备体育人才的跟踪监督制度等方面没有达成一致,再加上部门之间缺乏沟通、合作,导致省队校办模式的运行受到了阻碍。[①]

---

① 何春刚.江苏省体教结合竞技体育后备人才培养模式[J].湖北体育科技,2015,34(09).

(三)混合模式

江苏省在培养竞技体育后备人才方面还有一个非常重要的体教结合模式,即基于学校自主办队和体育部门联合办队的混合型模式。运用该模式培养体育人才的代表学校是南京工业职业技术学院,该校从21世纪初就开始探讨与研究混合型体教结合模式,一方面积极加强自主办队,另一方面将省市体育部门联合办队的模式引进来,该校利用混合模式培养出了很多优秀的体育运动员,这些运动员在全国大学生运动会"校长杯"比赛中多次取得令人欣喜的成绩。此外,南京工业职业技术学院又有一些水平较高的专业运动员,这些运动员发挥了重要的榜样作用与指导作用,从而提高了其他运动员的竞技水平。南京工业职业技术学院近年来与本地体育部门有密切的合作,学校派遣本校教练员队伍到体育部门深入学习,从而促进了教练员执教能力的提升,这对进一步提高运动员的训练水平和比赛成绩具有重要意义。随着混合性体教结合培养模式的成功运作,南京市其他一些高校也开始积极引进这一模式,可见该模式发展前景良好。

教练员的专业素养和综合素质直接影响甚至决定竞技体育后备人才的培养效果。南京职业高校虽然都在积极引进混合型体教结合人才培养模式,但并未认识到提高教练员素质的重要性,职业院校主要通过学校部门和体育部门共同培养体育人才来运行该模式,但因为职业院校的教练员专业素质不够高,导致人才培养效果达不到预期,竞技体育后备人才训练水平低下,难以实现长远发展。

二、江苏省竞技体育后备人才"体教结合"培养模式的优化对策

(一)树立大人才观

体校运动员文化学习与运动训练之间存在着尖锐的矛盾,要

化解这个矛盾,就需要政府和高校在体教结合的指导思想下树立大人才观。江苏省在培养竞技体育后备人才的过程中,不仅要对国家和江苏省竞技体育发展的整体需要予以考虑,还要高度重视后备人才的个体发展规划及其家庭对孩子未来发展的规划,从大人才观的角度考量竞技体育后备人才的职业生涯。在体育后备人才培养中,不仅要注重日常训练,还要大力开展文化教育,适当增加文化课时的比例。对于常年办学效益较差的业余体校,可予以取消,将这些体校的运动队输送到条件较好的中学中进行培养,保证他们的文化学习时间。这些体校的教练员也可随运动队进入中学继续担任教练员一职,这样运动队也能很快适应新的训练环境,这有助于促进青少年运动员身心素质与运动能力的提高,保障江苏省竞技体育后备人才培养与输送的连续性。

(二)建立健全培养体制

江苏省青少年训练管理中心、体育卫生与艺术教育管理部门都应树立可持续发展观,在这一理念下培养竞技体育后备人才,促进青少年运动员培养的可持续发展。竞技体育后备人才的培养关系到多个部门,这些部门之间要加强交流、沟通与合作,统一建立竞技体育后备人才的注册制度、文化课管理制度、训练管理制度、跟踪监督制度等,确保各体教结合人才培养模式的积极作用能够全面发挥出来。此外,有关部门还应根据竞技体育后备人才培养理念、培养过程及运动员的成绩制定相应的标准,使各部门在体育后备人才培养中能够做到有理可依、有章可循,提高体育后备人才培养系统的运行效率,最终取得良好的培养效果。

(三)加大对教练员的培训力度

从混合型体教结合人才培养模式在高校的实践运作来看,导致教练员专业素质和业务能力不强的主要原因是信息来源单一和实践知识缺乏。对此,有关部门应重视对基层教练员的培训,包括知识培训与实践培训,为教练员提供参加各种相关培训活动的机会,使其在培训中多与高水平教练员交流,多向优秀教练员学习,从中不断丰富知识,学习经验,更新训练理念,掌握新的训练方法和手段,并在训练实践中将所学知识与能力运用其中,科学指导实践,提高训练的科学性与实效性,提高训练水平,提高人才培养质量,促进江苏省竞技体育的进一步发展。

第四节 江苏省竞技体育后备人才培养的发展策略研究

一、树立"以人为本"的观念,坚持走可持续发展之路

江苏省在竞技体育后备人才培养中,应树立"以人为本"的观念,尽快解决竞技体育后备人才培养中教练员、运动员、管理人员及其他相关人员的利益问题,在新形势下对后备人才的分配机制、奖励机制等进行科学制定与完善,切实解决青少年体育后备人才的日常生活、文化学习、运动训练等问题。此外,还要考虑青少年的长远发展,在各类保险、升学就业、退役安置等方面予以保障,并将这些列入竞技体育后备人才培养的发展规划中,积极落实各项工作,消除后备人才自己及其家长的后顾之忧。

另外,在竞技体育后备人才培养中,要加强各项基础训练,淡化比赛名次意识。针对青少年运动员开展各项比赛,主要是为了对其训练情况、身体素质等进行检验,不能为了追求成绩而过早地对青少年进行专业化训练,训练方面依然要以基础训练为主,为之后的专业化训练打好基础。评判青少年运动竞赛的结果时,要对参赛队员的年龄、参赛项目的性质、运动员的基本技能和赛场表现等各方面进行综合考虑,不要只关注参赛者之间的绝对优胜,避免在训练中出现揠苗助长的现象。对青少年运动员的培养应该是一个顺其自然的过程,只有走可持续发展之路,才能提高

人才培养质量和青少年的成才效率,才有助于延长竞技体育后备人才的运动生涯。

二、优化竞技体育运动项目结构

在江苏省青少年运动员训练中,应实施分级管理,扩大训练规模,鼓励形式多样的业余培训。在运动项目布局方面,要从不同类型项目的特点出发加强分类管理,对各类竞技体育项目的发展潜力和价值进行综合评估,明确哪些项目是发展的重点,优化项目结构,提高发展效率。在分类管理中要继续保持和扩大传统优势项目的优势,挖掘潜在优势项目的价值,推动优势项目与潜优势项目的稳步提高。

加强江苏省各地区竞技体育的协调发展,鼓励各地区在综合考虑各方面客观实际的基础上发展竞技体育,开发本地区有特色有优势的竞技体育项目,将此作为重点发展对象。此外,对于奥运会项目与非奥运会项目、夏季奥运会项目与冬季奥运会项目,要推动它们的协调发展,并积极改善个别项目的落后发展局面。

总之,江苏省应贯彻"突出重点,扩大优势,提高效益"的原则,优化竞技体育项目结构,相关部门应积极予以支持,从政策、财政、人力等方面提高保障力度。

三、充分发挥政府职能

江苏省竞技体育后备人才培养的顺利实施离不开政府部门的大力支持,江苏省体育局及其他相关政府部门应加大财政支持力度,发挥政策优势,制定与完善对体育人才培养有利的财政政策。政府部门还应合理制定激励制度,从资金上奖励办学效益好的体校,发挥财政政策的杠杆作用,鼓励基层体育部门履行好自己的职责,将基层人才培养单位的培养工作做到位。

江苏省各地政府可与体校展开合作,采取"半市场化"的运作模式,体校往往缺少市场运作经验,对此,政府部门应予以鼓励与扶持,尽可能使体校的经营风险降到最低,并适当分担体校的经营风险。体校也应将自身的资源优势充分利用起来,推动"半市场化"模式的顺利运作,提高经营效益。

江苏省各级政府不仅要从财政上支持竞技体育后备人才的培养,还要在体校资源评估中发挥自身的职能,这样可以在一定程度上避免财政资源的浪费,节省支出。政府和体校应共同评估体校资源条件,在此基础上确定哪些项目产业开发价值大、市场前景好,然后专门针对这些项目实行市场运作,从而促进体育资源利用率的提高和体校收益的增加。在体校的市场运作经验不断丰富并取得良好的效益之后,体育局应逐步退出,由体校独立运作,自担风险。

政府在扶持体校的同时,还要鼓励体校积极增强自身的造血功能,对本校资源进行深度开发,同时争取与社会组织、社会企业的合作,获得社会的资金扶持。体校完成后备人才选拔工作后,企业或社会组织向体校提供赞助,与体校合办运动队,共同对竞技体育后备人才进行培养。有些地区的大众体育发展情况良好,形成了良好的健身氛围,这些地区的体校可发挥自身优势,对社会体育指导员进行培育,这不仅能够提升学校的知名度,还能获得社会体育组织的认可,并得到组织的支持,从而为本校培育运动员创建良好的环境。

四、建设优秀的教练员队伍

竞技体育后备人才的培养质量与教练员的专业水平有直接的关联,因此江苏省必须重视建设优秀的教练员队伍,加强对在职教练员的培训,并积极引入高水平教练员,扩大教练员队伍的规模,提升教练员队伍的整体水平。建设高水平教练员队伍应重点做好以下几方面的工作。

第一,重点培养金牌较多的项目的教练员,这些项目主要涉及基础性项目、江苏省优势项目、体育局重点发展项目及各大运动会金牌设置较多的项目等。对这些项目的在岗教练员重点进行培养,并不断面向全国乃至全世界招收新的优秀教练员。

第二,为基层教练员提供外出学习与培训的机会,使其能够与更多的优秀教练员相互交流,学习优秀教练员的经验,弥补自己的不足。人才培养基地可邀请国内外优秀教练员来体校讲座,使基层教练员与优秀教练员近距离沟通,提高认知,开拓视野,更新训练理念,主动探索更多更先进的训练方法。

第三,提高教练员的组织管理水平,培训管理干部,培训形式要丰富,渠道要多样化,逐步建立一支思想觉悟高、政治素养好、责任心强、爱岗敬业、懂业务、懂现代管理技能和勇于创新的管理干部队伍,提高对竞技体育后备人才培养的管理水平。

第四,鼓励中青年教练员继续教育与深造,培养年轻教练员的创新精神,挖掘他们的发展潜力,使其真正成为文化知识丰富、训练能力强的优秀高水平教练员。

第五,改革人事制度,全面实行聘任上岗制,促进教练员岗位责任制和考核制度的健全与完善,采取适宜的激励政策来促进教练员的自我完善。

五、完善竞赛制度,提升竞赛水平

发展竞技体育,不能忽视体育竞赛,这是不可或缺的核心环节。一个地区要保持竞技体育发展的长盛不衰,就要广泛开展青少年体育竞赛,培养优秀的竞技体育后备人才,并向高水平运动队输送人才。对竞赛制度进行改革与完善,应考虑是否对巩固与发展竞技体育项目有利、对竞技体育后备人才梯队建设有利、对优秀后备人才的注册与文化教育有利、对青少年的社会化过程有利,等等,要通过改革与完善竞赛制度而促进竞技体育后备人才整体水平的提高。江苏省选拔与培养体育后备人才,应充分发挥各种体育竞赛活动的作用,并通过竞争的方式促进青少年运动员的不断成长与发展。

完善江苏省单项竞赛和综合性运动会的组织与管理办法,将竞赛的杠杆作用充分发挥出来,将社会资源参与办赛的积极性充分调动起来,加强对品牌赛事的建设,从而通过举办赛事取得良好的经济效益与社会效益。依托丰富的赛事资源和良好的办赛声誉而加强对赛事表演市场的开发与拓展,对办赛资源合理配置,促进体育赛事结构的不断优化,进一步创建赛事品牌,培育优秀的赛事运作团队,促进赛事表演市场效益的提升。

依托江苏省的体育传统和文化特色,重点打造有鲜明地域文化特色的青少年体育赛事,如"韩信杯"象棋国际名人赛、环白马湖自行车赛等,将培养优秀的青少年运动人才与弘扬特色体育文化有机结合起来。举办赛事必然需要有资金保障,各地应扩大资金筹集渠道,如政府投资、市场引资、基层配资、银行融资等,从而为顺利举办比赛提供基础保障。在举办赛事的过程中,还可开发赛事无形资产,完善赛事市场运作模式,加强监督与管理,促进赛事产业链的不断扩大与延伸,提高经济效益,保护青少年运动员的利益。

六、体育与教育融合,促进青少年体育发展

将体教结合向体教融合转变,江苏省各级体校更应积极创建制度化机制,充分整合体育资源与教育资源,有效促进体教融合,形成合力。各级体育和教育部门应建立联席会议机制,定期研讨,将体教融合工作提上日程,有序开展各项工作。体育局和教育局应共同深入调查研究江苏省的体育传统项目、体育资源和教育优势资源,打破传统观念的壁垒,统一认识,统一行动,相互配合,为真正实现体教融合奠定基础。围绕体教融合推动青少年体育发展应重点做好以下几方面的工作。

(一)鼓励名校办名队

积极开展"名校办名队""名队进名校"等工作。将江苏省各

体校的优势资源充分利用起来,积极发展群众基础广泛、能够将本地竞技体育水平充分反映出来的体育项目,办学效益好的体校要积极发挥示范作用,带动其他体校体育后备人才培养与输送工作效率的提高。同时,对学校和社会体育资源加以整合,对青少年体育俱乐部、户外营等以青少年为服务对象的公共体育服务产品进行研发。

学校与体育部门共同制定"名校办名队"的规划,将管理办法明确下来。各级学校重视校园体育工作的开展,在学校体育发展规划、学校体育评估与考核体系中纳入"名校办名队",在综合评估学校的办学效益时,适当增加学校体育的评估权重。各地体育部门客观评价各体校的办学条件,根据学校实际情况对体育项目进行合理布局,各体校开展的项目要适合学生特点、具有良好的学生基础。

建设高中、初中、小学"一条龙"课余体育训练体系,让学校成为省市运动队的训练点和网点校,积极建立校园体育后备人才梯队网络,使各体育项目在各地中小学都有一定的学生基础。体育部门和体校联合建设优秀的体育教师和教练员队伍,加大对在职教师与教练员的培训力度,尤其要注重对基层师资的培训,制订专职师资配备计划,多渠道配置体育师资资源,建立引进优秀运动人才(退役运动员、优秀教练员等)的绿色通道,以创造良好的环境,促进"名校办名队"工作的顺利开展。

各级体校及有关部门要将运动员招生、学籍管理、校本课程制定、运动训练管理、体育设施开放等工作都一一做到位,申请专项经费来落实"名校办名队"的工作。地方体育局应积极选派优秀教练员进入基层体校或体教结合的学校对青少年运动训练进行指导,切实解决学校专业教练员短缺的问题。

(二)优化教体结合布点学校

结合江苏省的实际情况科学进行教体结合的项目设置与布局,教育部门、体育部门共同研究项目布局规划,齐抓共管,全面推进各地网点校的建设,教育部门积极配合体育部门建设体育传统项目学校和青少年体育俱乐部,以基础项目为试点,建立从幼儿园到小学、中学、大学的"一条龙"培养体系,各级学校相互衔接、相互配套,保证及时发现、培养和输送优秀体育后备人才。[①]

布点学校要具备办学规模大,便于选拔人才;场地和师资资源丰富等条件,江苏省各地继续做好布点学校的调整整合工作,积极支持学校运动队参加本地举行的培训、比赛等活动,各地中小学发挥优质资源,为布点学校推行素质教育发挥引领作用,促进布点学校文化教育与体育训练的全面发展。

(三)成立青少年体育协会

引导体教结合布点学校从本地体育传统、特色体育文化及学校实际情况出发成立青少年体育俱乐部或协会,俱乐部或协会积极组织青少年体育培训、体育交流、体育比赛等活动,为学生提供学习借鉴、交流提高的平台,并不断扩大布点学校的影响力,扩大辐射范围,促进江苏省各布点学校校园体育的发展,进而推动江苏青少年体育事业的稳步发展。

---

① 李广.江苏省淮安市竞技体育后备人才培养研究[D].苏州大学,2017.

第五章 我国竞技体育后备人才培养质量的科学管理研究

我国竞技体育后备人才匮乏、后备人才培养规格与质量较低，从而直接制约了我国竞技体育的可持续发展。因此，我们要重新审视竞技体育后备人才培养质量的问题，探索新的理论支撑，构筑坚实的理论平台，以科学发展观对后备人才培养工作进行指导，并加强对人才培养质量的监控与管理，切实提高人才培养质量，输送优秀人才，促进我国竞技体育的进一步发展。本章着重就我国竞技体育后备人才培养质量的科学管理展开研究，主要内容包括竞技体育后备人才培养质量观、影响我国竞技体育后备人才培养质量的主要因素、我国竞技体育后备人才训练管理体系以及全面质量管理视角下竞技体育后备人才培养质量的全过程管理。

第一节 竞技体育后备人才培养质量观

一、竞技体育后备人才培养质量观的基本认识

不同的人对竞技体育后备人才培养质量有不同的看法，不同机构也会用不同标准来对竞技体育后备人才的培养质量进行衡量，但通常按照专项技术要求、比赛成绩以及达成培养目标的程度来衡量竞技体育后备人才的培养质量。这里所说的培养目标与培养阶段、培养层次有关，所以就有层级目标、阶段目标之分。

第五章 我国竞技体育后备人才培养质量的科学管理研究

而且必须明确所达到的培养目标是培养者预期设定的目标，还是培养对象预期达到的发展目标。在青少年运动人才的培养实践中，个人与组织会出于某种目的与利益而用预先设定的规格或标准对运动人才的水平与质量进行衡量。例如，为了取得好的比赛成绩而"拔苗助长"，过早对青少年后备人才进行成人化、专业化训练，迫使他们早期就达到成年运动员的标准或规格。但是不可能对所有的青少年后备人才都提出统一标准或规格，因为有很多复杂的因素影响和制约着青少年后备人才的成长与发展，而且青少年的成长过程也不是一直都很稳定，总会有起伏变化。如果以最高标准或规格要求青少年后备人才，那么被认为有前途的往往是那些过早显露出运动天赋的青少年人才，而那些按部就班成长的孩子和没有过早显露出运动天赋的孩子则因为难以达到最高标准而被忽视或被放弃。如果以最低标准或规格要求青少年后备人才，那么对所有青少年的培养与训练看起来都是有意义的，这样的培养标准也显得没有实质意义了。

有些人对于青少年体育后备人才的培养存在认识上的误区，即认为培养质量就是教育和运动训练的结果，而对培养的过程不予考虑，这是不客观的。如有人衡量青少年足球运动员的培养质量时，将青少年球员的比赛成绩或进球数量作为唯一指标，这种人才培养质量观与新时期对青少年球员培养的质量要求不符。英国足球协会通过调查9—13岁少年儿童足球后备人才发现，大部分感到压力很大，既有来自教练员的压力，也有来自家长的压力，他们自己面对训练和比赛也很紧张。随着时代的进步和社会的发展，人们希望竞技体育后备人才培养能够给青少年带来多方面的变化，除了提高竞技能力外，还能让青少年树立良好的态度，形成健康的行为方式和道德习惯，获得全面的知识，成为具有独立性、责任心和合作竞争意识的公民。美国培养竞技体育后备人才不仅给青少年传授丰富的知识和运动技能，而且传授其他方面的技能，并对他们进行文化熏陶，培养其独立的人格。这是值得我们借鉴的。

二、新视角下对竞技体育后备人才培养质量观的科学审视

我们可以从不同的视角对竞技体育后备人才的培养质量及其标准进行审视,审视的视角不同,对培养质量的评判标准也就不同。上面所分析的教学训练质量观或最高最低标准质量观都不足以对竞技体育后备人才培养质量形成正确的认识,因此必须从全新的视角重新审视,以形成正确的认识。下面主要从全面质量管理视角审视竞技体育后备人才培养质量。

全面质量管理的质量观主要有以下两个基本观点。

第一,顾客决定质量。检验质量的根本标准是达到质量要求和让顾客满意。

第二,质量不是产品或服务本身,而是产品或服务的某些特性使顾客满意的程度。质量是产品或服务的特性相对于顾客的一种关系,是产品或服务各种特性的综合体,其具体从设计、制造、营销、维护等环节体现出来,用户在使用产品和享受服务中满足需求。

从全面质量管理的质量观来看,要把握好竞技体育后备人才培养的质量,就要在培养过程中关注顾客需求和后备人才培养质量特性这两个关键点。全面质量管理顾客观的基本思想是,由顾客决定产品或服务的质量,组织要密切关注顾客的需求,尽一切努力满足顾客需求和让顾客满意。全面质量管理的顾客包括外部顾客和内部顾客。在新视角下审视青少年竞技运动人才培养中,必须弄清内部顾客和外部顾客分别指什么。内部顾客包括从事后备人才培养工作的所有工作人员,这是从体校、俱乐部内部服务和被服务的关系上理解的。高层管理人员的顾客是中层管理人员,中层管理人员的顾客是教练员、教辅人员。因为教师、教练员和教辅人员直接提供教育训练服务,与青少年后备人才接触密切、频繁,所以是非常重要的内部顾客。外部顾客包括竞

第五章　我国竞技体育后备人才培养质量的科学管理研究

技体育后备人才、家长、国家体育管理组织机构、社会传媒、高一层级的运动队及体育俱乐部。从这个角度探讨竞技体育后备人才培养质量的问题，其实是探讨"为了谁的质量"，因此分析竞技体育后备人才培养的顾客，可从培养目标以及教育目的的角度来进行。

哲学家怀特将教育目的观划分为三种类型，分别是教育内在目的观、学生中心教育目的观和以社会为指向的教育目的观。培养青少年体育人才是一个兼顾教育与训练的漫长的过程，因此必须理清以上三类目的观。

第一，"提高竞技能力目的观"强调竞技体育后备人才将来从事竞技体育事业，掌握好运动技能是其唯一的价值体现。但后备人才在不同培养阶段所表现出来的竞技能力不能完全反映其之后发展的综合实力，因为体育运动是一个系统的综合体。如果以教练员、体校、俱乐部为中心，以既得利益为目的，那么就是由教练员、体校和俱乐部来决定人才培养的规格与标准。

第二，"竞技体育后备人才中心目的观"指出应该让青少年儿童在学习与训练的过程中感受快乐，使其各方面素质协调发展，使其热爱体育，并通过个人努力取得好成绩，获得成就感，得到幸福。此外，这一目的观还鼓励让青少年儿童按自己喜欢的方式自由成长。因为家长有养育子女的责任，所以让青少年运动人才自由成长、获得幸福也能够使家长的利益得到满足。英国足球理论家里斯·豪威指出足球发展的宗旨是"用足球的力量来创造更好的未来"。英国培养足球后备人才强调满足孩子的需求和足球事业的整体需要，鼓励青少年儿童喜爱足球运动，给他们传授最好的知识，使他们以最大的热情投入其中，并将足球运动当作一生所爱的项目。因此，从"为了谁"的角度来看，竞技体育后备人才中心目的观提倡面向后备人才、家长这些外部顾客来培养优秀人才，让顾客满意。

第三，"以社会为指向的人才培养目的观"主张从弘扬社会道德和发展社会经济的角度培养青少年人才，以期实现一定的社会利益与经济利益。培养青少年体育后备人才要与教育方针、社会规范相符,要有利于维护社会秩序的稳定,要培养青少年各方面的能力,使其在社会主义建设中发挥个人价值,做出贡献。个人、阶层、组织、政府(管理者)都是社会的重要组成部分,政府更是维护社会稳定和推动社会发展的责任人,它直接维护社会利益。因此,从"为了谁"的角度看,以社会为指向的人才培养目的观倡导以政府、体育管理部门、教育组织为中心,满足这些顾客的需求。

在竞技体育后备人才的培养活动中,以上几种目的观都客观存在,而且随着竞技体育后备人才培养质量研究的不断深入,已有很多人持综合观点,将三种目的观结合起来培养人才。但在实践中各有侧重,将几种不同的目的观集中在一起,能够形成一个连续的三角形谱系,三种目的观分别是三角形的三个顶点。

竞技体育后备人才培养的可持续发展理念是以综合提高后备人才整体素质为目的的一种发展观。以竞技体育后备人才的利益、社会利益及其扩大青少年体育人才资源为主线,以人才培养内在目的为指向而形成一个循环序列的链条,从而打破传统人才培养体制,这是在全面质量视角下对竞技体育后备人才培养质量的科学解释,如图5-1所示。

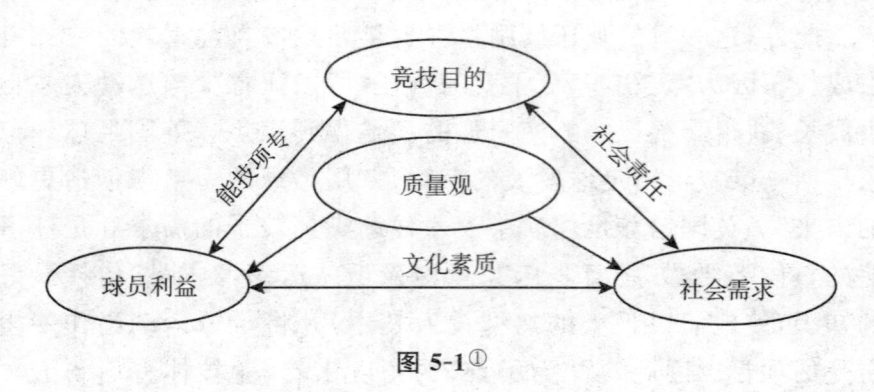

图5-1[①]

---

① 程公.论足球后备人才培养的全面质量管理[M].北京:北京体育大学出版社,2011.

第二节　影响我国竞技体育后备人才培养质量的主要因素

一、影响我国竞技体育后备人才培养质量的因素

影响我国竞技体育后备人才培养质量的因素可以归纳总结为表 5-1 中的几类。

表 5-1　影响竞技体育后备人才培养质量的因素分类[①]

因素类型	内容
领导决策因素	体育系统的政策导向
	竞技体育后备人才培养方针与目标
教育过程因素	科学训练程度
	后备人才培养质量的管理水平
	青少年体育后备人才的文化素质水平
	青少年体育后备人才的思想道德水平
	家长及社会各界的支持程度
	教练员、教辅人员的服务理念与敬业精神
主观支撑因素	青少年体育后备人才的主观努力程度
	青少年体育后备人才的理想与抱负
	青少年体育后备人才对体育的热情
教学训练前提因素	运动选材
	教练员的业务能力
	教学训练系统的稳定性与可持续性

---

① 程公.论足球后备人才培养的全面质量管理[M].北京:北京体育大学出版社,2011.

(续表)

因素类型	内容
环境条件因素	经济发展水平
	各运动项目的大众化普及程度
	体育市场环境
	学校体育运行机制
	经费保障
教学训练客观因素	场地设施、气候等条件
竞赛体制因素	年龄特征及时间安排等

二、我国竞技体育后备人才培养质量主要影响因素

实施竞技体育后备人才培养的质量管理战略，首先要对竞技体育后备人才培养质量要素进行深刻分析与研究，不同培养单位在这方面考虑的范围、内容以及标准是有区别的，关键是要立足于我国竞技体育后备人才培养的实际情况来对培养质量的影响因素进行客观解读与全面分析。下面着重分析几个重要的影响因素。

（一）政策导向

对我国体育部门来说，其主要任务就是普及体育运动，提高体育运动水平，如提高体育运动在青少年群体中的普及程度，提高竞技体育水平，积极落实奥运战略等，要完成提高竞技体育水平的任务，就要培养不同项目的竞技人才，人才培养的质量标准要符合竞技体育的发展需要和比赛需要。近些年来我国一直都在全面推进奥运战略计划，努力培养竞技体育人才，并将运动员在奥运会上取得的成绩和获得的金牌数量作为人才培养质量的衡量标准。在规定我国竞技体育后备人才培养质量标准方面，政府政策导向起重要作用。

(二)竞技体育的基础条件

良好的竞技体育基础条件能够支撑青少年体育人才培养质量向更高水平发展。这里的基础条件既包括硬件条件,也包括软环境条件。

1. 硬件条件

硬件条件包括运动场地、运动场馆、运动器材装备及经费保证等,这些要素对竞技体育后备人才培养质量具有重要影响。

2. 软环境条件

软环境条件包括竞技体育文化建设、竞技体育知识的普及程度、大众对竞技体育的认知水平以及国家在竞技体育方面的相关投入与各种宣传。

(三)可持续发展理念的坚定程度

培养竞技体育后备人才是一个需要经历漫长时间的系统工程,每个培养阶段都各具特点,都有自己的规律,所以要循序渐进地培养,不能进行拔苗助长式训练。在人才培养过程中,教练员和管理者要对每个培养阶段的特点和规律有清晰的认识,树立可持续发展理念,坚定不移地走可持续发展之路,使青少年不断成长、成才。在培养的整个过程中不能为了优化局部环节而破坏整个系统。目前,早期专业化训练、成人化训练等问题在竞技体育后备人才培养中普遍存在,训练中运动负荷超出青少年的身体承受能力,青少年经常处于疲劳状态,这严重违背了青少年身心成长发育规律、运动技能形成规律和成才规律,这个问题造成的后果就是竞技体育人才过了20岁就后劲不足,活力不够,创造力严重缺乏。对此,必须强调按规律培养人才,坚持可持续发展理念,从而切实提高竞技体育后备人才培养质量。

(四)运动选材

运动选材是竞技体育后备人才培养系统中的首要环节,运动选材的开展情况直接影响后面一系列教育与训练工作的开展,因此必须抓好选材工作,选拔对体育运动有兴趣有热情且天赋好的运动苗子,为后续工作打好基础。

(五)训练大纲

在青少年运动员训练方面,各项目管理部门基本都制定了相应的训练大纲,都有严格的规范要求,不同年龄组的训练内容也有区别,只有全面贯彻训练大纲,达到规范要求,才能提高训练效果。但目前青少年运动员训练存在急功近利、虚报年龄、以大打小等问题,或是对训练大纲的贯彻落实不到位,因此导致青少年运动员训练难以形成良性循环机制,这就难以保证青少年运动员人才的培养质量。而要提高训练效果,保证人才培养质量,各培养单位就必须认真贯彻国家制定的训练大纲。

(六)训练管理体制和文化教育

训练管理体制与文化教育是影响我国竞技体育后备人才培养质量的重要因素之一。现阶段我国在竞技体育后备人才培养方面主要采用以下几种训练管理体制。

(1)职业俱乐部系统的后备梯队训练体制。

(2)业余俱乐部青少年培训体制。

(3)省级和行业体协全运会代表队和市级城运会代表队训练体制。

(4)各类体校青少年培训体制。

总体来看,普及训练与竞技训练双轨制是我国现行的青少年竞技体育人才培养的训练管理体制。

文化教育是竞技体育后备人才培养工程的一项重要工作,在培养实践中不可忽视,我国在这方面对青少年体育后备人才实行九年义务教育,体教结合,提高人才培养质量。

(七)竞赛制度

竞赛制度也对竞技体育后备人才的培养质量有重要影响。

要根据青少年的身心发育特点与发展规律制定青少年运动员竞赛制度,要突出竞赛制度的科学性、可行性、导向性和策略性,有明确的指向和清晰的目标,要为青少年运动员的可持续发展而服务。

(八)教师与教练员水平

竞技体育后备人才培养主要从文化教育和运动训练两方面着手。文化教育和运动训练都是双边活动,教师和教练员在这个活动中起主导作用,青少年运动员是这个活动的主体。在双边活动的共同体中,教师及教练员的专业水平直接影响教学训练效果,技能类项目的教练员的专业水平更是十分重要,甚至对训练结果起决定性影响,因此提高教师与教练员的专业水平至关重要,教师与教练员要树立科学的教学训练理念,设计丰富多样的教学训练方法,构建合理的教学训练评价体系,从而在教学训练活动中努力提高青少年体育后备人才的文化素质和竞技能力。

第三节　我国竞技体育后备人才训练管理体系

一、我国竞技体育后备人才训练的资源管理

(一)物力资源管理

竞技体育后备人才训练的物力资源管理主要指训练场地、训练场馆和训练器材的管理。

常见的场地包括塑胶场地、草坪场地、水泥混凝土场地、游泳池等几种类型。科学维护这些运动场地非常重要。例如,对草坪场地进行维护,要以季节和草的生长情况为依据安排训练,尽量

少在草坪场地上安排投掷类项目的训练,训练中注意卫生,严禁不文明行为,不允许机动车辆在草坪场地上行驶等。

运动场馆的管理主要从卫生、安全等方面着手,而且近年来场馆的信息化管理也受到了一定的重视。信息化管理是提高体育场馆网络化运营服务水平、丰富运动训练服务内容、实现体育场馆综合服务目标的重要途径。做好信息化管理工作,可推动体育场馆的可持续发展,更好地为运动员竞技能力的提高而服务。

训练器材是一般与专项训练中所使用的各种器械、装备及用品的总称。不同训练器材的制作材料可能不同,因此维护与保养的方法也不同,如皮革制品(球类、拳套)的保养要点是防潮、夏季避免暴晒、冬季远离暖气片、定期涂保养油;钢制器材(健身器材)的保养要点是表层涂漆、蜡封和避免生锈等。

(二)财力资源管理

竞技体育后备人才训练的财力资源管理主要包括训练经费的筹措管理和支出管理。一般来说,训练经费的筹措路径主要包括国家财政拨款、社会筹集、体育产业创收。训练经费支出主要包括训练耗材的支出、训练补助、训练服的支出、日常生活费用、教练员报酬、科研经费支出等。

(三)人力资源管理

竞技体育后备人才训练的人力资源管理主要包括教练员管理、后备人才管理和相关工作人员管理,其中最重要的就是对后备人才的管理。具体包括选材管理、思想教育管理、文化学习管理、生活管理、训练管理和参赛管理等,这些管理内容缺一不可。而对于其他人员的管理,主要从职务分析与设计、人力资源规划、人员招聘与选拔、劳动关系管理、薪酬管理、职业生涯规划、培训与开发、绩效考评等方面着手。

二、我国竞技体育后备人才训练过程与质量管理

(一)训练过程管理

竞技体育后备人才培养与训练是一个科学化的过程,在后备人才成为一名优秀运动员的过程中,需要以科学训练管理机制对整个训练过程进行控制(图 5-2)。

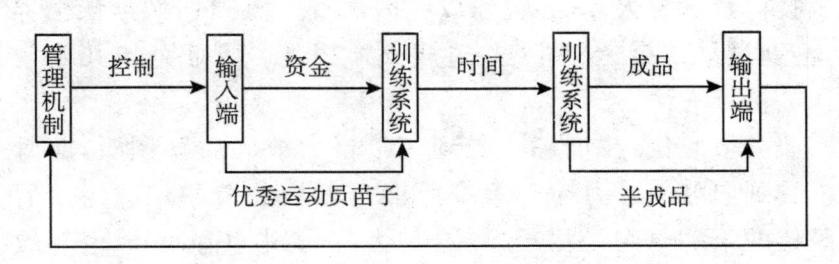

图 5-2

竞技体育后备人才训练的过程具体包括选材、科学诊断、制定目标、制订计划、按计划实施训练、评估训练效果等环节。各环节都要加强监控与控制,明确不同阶段的管理任务,努力实现各阶段的培养目标,进而实现终极目标,即培养出优秀的运动员人才。

(二)训练质量管理

训练质量管理指的是为了保证达到规定的质量标准而采取一系列措施、手段和方法进行管理的活动。训练质量的标准是训练质量监控的依据。训练质量标准是训练计划、训练指标、训练方法、训练手段、负荷安排等内容质量标准的综合体。对训练质量进行监控与管理,要科学选择监控与管理方法,监控方法要能客观反映竞技能力各个因素的相互关系,要能基本判别训练程度与性质,要能找出训练质量的不足,从而及时干预。

三、我国竞技体育后备人才训练的医务监督

在竞技体育后备人才训练中进行医务监督,主要是为了运用医学手段对运动训练进行监控、评定竞技体育后备人才的身体机能、预防与治疗运动伤病、消除运动疲劳等。医务监督指标主要包括脉搏、血压、血糖、心血管机能实验、心电图等。在训练的医务监督中,最为关键的是要做好运动损伤的预防与治疗工作,保障竞技体育后备人才的安全,以免因出现严重损伤而延误培养进程,甚至过早结束运动生涯,造成人才损失。下面列举几个常见损伤的治疗方法。

肩关节脱位:在训练中受到间接暴力或向后跌倒时,肱骨头后方受到向前的暴力撞击等都可能造成肩关节脱位。治疗肩关节脱位的第一原则是尽早复位,现大都采用 Hippocrates 复位法(图 5-3)。患者仰卧,腋窝处垫棉垫,术者站在患者侧床旁,靠近患肩的足跟蹬在患者腋下靠胸壁处,双手牵引患肢腕部,以足跟将腋部顶住进行对抗牵引,持续均匀用力,一段时间后逐渐放松肩部肌肉,此时上肢内收、内旋,肱骨头可经前方关节囊的破口滑入肩关节盂内,此时常可感到肱骨头复位的滑动感和复位的响声。复位后肩部外形饱满,此时再拍 X 线片,确定肱骨头已复位。整复后用绷带将患臂固定在胸壁(图 5-4),等关节囊及周围软组织愈合后再开始活动。一般依据肩关节损伤情况来确定固定时间,通常是三周。

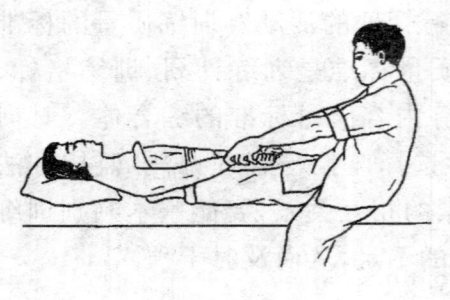

图 5-3　　　　　　　　图 5-4

第五章　我国竞技体育后备人才培养质量的科学管理研究

肱骨骨折：一般由直接暴力或间接暴力所致。若采用保守治疗法，局部麻醉后手法复位（图 5-5），采用小夹板固定（图 5-6，图 5-7）。肱骨干骨折合并桡神经损伤时，应先进行 2—3 个月的观察，一般来说，神经挫伤都能逐渐得到恢复。骨折复位后不能达到或维持功能复位或骨折不愈合时需进行手术治疗。手术内固定可采用钢板螺钉坚强固定，或髓内钉固定。手术中操作应注意保护骨折部供血，尽量减少骨膜剥离，以免导致骨折不愈合。

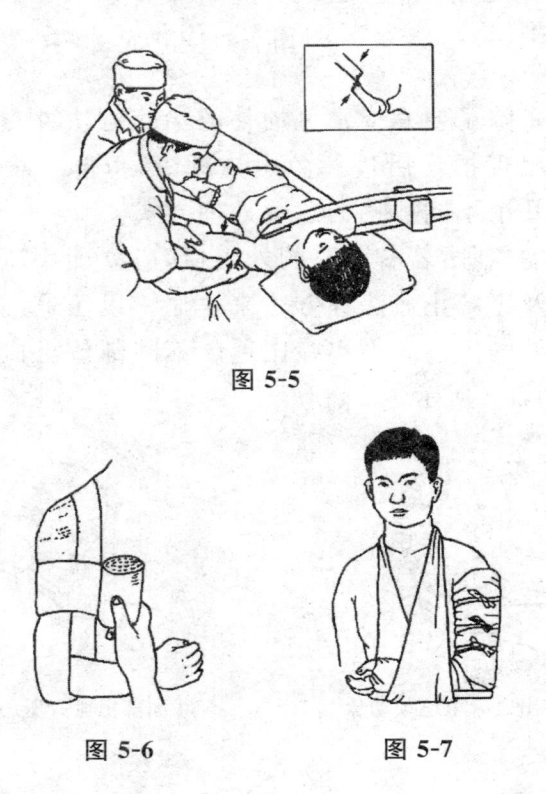

图 5-5

图 5-6　　　　　图 5-7

肩袖损伤：这是肩袖肌腱和肩峰下滑囊的创伤性炎症。投掷、体操、游泳、举重、排球等运动中常见这类损伤。治疗方面，早期以热敷、休息为主，可用抗炎药止痛消炎。患者每天被动练习，以免关节僵硬，急性炎症缓解后应增加带阻力的力量性练习（图 5-8）。对于保守治疗无效的肩袖撕裂、肩袖大范围撕裂、合并存在肩峰下撞击因素的情况，需要进行手术治疗。

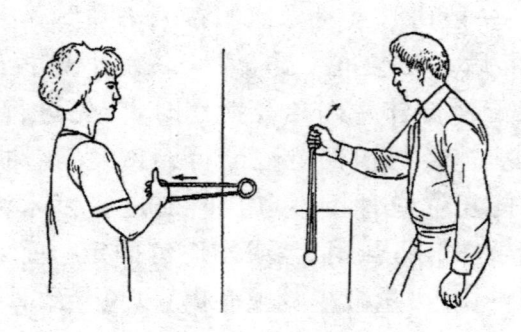

图 5-8

在训练中除了要掌握常见损伤的治疗方法外,还要在竞技体育后备人才出现损伤后进行急救处理,尽可能将损失降到最低。下面再列举几个不同损伤的急救处理方式。

外出血的急救:若有明显的外出血,应立即用压迫止血法、止血带止血法及充填止血法等方法来止血。以压迫止血法为例,急救时对出血处的供血血管实施压迫。不同部位出血,压迫的血管也不同,如图 5-9 所示。

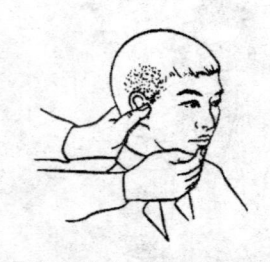

①头部出血:压迫颈动脉 　　②面部出血:压迫面动脉

③肘关节以下部位出血:压迫肱动脉 　　④颈动脉出血:压迫锁骨下动脉 　　⑤下肢出血:压迫股动脉

图 5-9

第五章　我国竞技体育后备人才培养质量的科学管理研究

骨折的急救：以抢救生命为主，若患者休克，首先通过保温措施进行抗休克处理，并想办法给患者输血。如果大血管出血，立即用止血带止血。如果骨折端已经戳出伤口，不要想着马上复位，以免使创口被感染，应先对骨折断端的污物进行清理，再复位。骨折急救处理中，骨折部位的临时固定非常重要，不同部位的固定如下。

前臂骨折的临时固定如图 5-10 所示。

①　　　　　　　②

图 5-10

肱骨中段骨折的临时固定方法如图 5-11 所示。

①有夹板包扎法　　　　　　②无夹板固定躯干法

图 5-11

小腿骨折的临时固定方法如图 5-12 所示。
股骨骨折的临时固定方法如图 5-13 所示。

图 5-12

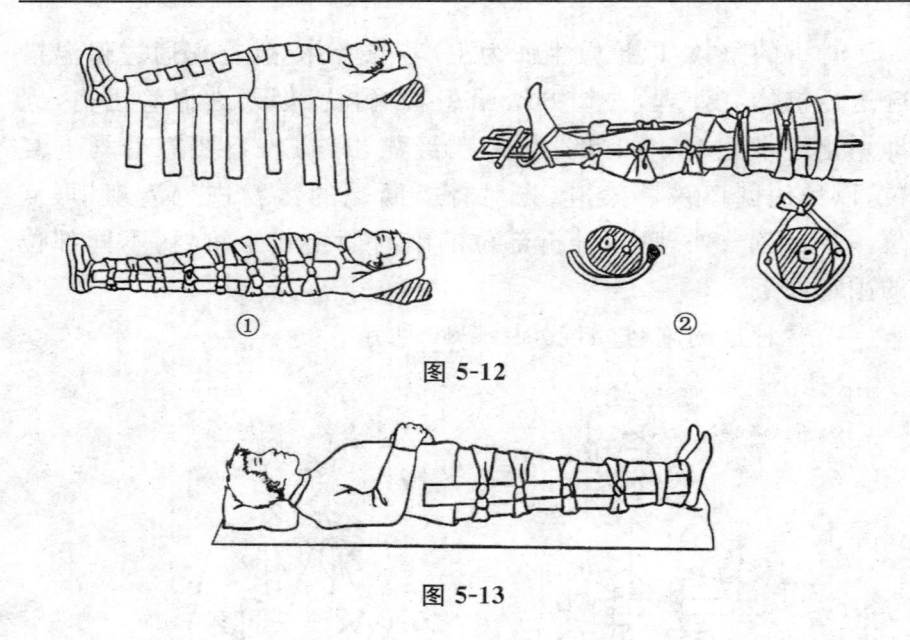

图 5-13

呼吸、心跳停止的急救：这种现象多出现在溺水、外伤性休克等严重外伤事故中，若不及时抢救，就会有生命危险。应急抢救方法主要包括人工呼吸和心脏复苏术。人工呼吸的操作方法：让患者保持仰卧位，解开其领口、胸腹处的衣服、裤带，清除其口腔异物；施救者一手掌尺侧放在患者前额，使患者头向后仰，用拇指和食指将患者鼻孔捏住，以免气体外溢。另一手放在患者下颌，向上托颈，使其气道通畅；施救者深吸气，张开嘴与伤者的嘴贴紧向内吹气，一分钟吹 16—18 次左右，每次吹气量大约为 800—1200 毫升（图 5-14）。

胸外心脏按压方法的操作步骤如图 5-15 所示，具体方法为让患者仰卧，施救者一手掌根放在患者胸骨的中下 1/3 交界处，另一手在手背上交叉重叠，上面手四指弯曲向下方手指根间隙插入，肘关节伸直，利用上半身重量和肩臂部力量有节奏地反复按压患者胸骨，垂直向下 3—4 厘米左右。一般每分钟按压 60—80 次，直到患者恢复自主心跳。若患者呼吸、心跳都已停止，应同时采用人工呼吸、胸外心脏按压的急救措施。需要注意的是，急救是为了挽救生命，保证患者能够撑到被送往医院或医务人员赶

第五章 我国竞技体育后备人才培养质量的科学管理研究

来,因此在送往医院途中应实施急救或在急救的同时及时与医务人员取得联系。

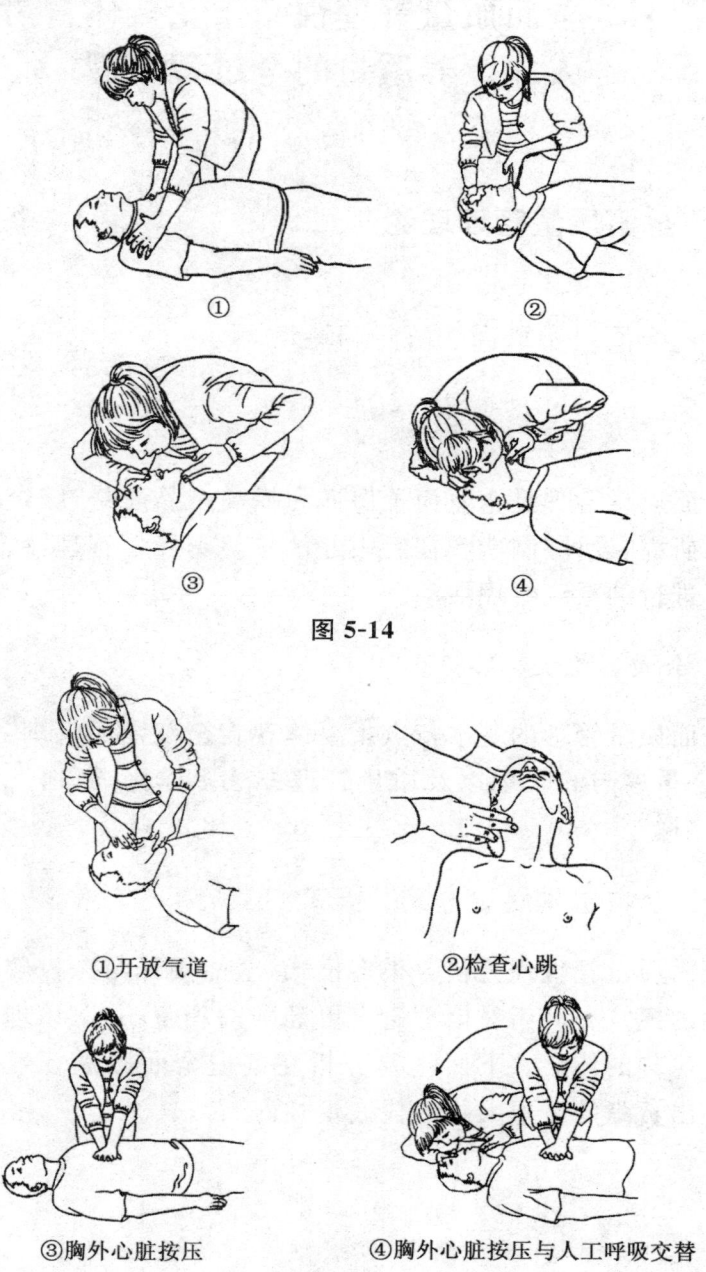

图 5-14

①开放气道　②检查心跳

③胸外心脏按压　④胸外心脏按压与人工呼吸交替

图 5-15

第四节 全面质量管理视角下竞技体育后备人才培养质量的全过程管理

一、全面质量管理理论

(一)全面质量管理的概念与特点

1. 全面质量管理的概念

全面质量管理是企业为了保证和提高产品质量,综合运用从产品的研究、设计、制造和售后服务等一整套质量管理体、手段和方法所进行的系统管理活动。[①]

2. 全面质量管理的特点

全面质量管理的基本特点主要体现在全范围的管理、全过程管理、全员参与的管理以及质量管理方法多样化,简称为"三全"和"一多样"。

(二)全面管理质量理论的模式

全面质量管理理论包含很多模式,全面阐释与深入解读具有代表性的模式有利于对该理论有更准确的理解,并对该理论的真谛有更深刻的体会。下面主要分析在创造全面质量管理理论方面有突出贡献的重要人物的代表模式。

[①] 程公.论足球后备人才培养的全面质量管理[M].北京:北京体育大学出版社,2011.

第五章　我国竞技体育后备人才培养质量的科学管理研究

1. 朱兰——"质量三部曲"模式

朱兰是世界著名的质量管理专家,他提出的质量三部曲指的是实施质量管理的三个环节,分别是质量策划、质量控制以及质量改进,每个环节都有自己的实施程序,三个环节相互之间存在着密切的关系,具体表现为质量策划是质量管理的基础,质量控制是实现质量策划的保证,质量改进是质量策划和质量控制的飞跃、创新和突破。

(1)质量策划

依据顾客需要而开发产品,以使顾客需要得到最大化满足的活动就是质量策划。这一环节的具体实施步骤如下。

第一,设定目标。

第二,识别顾客。

第三,了解顾客需要。

第四,按照顾客需要着手开发产品。

第五,设计操作方案。

(2)质量控制

监督产品的生产与开发过程,从中发现问题并予以纠正的活动就是质量控制。减少质量波动幅度、避免出现失控,及时解决产品问题,使产品生产维持正常状态,这是质量控制的主要目的。质量控制的实施步骤如下。

第一,对实际绩效进行评价。

第二,对比实际绩效和质量目标。

第三,采取措施缩小实际绩效与质量目标的差异。

(3)质量改进

突破原有计划,采取措施使质量和效益达到理想水平的过程就是质量改进。朱兰指出,忽视质量改进这一环节是许多组织存在质量危机的一个根源,组织若一味强调质量控制,而不注重改进,那么质量水平和效益水平则始终无法取得重大突破。质量改进的实施步骤如下。

第一,确保质量改进的基础。

第二,根据特定需要改进项目。

第三,建立项目小组,要明确小组各成员的职责。

第四,为项目小组提供资源,激励和培训项目小组成员,诊断质量危机的产生原因,采取措施解决危机,巩固成绩。

2. 费根鲍姆——"全面质量10要点"理论

全面质量管理理论的创始人费根鲍姆指出,质量涉及组织的各个方面,其含义具体表现在以下十个方面。

(1)顾客决定质量,要了解某个产品的质量的具体含义,就要从了解该产品特定消费者的需求入手。

(2)质量与消费者密切相关,具有系统性,在整个公司中要结合供给方向而全面、严格地改进质量。

(3)质量和成本是一个整体,二者相互依存。成本与质量越趋于合理,提供产品和服务的速度就更快、更经济。

(4)个人和团队工作态度积极又热情是保证质量的重要条件。个人与团队的高质量工作需要有清晰的基础结构作支持。

(5)质量是行为准则,是强有力的情感推进器,任何组织都要准确而深刻地认识到自己在从事什么,要在高度认知的基础上追求卓越,而不能一味地用图线、表格进行质量管理。

(6)质量是一种管理方式,好的管理意味着领导者通过将质量知识、质量技巧授予公司成员,使他们充分认识到正确对待质量对公司的良好运转非常有利。

(7)追求好的质量是一个永不停止的过程,在质量管理中要持续不断地改进质量,这需要组织成员的共同努力和供应商的积极参与才能实现。

(8)质量和创新互相依存,密不可分,开发新产品,让质量成为发展重心,这是成功推出新产品的关键。顾客在尚未看到或使用新产品时,无法准确说出他们喜欢什么,不喜欢什么。

(9)质量控制中要降低成本、促进生产效益的提高,保持良好的竞争优势。

(10)要通过联结顾客与供方的完整系统来实现质量,质量管理中不能放任自流,而要使用系统方法。

全面质量的含义主要从以上十个方面体现出来,全面质量管理的基本要素也能从这些内涵中反映出来,具体包括顾客中心、以人为本、过程管理、持续改进、系统和整体方法以及质量教育。

除了"全面质量10要点"理论外,费根鲍姆还提出了"四项基本工作模型",具体包括设计控制、进料控制、产品控制和专题控制。从本质上来说,质量管理过程主要涉及这几项基本工作,这几项工作之间的关系如图5-16所示。

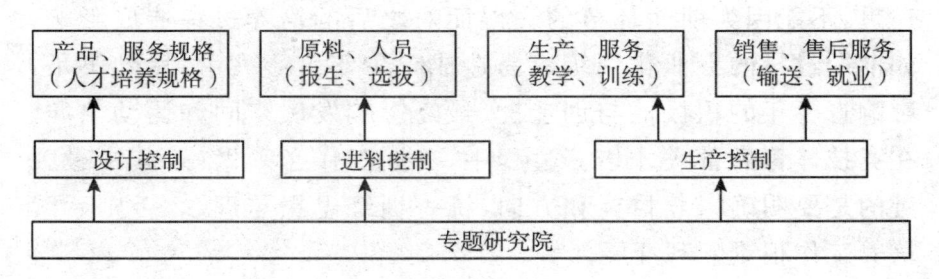

图 5-16

二、全面质量管理理论视角下竞技体育后备人才的培养

(一)树立竞技体育后备人才培养服务观念

在企业、商业等领域经常会使用服务这个概念,将这一概念引入竞技体育后备人才培养中,目的是对竞技体育后备人才培养中的一些内外因素及各因素之间的关系重新进行审视,合理调整内部因素与外部因素及各方面关系,为竞技体育后备人才培养创造良好的环境。下面重点分析对教练员与运动员关系、人才培养过程中内部关系的调整。

第一,传统竞技体育后备人才培养模式虽然也强调教练员要树立服务意识,全面服务于运动员,但在培养过程中并未充分体现这种服务意识,甚至这种服务关系是相反的,即运动员服务于教练员,而非教练员服务于运动员。在竞技体育后备人才培养的全面质量管理中要明确服务意识,对教练员与运动员之间的关系要有正确的认识。在人才培养中,青少年后备人才及家长作为"消费者"居于主动地位,他们有权利提出要求,满足"消费者"的要求是教练员的责任与义务。总之,将服务理念引入人才培养中,要明确教练员与运动员之间是服务者和被服务者的关系。

第二,企业内部所有工作环节密切相连,上一环节的完成要为下一环节提供便利,即上一环节服务于下一环节。在竞技体育后备人才培养中也应如此,要充分重视内部服务,前后各环节要连贯,不能因为前面环节的失误而对之后的培养过程造成影响,如前期过早的专业化训练容易造成青少年身心疲劳,后劲不足,影响青少年的积极性与创造性,最终影响发展空间和运动生涯。在竞技体育后备人才培养过程中,前期工作必须做好,其中最关键的是要明确培养目标和方向,统一训练思想与理念,否则后续培养工作很难顺利开展。

在竞技体育后备人才培养中树立服务理念,还要将质量服务重视起来。服务者要严格要求自己,重视被服务者的要求,提高服务质量。重视竞技体育后备人才培养的服务质量,主要包括教学训练过程的质量和人才培养结果的质量两个方面。要提高教学训练过程的质量,需要教师、教练员采用科学合理的教学训练方法,在教学训练中认真负责等,人才培养结果的质量具体表现在运动员文化学习成果、运动技能水平、思想品质等方面。

质量是一个相对的概念,我们应该有一个基本的标准来评价人才培养质量,从不同角度出发,人才培养的质量标准也就不同,下面从教练员和运动员两个角度来分析人才培养质量标准。

从教练员的角度来看,基本质量标准包含以下几个方面。

第一,符合规格要求,即符合青少年运动员训练大纲的要求。

第二,可塑性强,发展前途好。

第三,人才合格、优质。

从运动员角度来看,质量标准基本包括以下几个方面。

第一,感到愉快。

第二,感到满意。

第三,达到或超过期望。

总之,在竞技体育后备人才培养过程中,教练员应该从基本质量标准出发来思考与行动,并严格要求自己,争取让自己和青少年都感到满意。

竞技体育后备人才培养的服务与商业、企业服务不同,它有自身的独特性。培养竞技体育人才也是为国家培养合格的公民,培养四有新人,培养全面型、创新型人才,关键是这些人才具有专项运动技能。因此,在竞技体育后备人才培养中要正确对待培养对象,不能像商业活动中商家对消费者那样一味按照消费者的需求喜好来行事,而应在考虑服务对象喜好的同时明确一套科学合理的质量标准,严格按照标准来培养人才,尽可能使培养对象欣然接受文化知识,顺利掌握运动专项技能,在满足需求、达到期望的愉快体验中成长为优秀的青少年运动员。

在竞技体育人才培养中引入商业企业中的全面质量管理理论,切忌生搬硬套,而要经历一个必要的内化、吸收以及重组的过程,以免造成失误,失去了在人才培养中应用该理论的真正意义。

(二)对竞技体育后备人才培养的系统思考

对整个组织或系统做系统思考是系统管理的一个重要环节。系统思考也是竞技体育后备人才培养过程中不可缺少的环节之一,在这个环节必须要认识到以下两点。

(1)竞技体育后备人才培养是一项系统工程。

(2)竞技体育后备人才培养系统包含许多子系统,且相互联系、相互依赖。

对系统框架的常规解释是投入—过程—产出模式。这个解释也适用于竞技体育后备人才培养这项工程,投入指的是财力、物力、人力等保障教育与训练工作顺利开展的相关资源的投入;

培养过程包括运动选材、教育与训练、评价与输送等;产出是培养出文化修养好、竞技水平高的运动专业人才或适应社会需求的应用型人才。要实现"投入—过程—产出"模式,需要体校、体育运动协会、体育俱乐部等组织单位提出基础环境与条件。在系统思考中,仔细分析这些组织单位与子系统的内部关系及相互依赖性,做到层层分析,具体到每一个要素,然后将每个具体要素置于子系统中逐一进行分析,再将每个子系统置于整个大系统中进行宏观分析,从而对整个大的系统结构进行优化。系统思考需注意以下几点。

第一,要进行全局思考,思考范围适当扩大,避免片面思考的局限性。

第二,多从系统本身及内部寻找系统中相关问题产生的原因,而不要一味寻找外因。

第三,对系统的结构层次要有准确的把握。

第四,不要过分专注于个别事件。

第五,在系统思考中可以借鉴以往的经验,但不能完成依赖经验进行分析。

在竞技体育后备人才培养中,要通过多维视角的系统思考进行准确定位,从而为提高人才培养质量提供保障。在系统思考中,既要从横向角度思考,又要从纵向角度思考。具体来说,从横向角度要考虑运动员系统、教练员系统、硬件设施系统、领导管理系统等多个子系统之间的关系;从纵向角度要考虑之前训练与现在训练,现在训练与今后训练以及未来可持续发展之间的联系。通过系统思考,能够对各子系统的功能性、相互依赖性有更深刻的认识与理解,使各子系统之间的冲突与矛盾减少,优化整个系统结构,这对促进竞技体育后备人才培养工程的顺利实施及工程的自我更新具有重要意义。

教练员应在系统思考的基础上对竞技体育后备人才培养计划进行制订,人才培养计划具体包括教育计划和训练计划,教育计划主要是完成义务教育,传授文化知识,训练计划具体又包括多年计划、年度计划、周计划和课计划,众多计划构成一个严密的系统。从战略的高度制订多年训练计划,要明确总体训练目标,该目标也是制订年度训练计划的重要依据。年度训练计划也叫"操作性计划",年度训练是长期训练计划的具体行动表现。周训练和课训练同样又是年度训练计划的具体行动表现。

总之,在竞技体育后备人才培养中,要从整体视角出发系统思考整个培养过程,及时发现人才培养系统中各环节的问题,并立足于全局角度探索有效的改进方法。

三、基于全面质量管理理论的竞技体育后备人才培养质量的全过程管理

在全面质量管理视角下探讨竞技体育后备人才培养质量的全过程管理,可以借鉴朱兰的"质量三部曲"模式,即质量策划、质量控制和质量改进,下面进行具体分析。

(一)质量策划

质量策划就是确定竞技体育后备人才培养质量目标,并根据该目标设计教学训练活动。质量策划具体包括以下几个环节。

1. 识别顾客

这里的顾客指的是青少年运动员、家长等外部顾客,这些顾客接受体校、体育俱乐部的培训服务。不同地区的体校、体育俱乐部直接面对的顾客并不完全相同。以足球为例,在足球开展情况良好的地区,足球俱乐部或足球学校所吸收的青少年球员往往有比较好的基础,相对来说,足球开展情况不乐观的地区的青少年球员的基础较差,这和青少年自身没有很大的关系,主要与其所处的地域环境有关。所以各体校、体育俱乐部要学会识别顾客,要清楚面向哪些顾客服务。

2. 了解顾客需求

不同的青少年及家长对人才培养规格有不同的要求与期望，同一名青少年或家长对不同体校或体育俱乐部可能也有不同的要求。因此各个体校、体育俱乐部在识别顾客后要清楚自己所服务的顾客有哪些需要、要求和期望。虽然一些体校、俱乐部面对的顾客是地方政府或体育有关部门，但地方政府和体育部门对体校和俱乐部也可能有不同的需求。

一般来说，地方政府、体育协会和社会对体校、俱乐部的要求包括两个方面，一是一般要求，二是特殊要求。一般要求就是普遍要求，如按九年义务教育大纲进行教学，按不同年龄阶段的训练大纲进行训练，按培养目标和任务组织比赛。特殊要求也就是个别要求，如对重点体校或俱乐部不仅要求完成一般的人才培养计划，还要求创新人才培养模式，提高教学与训练质量，使培养的优秀人才在比赛中取得好成绩，将体校办好办大，创立品牌，提高城市知名度等。可见，要区别对待不同顾客的需求，并努力达到顾客的一般要求与特殊要求。

3. 分析人才培养单位的培养能力，确定培养质量目标

了解顾客需求后，人才培养质量目标还不能完全确定下来，因为不同体校、俱乐部等人才培养单位的条件不同，所以培养能力也不同，满足顾客需求的程度也有差异，培养单位必须从自身实际情况出发而培养人才，尽自己最大的努力去满足顾客的需求，对于那些即使努力也达不到的需求，要及早告知顾客。竞技体育后备人才培养单位的培养能力主要体现在软、硬两方面。"软"的方面包括人才培养理念的先进性、文化建设的科学性、教学训练水平、师资水平、各项制度的完善程度、全过程质量管理能力等。"硬"的方面包括教学训练场地设施条件、资金储备、食宿条件等。

通常，体校等人才培养单位了解顾客的需求后，要将之与自身所具备的软硬条件进行对比，合理配置软硬资源，从自身实际

出发对人才培养质量目标进行制定。

一般可从以下几方面的特性来确定竞技体育后备人才培养单位的人才培养质量目标。

(1) 时间特性

目标与特定时间相关联,目标是一定时期内的目标,随着青少年年龄的增长,在不同年龄阶段要确定科学、合理的质量发展目标,使其达到适宜标准。

(2) 教学训练质量特性

包括教学训练输入、教学训练过程、教学训练效果,如师资水平、教学训练风格特色、服务质量、成才率与输送率以及顾客满意率等。

(3) 比较特性

如与其他地区同龄后备人才的文化水平比较、技能水平比较、比赛成绩比较等。

(4) 质量改进特性

反映教学训练结果有所改进的指标。

4. 设计教学训练相关活动和活动服务规范

根据人才培养质量目标,明确要开展的教学训练活动,并合理设计这些活动的服务规范。

(1) 教学训练活动

明确教学训练内容、方法、模式,制订详细教学计划与不同阶段的训练计划。

(2) 辅助活动

如课外学习小组活动、课外训练活动、课余竞赛活动以及一些培养思维力和创造力的活动等,以增加文化知识储备,提高运动水平和实战能力,提升各方面素质。

(3) 研讨活动

针对教学训练活动展开研讨,以设计先进的教学训练方法,解决教学训练中存在的问题,提高教学训练水平。

(二)质量控制

竞技体育后备人才培养中的质量控制就是严格监督青少年儿童的教学训练活动,纠正活动过程中存在的偏差,严格按照教学训练服务规范与标准来开展教学训练活动,促进各项工作平稳运行,从而提高教学训练效果,实现预期的人才培养质量目标。具体来说,质量控制要从以下几个方面来落实。

1. 选择控制点、制定控制标准

为了实现预期的竞技体育后备人才培养质量目标,体校、体育俱乐部等人才培养单位要开展一系列的培养活动,但这些培养单位不可能完全监督与控制所有的活动,一般都是先选择控制点,就是那些重要的活动,然后针对所选的控制点对相关控制标准进行制定。制定控制标准的方法主要有以下几种。

(1)统计方法

对于有关训练过程和比赛结果的控制标准,可采用统计学的方法来制定,采用该方法需要收集整理以往的数据记录,并对同类体校、俱乐部等人才培养单位的教学训练及比赛水平进行对比分析。

(2)实训操作方法

对于和教学训练服务及实训练习过程有关的控制标准,可采用实训操作方法来制定,如依据青少年足球训练大纲的技术规格标准和真实的训练数据制定控制标准。

(3)经验归纳方法

这是一种补充性的方法,可与上述两种方法中的任何一种结合使用,标准的制定者往往是经验丰富的管理者。

2. 衡量教学训练的实际效果

对教学训练的实际效果进行衡量,主要是收集真实的教学训练数据,通过分析数据对教学训练的实际情况有所了解和掌握,进而判断教学与训练效果的好坏。衡量实际效果,需要全面了解后备人才的各种情况,包括身体状况、文化水平状况、技术掌握情况、文化学习与技术练习过程中的态度与表现等。

衡量教学训练成效的方法包括以下两种。

(1)直接方式

管理者自己去现场视察,通过自己的所见所闻及判断来了解情况,这种方式就是直接方式。例如,校长、俱乐部主管到课堂听课或去训练场上看训练,亲自参加教师与教练研讨会,了解青少年体育后备人才的身体、学习、练习和生活等各方面的情况。

(2)间接方式

管理者通过看报表材料、专题报告或在会议上听汇报等途径了解青少年教学训练情况的方式就是间接方式。

直接方式与间接方式各有自己的优势,也都有自己的不足,因此在实践中往往将二者结合起来使用,以达到取长补短的效果。也就是说,管理者既要亲自去"看"教学训练工作状态,也要"听"来自各方的意见,从而准确把握实际情况,进行更加客观、准确的判断与衡量。

3. 发现并纠正偏差

管理者要将教学训练成效与质量标准进行对比,判断实际效果是否与标准相吻合,如果不吻合,存在什么程度的偏差,偏差是否超出一定范围。如果超出范围,就要予以重视,及时纠正。

(1)偏差的类型

实际效果一般存在以下两种类型的偏差。

第一,方向性偏差,即人才培养的指导思想不正确,培养理念落后,导致人才培养结果最终事倍功半。

第二,完成度偏差,即基本完成培养内容,但没有达到标准与要求,效率低下。

(2)形成偏差的原因

管理者要认真分析偏差,找出原因,然后再采取措施补救。

造成偏差的原因主要有以下几种。

第一,组织内部因素(内因),如教师与教练员的专业水平;教学训练的硬件条件、内容安排、规章制度;青少年自身的技能潜质;人才培养单位的学习训练环境、氛围及管理者的素质等。

第二,组织外部环境因素(外因),如家庭、社会及政府部门等外部环境的影响。

第三,控制环境和控制标准本身的问题,如质量策划的条件发生变化、质量标准设计失误、控制环节不当,从而导致控制标准本身与实际需要不符。

(3)偏差的控制

对于造成偏差的内在原因与外在原因,竞技体育后备人才培养单位、体育管理部门及体育协会的控制力是不同的。有些因素是可以完全控制的,有些因素可以大部分控制,但有些因素则不能完全控制或只能控制少数一部分,教师和教练员的专业水平、人才培养单位的培养能力等因素是可以完全或大部分控制的,而青少年的技能潜质、社会风气等是不能完全控制或大部分控制的。可完全控制或大部分控制的因素称为可控因素,其余称为不可控因素。管理者首先要明确造成偏差的原因是内因还是外因,进而明确这些因素是否可控,如果是可控因素,可直接采取措施纠正和消除偏差,如果是不可控因素,则要采取间接迂回的方式来弥补和纠正。

在竞技体育后备人才文化教学与技能训练的过程中,按照控制发生的位置,可将质量控制区分为预先控制、过程控制和效果控制三种类型(图5-17)。

预先控制发生在教学训练活动的输入端,旨在保证教学训练活动中所需资源达到相关规格与要求。过程控制就是观察和检查正在进行的教学训练活动,从中发现偏差并纠正偏差,以保证教学训练活动顺利进行。效果控制发生在教学训练过程的输出端,又称为"事后控制",其是通过衡量与校正系统输出,保证系统的输出达到标准与要求。这三类控制相互联系、相互补充。

图 5-17

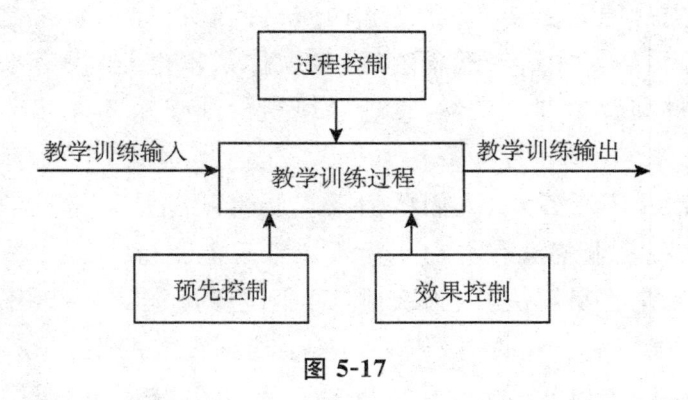

（三）质量改进

1. 常见质量问题的改进

竞技体育后备人才培养质量改进就是提升体校、体育俱乐部等人才培养单位的培养能力，突破现状，不断创新，最大化地满足顾客需求，使人才培养质量和实际效益达到最高水平。当前，体校、体育俱乐部等单位在竞技体育人才培养方面的质量问题主要有两种类型：一是偶发性质量问题，二是系统性质量问题。不管是哪种质量问题，要完全解决，都必须采取质量改进的措施。下面具体分析这两种质量问题的特点及改进措施。

（1）偶发性质量问题

这类质量问题指的是人才培养工作不符合常规，偏离正常，引起质量突然恶化。这类问题的特点主要表现为原因简单（如训练强度大、训练不系统等）、易发现、易解决（加强管理）。

解决这类质量问题，要加强质量控制，根据相关规格、标准及要求纠正偏差，使竞技体育人才培养质量朝着科学合理的、可持续的方向发展。

（2）系统性质量问题

这类质量问题指的是人才培养工作处于正常状态，每天教学、训练都很规律，但质量水平一直没有提升。系统性质量问题比偶发性质量问题复杂，这主要体现在以下三个方面。

首先是原因复杂,造成系统性质量问题的原因常常是一些深层次原因,如人才培养理念落后,组织体系不健全,没有准确理解与深入贯彻教学训练大纲,管理者思想上缺乏对人才培养质量的重视等。

其次是不易发现,人们认为系统质量问题是很常见的"不良"状态,从观念上就没有将它作为不正常现象看待。

最后是不易解决,因为造成这类问题的深层次原因不易被发现,所以很难完全纠正,操作中必然会遇到很大的阻力。

解决这类质量问题,要注重更新人才培养观念,遵循青少年生长发育规律、教学训练规律及运动技能发展规律,努力改变现状,将合理可行的质量目标和质量标准明确下来,使竞技体育后备人才培养质量水平和人才培养单位的效益提高到前所未有的水平。

2. 质量改进的模式

全面质量管理视角下竞技体育后备人才培养质量持续改进的模式主要有两种:一是戴明博士的循环模式,二是朱兰的质量管理学说。下面着重分析第一种模式。

在竞技体育人才培养的质量改进方面,世界著名质量管理专家戴明创造的循环模式具有普遍规律和普遍意义,在人才培养的各个层面和各个环节都适合运用这一模式。戴明最早提出PDCA循环概念,PDCA循环是促使所有活动都有序开展的一种逻辑性较强的工作程序,在质量管理中的应用非常广泛,为现代管理开拓了新思路、开辟了新方向。PDCA循环概念中,P代表plan(计划),包括明确方针和目标,制订活动计划;D代表do(执行),即计划的具体运作;C代表check(检查),总结计划的运作结果,分清对错,找出问题;A代表action(行动或处理),即处理计划运作中的问题,肯定成功的经验,并对其进行标准化处理,以便为以后的工作提供指导;同时要总结失败的教训,以免在以后的工作中再次出现同样的问题。有些问题如果在此次工作程序中未得到解决,则在下一个 PDCA 循环中予以解决。在竞技体育后备人才培养中应用戴明的循环理论,具体可从以下几方面来进行科学操作。

(1) 周而复始

PDCA 循环是一个连续的工作程序,包括计划、执行、检查、行动四个环节,但不是该循环运行一次就可以完全完成各个环节的工作,这个工作程序要周而复始、长期运行。一个循环结束了紧接着会进入下一个循环。竞技体育后备人才的培养具有周期性,根据戴明的循环原理(图 5-18),在竞技体育后备人才培养过程中,每个阶段都要提出问题、不断解决问题,周而复始地完成人才培养任务,达到人才培养目标,培养出更多优秀的运动员,同时还要不断根据社会的发展需要而修正人才培养目标。

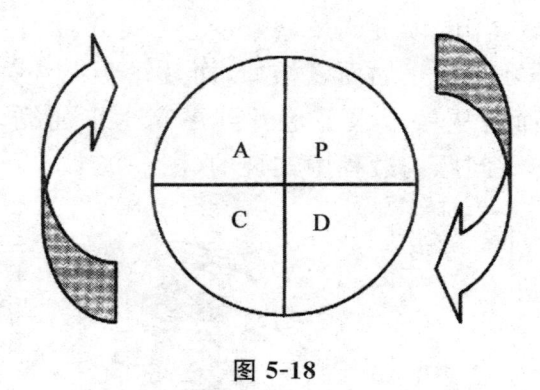

图 5-18

(2) 大环带小环

教育与体育组织的整体运行体系与其内部各子体系的关系是大环带动小环的有机逻辑组合体(图 5-19),就是说有关组织单位对竞技体育后备人才培养的质量标准要与我国竞技体育的发展趋势一致,与我国体育发展要求相符,还要与世界竞技体育后备人才培养的质量理念保持一致,并在具体实施与操作中,充分参考相关政策法规,做到有的放矢。

图 5-19

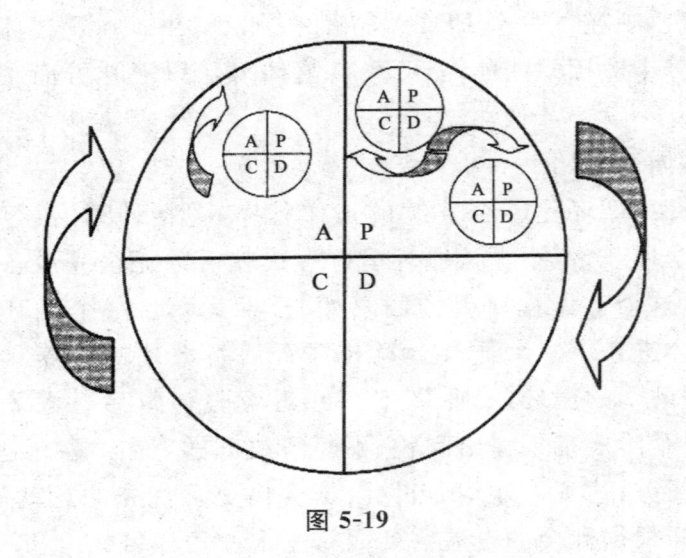

(3) 阶梯式上升、渐进式发展

戴明的循环模式是周而复始的,而且每个循环都不是停留在一个水平上,而是从一个水平上升到更高水平的循环,水平的提升是在不断解决问题的过程中实现的(图 5-20)。

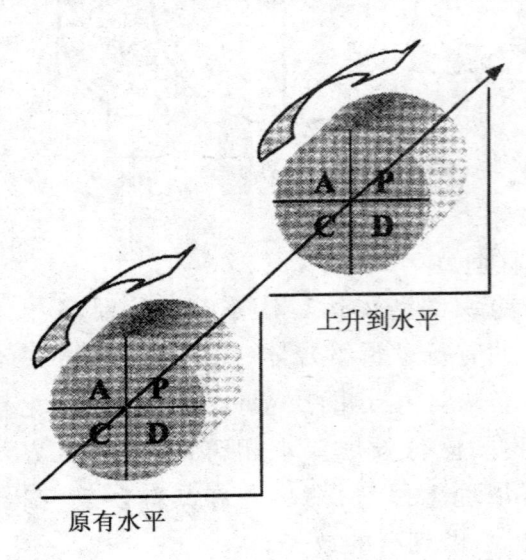

图 5-20

第五章 我国竞技体育后备人才培养质量的科学管理研究

培养竞技体育后备人才必然要经历一个循序渐进的、不断发展的过程,每个发展阶段都有其自身的特征和标准要求。运动训练学指出,运动员的竞技能力是通过两种途径获得的,一是先天性遗传途径,二是后天性学习和训练途径(图 5-21)。通过先天遗传途径而获得的竞技能力随着运动员的生长发育而表现出不同的水平,通过后天努力获得的竞技能力也随着学习与训练的不断深入而逐步提升。因此,在青少年运动员的多年训练过程中始终追求实现二者的最佳组合,并将此作为自己的行动目标。理想的组合是当青少年生长发育到一个最适宜的阶段才出现专项竞技趋向,才能在比赛中表现出最佳水平(图 5-22)。[①]

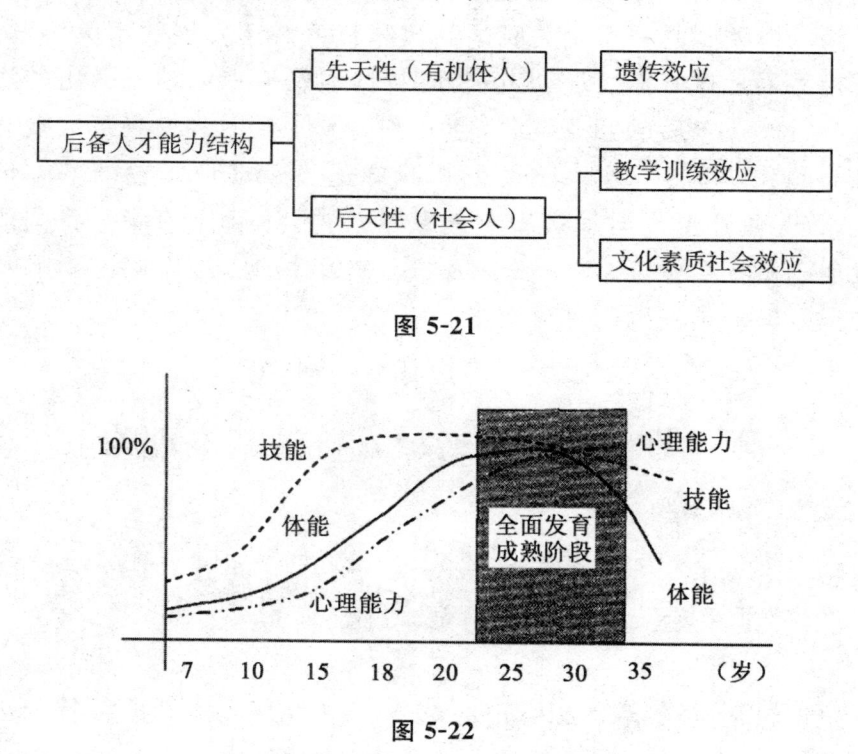

图 5-21

图 5-22

---

① 程公.论足球后备人才培养的全面质量管理[M].北京:北京体育大学出版社,2011.

第六章 我国退役运动员安置的基本情况分析

运动健儿在体育大赛上挥洒汗水,奋力拼搏,为国家争光,他们在退役后的工作安排理应得到政府和社会的关注与重视。退役运动员安置是一个事关我国竞技体育可持续发展的重大问题,积极稳妥地做好退役运动员安置工作,不仅关乎运动员队伍的稳定及运动员今后的职业生涯,更关乎我国体育事业的兴衰成败和社会的和谐安定。本章主要分析我国退役运动员安置的基本情况,首先阐述退役运动员安置的基本理论,然后详细探讨我国退役运动员社会保障、就业安置及安置政策情况,最后探讨影响我国退役运动员安置的主要因素。

第一节 退役运动员安置的基本理论

一、退役运动员安置的概念

退役运动员指的是因伤痛、病患、年龄限制、运动成绩等原因而不再适宜从事体育运动及参加国内外比赛,由个人提出申请并经体育行政部门或相关主管机构正式批准退役,办理退役手续的原正式运动员。[1]

---

[1] 陈丽佳. 我国退役运动员就业安置的现状与对策[D]. 中南大学,2013.

退役运动员安置是指运动员退役后,由体育管理部门推荐运动员重新就业或者运动员自己择业并由体育管理部门提供必要的物质帮助,以实现退役运动员的职业和社会身份转换,使退役运动员获得新的工作并重新融入社会生活。[①]

二、退役运动员安置的理论基础

(一)生命周期消费理论

上世纪 60 年代,美国经济学家弗朗科·莫迪利安尼提出了生命周期消费理论。该理论的基本观点是,人在漫长的一生中,应该提前对自己的消费开支做好计划,这样即使退休以后没有收入报酬,也能够维持正常生活。弗朗科·莫迪利安尼将人的生命周期划分为开发期、成长期、巅峰期、衰退期、退休期等几个阶段,前三个阶段人们不断积累财富,其中积累最快的阶段是在巅峰期,从衰退期开始,积累财富的速度慢慢减缓,进入退休期后,财富积累消失(负储蓄),人们主要依靠退休之前的正储蓄维持生活。

若将弗朗科·莫迪利安尼的生命周期消费理论运用到运动员的运动生涯中,则认为运动员的在役时间越短,正储蓄越少。在整个生命周期内运动员的消费水平也处于较低状态,运动员只有在退役后尽快寻找新工作,才能增加正储蓄,维持生活,满足生活需求。

(二)人力资本理论

西奥多·W.舒尔茨于 20 世纪 60 年代提出了人力资本理论。该理论指出,在众多生产资料中最重要的因素就是人,人类的知识水平与经济的发展有密切的关联,直接决定经济的发展水

---

① 郭彦杰.我国优秀运动员退役安置政策变迁的研究[D].北京体育大学,2013.

平,提高人类的知识水平可大大推动经济的发展。除了人之外,其他生产资料都不是经济发展的决定性因素,所以说如果只是一味投入自然资源和物质资本,而不投入人力资本,则无法实现经济的发展。人类的知识水平直接受教育的影响,随着教育的普及与改善,人力资本的质量也越来越高,甚至有些生产资料会被优质的人力资本所取代。人力资本理论肯定了教育对人和经济发展的重要作用,倡导普及教育,公平教育,加大教育相关方面的投入力度,使人人都能平等接受教育,充分发挥教育的作用,促进人的知识水平、生产能力以及经济收益的提高。

举国体制模式曾在我国培养运动员方面发挥过重要的作用。直至今天,我国运动员培养体制中依然包含"举国体制"的因素,也就是"体校+专业队"的形态,即先从业余体校中选拔有天赋的好苗子,然后不断上升到省级专业队及国家集训队。在这个过程中严格按照优胜劣汰的原则培养运动员,形成了较为完善的淘汰机制。我国运动员的淘汰率是比较高的,因此每年的退役运动员有很多,如遇到举办全运会、亚运会、奥运会的年份,淘汰率则更高,会有更多的运动员面临退役。正因为淘汰率如此之高,所以运动员才会一头扎进训练中,一心追求好的运动成绩,甚至不惜牺牲文化学习时间,即使在运动队安排了文化学习时间,运动员的文化学习依然得不到保障。因此在人力资本形成的过程中,文化和体育的发展并没有达到均衡状态。

(三)就业理论

20世纪20年代末,凯恩斯为了解决美国的经济危机(产能过剩、经济萧条、失业严重),提出了著名的就业理论。该理论指出,"完全就业"在完全竞争的条件下是不可能实现的,一般来说应该是小于完全就业的均衡,在此均衡下,失业现象必然会出现。为了应对失业危机,国家应出面实施经济干预,增加公共投资和财政支出,加大公共设施建设力度,促进公共事业发展,从而缓解经济危机,改善大规模失业的社会现象。

随着市场经济的不断发展，企业对人才提出了越来越高的要求，但因为运动员缺乏一些基本的职业技能，所以即使国家采取多种措施来扶持与支持社会企业，企业也很难接纳退役运动员，退役运动员无法充分就业，就业安置困难重重。

三、退役运动员安置的重要意义

做好退役运动员安置工作具有以下几方面的重要意义。

（一）提高体育竞技水平

退役运动员安置与竞技体育成绩有直接的关联。运动员能否进入高水平的运动队进行训练直接影响其竞技能力的提升。在我国当前的运动员培养体制下，各地对运动员的培养都有人数要求和名额限制，有些运动员理应退役，但因为就业问题没有解决而延迟退役，他们继续留在运动队就会占用名额，而运动队成员的名额本身就是有限的，这导致一些年轻的后备人才无法及时入队训练，而如果没有新鲜的血液源源不断地注入运动队，就会影响运动队竞技水平的提升和可持续发展，而且会形成恶性循环。因此，妥善解决退役运动员的安置问题，有利于运动队的更新与竞技水平的不断提高。

（二）合理配置体育人才

退役运动员安置问题其实也是体育人才的配置问题。我国各地的经济发展水平呈现出明显的地域差异，经济落后地区在运动员培养方面投入较少，未能有计划地系统地培养所有竞技项目的运动员，但可以通过体育人才市场来获得依靠本地经济条件无法培养的运动员，这样体育人才的输出地区和输入地区都可以达到各自的目的，而且也节省了运动员的培养资本。

（三）培养优秀运动员

有效解决退役运动员的再就业问题对培养优秀运动员是非

常有意义的。只有不断更新运动队伍,不断引进年轻的、有实力的运动员,才会新秀辈出。有一定管理能力和训练能力的老运动员可以及时转业成教练员,从而更新与扩大教练员队伍,培育新的运动人才。在高水平运动员队伍建设中,必须长远考虑,就优秀退役运动员的就业保障和分配流向问题而做好科学规划,这对于维持运动员队伍的稳定和促进运动队的持续发展具有重要意义。运动员职业具有一定的特殊性,退役运动员安置也会产生很大的社会影响,有关部门必须切实解决好这一问题。

(四)促进全民健身运动的开展

我国自20世纪90年代颁布《全民健身计划纲要》之后,在全国范围内全面推进全民健身运动的开展。开展全民健身运动,需要投入一定的财力、物力及人力资源,并合理配置各类资源。当前我国在开展全民健身运动中面临的一个主要问题是缺乏社会体育指导员,现有的指导员队伍不够强大,整体水平不够高,全民健身得不到科学的指导。

退役运动员是经过专业训练的体育人员,他们深刻理解体育健身的价值,也熟悉科学健身的方法与技巧。因此在退役运动员安置方面,鼓励退役运动员通过考取资格证的渠道成为合格的社会体育指导员,以期有效改善我国全民健身运动的开展现状,使大众健身得到科学指导,而且这也有效解决了退役运动员的再就业问题。

第二节 我国退役运动员社会保障分析

退役运动员社会保障指的是正式进入国家队或各个省市的优秀运动队,经有关部门批准,正式办理入编手续,享受国家体育津贴和奖金并从事奥运会和全运会项目,由于身体、技术、年龄等原因不适宜继续从事训练、比赛,经相关部门批准退役的运动员,

第六章　我国退役运动员安置的基本情况分析

所享有的由国家和政府批准并依据一定法律法规作保障,从而实现在正常或因发生伤残、疾病等情况下退役所应享受的物质、就业等方面的保障制度的总称。[①] 退役运动员社会保障是退役运动员安置中不可忽视的重要内容,下面主要分析我国退役运动员社会保障现状及存在的主要问题。

一、我国退役运动员社会保障现状

(一)医疗保险情况

我国运动员管理存在一些问题,如"以人为本"的管理理念落实不到位,不重视合理规划运动员长期发展,虽然一些法律中有关于退役运动员伤残医疗保险的相关条款与规定,但具体实施中还是存在很多问题,没有严格监管,导致出现了逃避保险费用,运动队私自不为运动员缴纳保险金等不良现象。

我国体育医疗资源单一、分散,甚至有些地区还不具备进行体育医疗诊治的条件。调查发现,各级运动队中的配套康复设备较为陈旧、康复手段单一落后,医疗诊断体系及监管机制更是严重缺失。

近年来,我国体育强省逐渐认识到发展地方体育事业,不能只重视培养优秀运动员,只追求比赛成绩,还应构建与完善配套体育医疗体系。因此一些经济发展较好的省份或医疗资源充足的地区纷纷设立地方体育院校附属医院、地方运动医疗康复中心,这样各类运动员的医疗、训练及比赛等需求就得到了很好的满足。但现在此类中心机构还不够完善,存在规模小、专业人才少、设备陈旧等问题,尚无法满足运动员日益增长的医疗需求。

---

① 常爱芸.关于完善我国退役运动员社会保障制度的研究[D].陕西师范大学,2015.

(二)养老保险情况

我国现行的运动员养老保险制度由两部分组成：一是社会统筹，二是个人账户。我国实行部分积累制，主要是运动队和运动员共同对基本养老保险保费进行承担。一般以实发工资总额为基数对运动队缴费额进行计算，缴费比例为20%左右，高于20%部分暂不变。同样以运动员实发工资为基础，运动员个人缴纳费额占8%，并计入个人账户，无工资收入者，由家长代缴。建立个人账户前的运动员已达到退休年龄后，除基础养老金、个人账户养老金外，再发放过渡性养老金。

在役运动员缴纳的保费中，运动队承担20%，但退役运动员中，只有少数运动员和运动队能继续缴纳保费，直到达到年限。在少数还继续缴纳保费的退役运动员中，由企业缴纳的份额要比退休的企业职工少。运动员的运动成绩也会影响个人缴费基数。若运动员在省级体育赛事中获得过金牌，可对一档养老保险金加以享受，若运动员在省级体育赛事中获得过银牌、铜牌，可对二档养老保险金加以享受。若运动员在奥运会、全运会、世青赛、世锦赛等大型国家或国际赛事中获得过奖牌，不但能够享有上述优惠政策，还可获得额外奖金，也可将此作为养老保障部分基金。但如果运动员成绩平平，则不享受此类保障及优惠。

虽然我国退役运动员养老保险制度框架已基本确立，但在退役运动员养老保险制度的整体设计方面仍存在覆盖面狭窄、制度层次性不突出、养老金积累程度弱、养老保险"便携性损失"等众多尖锐的问题。

(三)体育保险情况

体育保险在保障运动员人身安全、促进竞技体育持续发展方面发挥着举足轻重的作用。目前我国鲜少有专业体育保险公司，而且只有少数几家规模较大、实力较强的保险公司兼营体育保险，这与巨大的市场需求严重不符。

对大多数普通运动员而言体育保险是非常遥远的。我国体育保险发展面临两大制约因素：一是国家退役运动员伤残鉴定标准缺失，二是工伤保险缺位。现在，一些大型保险公司多以合作方式向明星运动员发出保险邀约。但相对于庞大的运动员人口来说，保险公司的保障范围、能力显得十分有限。同时，国内几大保险公司在竞技体育保险设计方面是缺失的，这与竞技体育风险大、国家缺乏明确规定、保险设计烦琐、赔付金高等因素有关。一些普通退役运动员是主动参保的，而保险公司对这些退役运动员只能提供其他类型的保险服务。

二、我国退役运动员社会保障存在的问题

(一)社会保障资金不充足

开展任何活动都需要具备良好的资金条件。我国退役运动员社会保障体系的构建与运行过程中面临资金缺乏的问题，现有资金的配置不合理，再加上资金筹集方式少、来源渠道单一、筹集手段落后，又没有设立专业运营机构，所以前期工作很难顺利开展。缺乏充足的社会保障资金，必然会对退役运动员保障政策的实施造成影响，进而难以保障退役运动员享受应有的待遇。此外，在退役运动员社会保障的资金筹集中，基本以各级财政拨款为主，社会参与度较低，社会组织和民间机构并未真正参与其中，这样就给国家财政造成了沉重的压力，而且财政部门下拨的经费也未得到优化分配，因此影响了退役运动员的切身利益。

(二)社会保障体系不完善

我国退役运动员社会保障体系不完善的问题具体体现在以下几个方面。

1. 覆盖面较小

退役运动员社会保障体系中包含有较为宽泛的内容，但覆盖

人群并不多，现行制度以在役及优秀运动员为主要覆盖对象，而没有安排其他类型的运动员的保障制度。而成绩好或在俱乐部从事体育运动的人其生活也能得到保障。相反，普通退役运动员大多数都被排除在外，而且没有明确规定关于退役运动员的伤残保险，可见我国退役运动员社会保障体系还不够完善。

2. 缺乏教育培训

我国竞技体育运动发展具有"金牌至上"的特点，在运动员职业生涯和运动价值的评价中，其所获得的运动成绩是唯一的评价指标。职业运动员被限制在一个相对封闭的环境中生活，在这种环境下，过分注重运动员的体育技能培训，运动员长期处于训练和赛事集训中，基本不接受其他知识的教育，这就导致运动员生存技能单一，文化素质不符合社会需求，最终致使其退役后陷入就业难、生活难的境地。虽然国家就此情况对相关保障做出了规定，但因为缺少配套体系，所以保障制度很难落实。

3. 不适应市场经济体制

社会保障的主要目标是维护社会成员的基本权利、福利以及权益，国家宏观调控、市场调节是主要保障与维护手段，社会保障运行的原则是公平、公正、福利，满足全社会成员的保障需要。改革开放后，虽然我国放开市场准入机制，但在国家的"保护"下，体育保障依然发展了较长的一段时间。而当体育行业逐步走上市场化发展之路后，退役运动员便无法适应市场的变化，全国统筹的社会保障体系显露出种种弊端，而且退役运动员的社会保障需求也得不到满足。

(三)社会保障法律制度不健全

目前，我国虽然发布了许多与运动员社会保障及退役运动员社会保障有关的政策文件，但这些文件没有得到很好的落实，效果并不理想。部分地方政府在制定与实施退役运动员社会保障相关政策文件的过程中比较敷衍，缺乏积极主动性。

当前与退役运动员保障权益有关的政策规定相对较为片面和模糊,且没有较高层次的立法,因此地方政府和相关部门对此不够重视。我国竞技运动发展中,不管是目标管理、责任管理,还是质量管理,在评价中都以竞赛成绩作为主要指标。从运动员进入职业运动生涯开始,其所处的环境就较为封闭,再加上现存体育制度存在体教结合程度较低的弊端,导致运动员缺乏基本的生存技能,运动员的综合素质与社会的要求存在明显差距,所以运动员退役后难以适应社会环境。虽然政府在不断加大扶持和保障力度,但保障面显然还不够宽泛。

第三节 我国退役运动员就业安置分析

一、我国退役运动员就业安置方式

目前,我国退役运动员就业安置形式主要有以下几种。

(一)政策安置

政策安置在 20 世纪的我国退役运动员就业安置方式中占主导地位,它的原则是"从哪里选送,回哪里安置",主要方式是"授之以鱼",政府通过"给予"的方式为退役运动员安排就业岗位,扶持退役运动员就业。这一安置方式在解决退役运动员就业问题方面发挥了非常重要的作用,很多退役运动员在政府的扶持下顺利就业。但目前来看,这种安置方式还是存在很多弊端的,主要表现在以下几个方面。

第一,政策安置方式其实也是一种退役运动员就业保护方式,它不符合当前市场经济体制下的用人机制。

第二,政策安置方式对退役运动员主动提高自己的技能与素质是不利的。

第三,政府发挥主导作用,社会力量参与力度弱。

虽然现阶段我国依然会采用政策安置方式来解决一部分退役运动员的就业问题,但这已不是时代赋予政府的责任。政策安置模式在市场经济条件下与新时期的用人机制相悖,只安排工作,而对市场供求关系不做任何考虑的方式不符合市场经济规律,因此很难再长期继续运行下去。尽管目前来看"举国体制"的因素依然存在于运动员培养体制中,但这并不代表在退役运动员就业安置体制中也应该继续包含"举国体制"的因素。对于政策安置方式的弊端,政府已有了充分认识,政策安置在退役运动员安置方式中不再居于主导地位,政策安置人数比例在不断减少。运动员也认识到了政策安置的不足,所以对政府的依赖性也在减弱,并在就业中积极发挥自身的主观能动性。

随着国家对政策安置方式的不断调整,逐渐产生出一些新的安置政策与手段,如货币化安置,这一安置方式与市场经济运行规律相符,有助于退役运动员自由选择多种就业路径及自主创业。退役运动员货币补偿安置政策得以顺利落实的前提条件是拥有足够的退役安置资金。在筹集资金方面,应做好以下两方面的工作。

第一,建立健全运动员货币化安置的组织机构,包括政府组织机构和社会民间组织机构,如成立退役运动员职业介绍所、退役运动员协会等。

第二,建立退役运动员安置补偿资金的多元化筹集网络,如政府拨款、体育彩票公益金等。

目前,我国各省市在国家的号召下非常重视采用货币化安置手段,并且积极出台与退役运动员就业安置有关的政策,有效解决了各地退役运动员的就业问题。

(二)继续教育

继续教育是大部分退役运动员就业的首选途径。继续教育的特点是选送优秀运动员进入高校学习,运动员拿到文凭之后通过高校渠道再就业。专业运动员受过专业训练,有良好的运动技能,对专项运动有较深的理解,运动能力要比体育院校毕业的学生强,如果退役运动员多花点时间与精力提高自己的文化知识水平,学业结束后在体育行业就业要比纯粹体育院校的毕业生有竞争力。这也是运动员把自己所学的运动技能传授给他人的良好途径。

(三)自主择业

目前通过政策安置途径解决退役运动员就业安置的问题已经很困难,在大部分行业人力资源接近饱和的当下,退役运动员在没有就业竞争力的情况下安置就业自然受阻。很多退役运动员希望进入高校深造,但因为受到一些因素影响,最后进入高校深造的只有少数的优秀运动员,而没有条件走这条路的运动员占大部分。在市场经济条件下,运动员自主择业的比例越来越大,国家也鼓励退役运动员自主择业,并制定了许多辅助政策予以扶持与帮助。

自主择业的特点是由政府给予退役运动员一次性经济补偿,以经济为杠杆,激励退役运动员不经政府安置而自谋职业。随着市场经济的不断发展,社会各行各业的就业岗位也逐渐增多,但各行业都有竞争。退役运动员拥有健康的身体、良好的心理素质和吃苦耐劳的品质,这都是运动员走进社会自主择业的有利条件。

除了以上几种主要的就业安置方式外,有些退役运动员继续留队当教练、出国、进入影视行业当演员等,但这些运动员毕竟是少数的,或者说他们具有这方面的天赋,目前来看,这些都不是退役运动员就业的主要途径。

二、我国退役运动员就业安置的问题

(一)退役运动员就业渠道少,就业形势严峻

1. 社会的就业形势不佳

目前,我国社会就业形式整体而言并不好。社会的各个行业

都有大量的待业人口。随着高校的不断扩招,每一年都有数以百万计的高校毕业生进入人才市场寻求工作岗位;而随着农村土地流转的不断推进,大量的农村剩余劳动力也被解放出来,形成一支极大的待业军团;另外随着社会主义市场经济体制的不断完善,众多的国有企业进行改制,不少员工被一次性买断,加之政府部门精兵简政,大量的政府工作人员也需要重新找工作。在这三方面的影响下,整个社会的就业形势不容乐观。

运动员越来越多,可是能得到政府安置的运动员却只是其中一小部分,大多数的退役运动员在退役之后只能等机会安置。基于我国社会就业形势不佳的现状来看,退役运动员待安置的人数会越来越多。

2. 退役运动员的政策性安置难度大

退役运动员的政策性安置难度大主要来自以下两个方面的压力。

第一,大部分政府机构以及企事业单位实施人事制度改革,大力推进精简编制。如此,其对于新进入成员的各方面素质有很高的要求,而退役运动员在役期间一直专注于训练和比赛,其综合素质相对来说并不是很高,这也就导致其政策性安置难度加大。

第二,退役运动员从事体育事业多年,更加希望继续留在该领域,或者去一些效益较好的单位或者部门。但是现实与期望总是存在一定的差距,并不是所有的部门都有空余的编制用以安置退役运动员,这就可能导致退役运动员对于就业安置不满。

(二)退役运动员就业素质较低,缺乏竞争力

1. 退役运动员文化水平不高

文化素质水平低直接影响了退役运动员的再就业,不管是政府部门还是企事业单位,都要考察入职人员的个人素质,高校也

第六章 我国退役运动员安置的基本情况分析

很注重对求学者文化素质的考核。当今社会,文化素质已经成为就业和竞争的有力武器。退役运动员的个人文化素质水平较低,跟不上时代的步伐,不能够满足社会的需求。我国在举国体制下培养运动员,对其训练有着严格的规定,"重训练,轻教育"的培养模式直接影响了运动员的文化学习,运动员正常的文化教育难以得到保证。运动员面对高强度的训练,没有足够的时间学习文化知识,有很大一部分运动员的文化素质还处于中学水平。而体育系统自身缺乏教育机制,从而直接导致运动员退役之时严重缺乏职业技能和专业知识。如果退役运动员从事的是和体育没有密切关系的行业,那么就更加凸显了其知识储备严重不足的弊端。

2. 退役运动员心态失衡

退役运动员面临的社会环境不同于其在运动队的环境。退役运动员进入新的岗位,角色发生改变,其所面对的是千变万化的职场,而不是竞争激烈的赛场,无论其曾经多么辉煌也完全成为过去,所有的荣誉和奖励都已成为历史。所以退役运动员必须尽快调整自己的心态,主动适应新的环境。但目前有不少退役运动员不能及时转变自身的角色,不能重新定位自己,总是沉浸在以前的荣誉中,这直接导致其不能够很好地适应新岗位,心态失衡制约了其未来发展。

运动员一旦走出训练馆,既没有足够的文化知识,又不了解社会,退役后找工作难免会遇到很多阻碍。随着社会分配差距的拉大和实际利益思想的影响,有些运动员过分强调运动训练的特殊性,提出超出社会接受能力的期望,脱离自己的实际工作能力,要求安置到高层机关,追求劳动量小而报酬高的舒适工作。这些不当的从业要求给退役运动员就业带来了很多困难。

退役运动员的就业安置让上级部门感觉棘手,有些退役运动员即使被安排了工作也不去报到,反过来反映工作情况如何不好,不适合自己等,要求重新安置。总之,如果退役运动员不能及时调整自己的心态,摆正自己的位置,就很难顺利就业和在自己的新岗位上获得好的发展。

(三)退役运动员创业经营条件不足,缺乏保障

1. 国家相关政策的缺失

虽然国务院、体育总局等相关部门出台了一些关于退役运动员安置的政策法规,但支持退役运动员创业的政策文件很少,且现有的政策文件落实不到位。图6-1所示的退役运动员政策性安置流程。

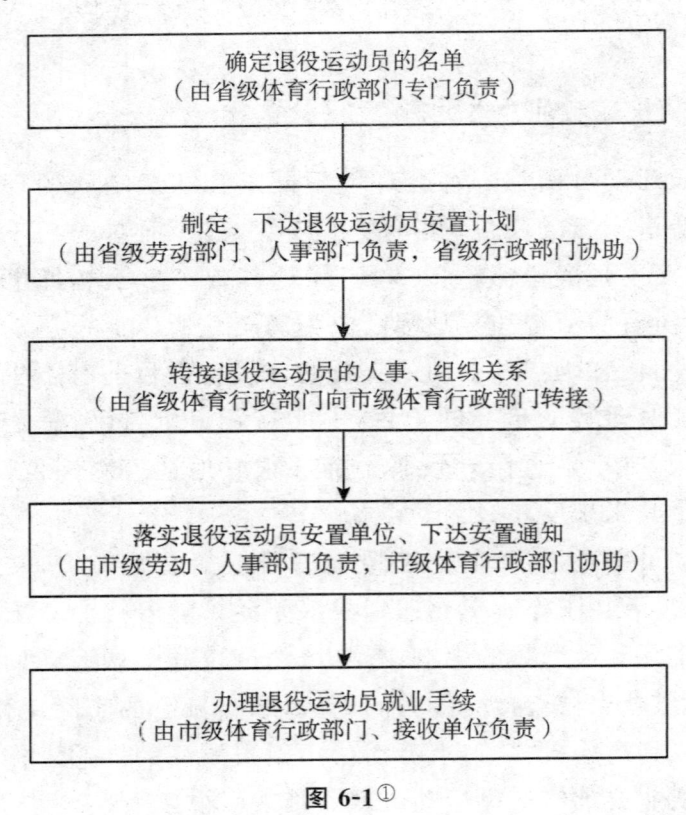

```
确定退役运动员的名单
(由省级体育行政部门专门负责)
          ↓
制定、下达退役运动员安置计划
(由省级劳动部门、人事部门负责,省级行政部门协助)
          ↓
转接退役运动员的人事、组织关系
(由省级体育行政部门向市级体育行政部门转接)
          ↓
落实退役运动员安置单位、下达安置通知
(由市级劳动、人事部门负责,市级体育行政部门协助)
          ↓
办理退役运动员就业手续
(由市级体育行政部门、接收单位负责)
```

图 6-1[①]

[①] 陈丽佳.我国退役运动员就业安置的现状与对策[D].中南大学,2013.

2. 运动员自身条件不足

首先,我国缺少对退役运动员创业有指导意义的政策。我国培养运动员,基本上只重视训练和竞技能力,不重视教育和文化水平,运动员对未来职业规划毫无头绪,运动队更是缺乏这方面的教育与引导,相关部门这方面的政策也处于空白状态。

其次,我国缺少对退役运动员创业起支持与帮助作用的政策。在我国体育事业发展中,优秀运动员做出了巨大贡献,所以我们应该从政策上适当照顾退役后选择自主创业的运动员。但现在能够提供这方面支持的政策也处于缺失状态。

退役运动员文化素质水平较低,在自主创业方面缺乏必要的知识储备与技能储备。长期处于封闭训练状态的运动员相对来说很少与外界接触,对于创业工作,也是无从下手。有关专家对创业经营的必备条件进行了总结归纳,包括以下七点。

(1) 概念可行,概念不在新旧,关键要可行,能够不断开发、拓展,有长久性。

(2) 资源充分,除了人、财、物等资源,还要有经验、毅力等财富。

(3) 知识储备丰富,要将理想落实在实际行动上,积极学习,不要一味"画饼"而不去"做饼"。

(4) 掌握基本技能,具体包括行业一般技能、企业经营与管理技能等。

(5) 才智,智商不一定要高,但要能将时机准确把握好,关键时刻做出明智的决定。

(6) 目标体系明确。

(7) 良好的社会关系网,获得他人的帮助和支持,这样能够为创业提供方便。

很多退役运动员都不具备以上条件,再加上多数退役运动员希望从事体育相关领域的工作,所以限制了创业的方向与领域。

第四节 我国退役运动员安置政策研究

一、我国退役运动员安置的主要政策

随着市场经济的不断发展,退役运动员就业途径也在不断改变,以适应市场经济的发展需求。在这种情况下,退役运动员不论选择何种就业道路,政府都应该从社会保障、经济补助、政策优惠等方面给予相应的政策扶持。国家一直以来都非常重视退役运动员安置问题,相继出台了许多辅助政策,为退役运动员的再就业提供了有力的政策保护。下面简要说明自 2002 年以来,国家体育总局、财政部、人事部等部门颁布的关于退役运动员安置的相关政策。

2002 年 9 月,经国务院同意,国家体育总局、中央编办、教育部、财政部、人事部、劳动保障部联合下发《关于进一步做好退役运动员就业安置工作的意见》(简称《意见》)。《意见》中提出鼓励运动员通过市场自主择业;进一步放宽运动员免试上大学的条件;要求积极为退役运动员创造就业岗位,用体育彩票公益金建立的体育场所要优先安置退役运动员;鼓励退役运动员创建体育经济实体或从事个体经营。

2002 年国家体委办公厅下发《关于退役优秀运动员免试进入高等学校学习有关事宜的通知》,规定退役优秀运动员可通过单位推荐、自荐等多种形式进入高校继续深造。

2003 年,人事部、财政部、体育总局签发了《自主择业退役运动员经济补偿办法》,指出经济补偿费由基础安置费、运龄补偿费和成绩奖励三部分组成,由各地人事、财政和体育行政部门根据运动员参加运动队的年限、取得的成绩、本人退役前的工资待遇及当地实际情况共同研究确定经济补偿费,由当地体育行政主管

第六章 我国退役运动员安置的基本情况分析

部门一次性发给。这一年我国还出台了《退役优秀运动员助学金试行办法》,由中华全国体育基金会为取得全日制大学专科、大学本科及以上入学资格的运动员提供退役优秀运动员助学金,以鼓励退役运动员努力学习科学文化知识,提高综合素质,适应退役就业的竞争需要。

2007年,我国发布了《运动员聘用暂行办法》。其中规定,优秀运动员退役时,按规定领取退役费或自主择业经济补偿金。符合规定条件的,可进入高等学校学习。这一年国家体育总局还颁布了《关于进一步做好全国优秀运动员保障工作的意见》,明确指出要充分认识新时期加强优秀运动员保障工作的重要性和紧迫性,加强科学训练和医务监督,做好运动性伤病预防工作;加强文化教育工作,提高运动员的综合素质;做好职业辅导,提高运动员社会竞争能力;完善保障措施,努力构建运动员的分级保障体系;加强组织领导,切实做好优秀运动员的各项保障工作。[1]

2011年体育事业发展"十二五"规划特别强调要进一步做好退役运动员就业安置工作,引导和支持运动员提高综合素质和就业能力,完善运动员自主择业经济补偿标准的动态调整机制,对退役运动员自主创业按规定给予政策性支持。构建和完善运动员职业转换社会扶持体系,帮助运动员顺利实现职业转换。

上述政策文件在一定程度上从教育、就业、社会保障等方面解除了运动员的后顾之忧。目前,我国已经基本建立了符合国情的由国家、社会、行业、地方和个人共同承担、分级负责,多层面全方位的运动员保障体系基本框架,并取得了一定的效果。[2] 总体上,国家针对运动员退役的政策是积极有效的,但部分省市政策实施力度较弱,不能完全满足退役运动员的需要,这就影响了我国退役运动员再就业的整体情况,这需要有关部门加大监管力度,使各项政策真正落到实处,充分发挥政策的保障作用。

---

[1] 陈丽佳.我国退役运动员就业安置的现状与对策[D].中南大学,2013.
[2] 于振峰.新时期我国竞技篮球项目后备人才培养研究[M].北京:北京体育大学出版社,2012.

二、我国退役运动员安置政策变迁的特征分析

在不同的历史时期,我国退役运动员安置政策的侧重点不同,之所以要不断调整安置政策,不断补充与完善政策,主要就是为了对退役运动员进行妥善安置,及时解决退役运动员安置中面临的新问题。围绕这一核心,我国不断更新政策,目前退役运动员安置政策体系已初步形成。下面主要分析我国退役运动员安置政策变迁的方向与主要特点。

(一)适应国家大政方针,通过政策调整来解决新问题

国家的大政方针在不同历史时期呈现出不同的时代特点,我国主要依据国家大政方针的需求与变化来制定与调整退役运动员安置政策,政策变迁与国情和我国体育事业的发展需要相符。在市场经济体制下和社会转型期,我国都对退役运动员安置政策进行了及时的调整,以解决退役运动员安置的新问题。通过不断的调整,退役运动员安置政策不再只强调单一的行政安置方法,逐渐出现多种形式的补偿安置手段,不断强调充分发挥退役运动员自身的主观能动性。

(二)进一步明确政策落实的权责问题,促进政策尽快落实

要落实退役运动员安置政策,就要明确规定有关部门及人员的权责,在基本明确权责后再进一步细分,并对有关安置单位的责任范围、办事流程加以细化,如我国补充了退役运动员安置的分配、上大学资格、就业安置、社会保障等政策,将各级主管部门的实际操作流程进一步予以明确。明确与细分政策落实的权责问题有助于缩短政策落实时间,提高安置效率。

(三)查漏补缺,完善政策体系

随着时代的变迁与社会的发展,我国逐步补充与完善退役运

动员安置政策体系,妥善安置退役运动员就业和维护退役运动员的合法权益是有关部门制定与调整退役运动员安置政策及各单位落实政策的重要立足点。在我国市场经济体制与社会体制双转轨的过程中,主要围绕"一个中心"来完善退役运动员安置政策体系,全面考虑退役运动员的真正需求,不断补充已有政策,逐步完善退役运动员上免试大学、工作分配、医疗金和辅助金等相关措施。政策部门不仅完善现有政策和措施,还及时补充政策体系的缺失部分,先后将退役运动员退役费补偿、自主择业、经济辅助、创业扶持等措施及实施规定纳入政策体系,以充实与完善体系。

(四)扩展安置渠道,提高安置效率

我国退役运动员安置由计划经济时期的"政府包办"形式转变为市场经济体制下的"政府主导、社会参与"形式,即政府与社会共同解决退役运动员安置问题,安置模式的改变使退役运动员安置渠道得到了拓展,我国优秀退役运动员在就业方面有了更多的机会和更充分的自主选择权,退役运动员安置的工作效率也有了明显提升。进入新时期后,退役运动员安置的经济补偿政策,如货币补偿、自主择业补偿等也不断落实,为退役运动员自主择业与创业提供经济扶持和指导服务,帮助退役运动员顺利就业,及早适应新的社会环境。

第五节 影响我国退役运动员安置的主要因素

我国退役运动员安置难主要与下列因素有关。

一、退役运动员安置的法律保障体系不健全

在社会主义市场经济条件下,行政性法规的强制性和权威性随着政府职能的转变而逐渐弱化,国家主要通过法律对各种社会

关系加以规范与约束。我国在计划经济时期出台了很多与退役运动员安置有关的法规和制度,但随着社会主义经济体制的变化和现代社会的发展,有些法规制度已难以适应新的要求。退役运动员就业安置工作本身就很复杂,涉及多个系统与部门,如劳动、人事、体育、编制、公安、财政等,各系统部门之间关系复杂,又缺少互动,所以即使出台了法规制度,落实起来各部门也很难协调好。

我国颁布《体育法》至今已有十多年,这部专门性法律中只有一条和运动员升学、就业相关的规定,其余规定丝毫没有涉及运动员继续教育、职业保障等问题。而且十多年来我国也没有修改《体育法》,这部法律的计划经济色彩很明显,缺少职业化、产业化的考虑,没有前瞻性。总之,我国退役运动员安置缺少法律支持,这方面的现有法律较少,法律体系不够健全。而要通过法律途径来保障退役运动员就业,就要加强法律体系建设,补充与完善现有法律体系,出台退役运动员就业、保险等相关规定,力争以法律手段将各利益主体之间的关系处理好。

二、退役运动员安置的社会保障机制不健全

目前,我国有关退役运动员安置的社会保障机制不够健全,所以未能充分保障退役运动员的权益,甚至在役运动员的权益也没有得到很好的保障。现阶段我国运动员社会保障体系整体而言覆盖面较窄,退役的学生运动员不在保障范围内,而且体育保险的保障范围也不广泛,只有奥运项目的国家队运动员以及一些职业俱乐部的退役运动员在保障范围内,对大部分运动员来说这都是不公平的。运动员社会保障不仅缺乏广度,也缺乏深度,如制定运动员的伤残赔偿标准、补助标准时对竞技体育行业的危险性没有充分考虑,这些标准与其他行业的标准相差无几,竞技体育的特殊性没有从退役运动员保障体系中充分体现出来。而且受经济发展和法制建设滞后的影响,要在短期内彻底解决现行退

役运动员社会保障体系缺乏广度与深度的问题是不可能的。当前我国退役运动员社会保障机制还存在以下问题。

第一,社会保险种类少,很少涉及养老保险和医疗保险。

第二,运动员商业保险意识淡薄。

第三,体育保险险种单一。

第四,还未建立行业性的保障体系。

在新的历史时期,我国必须在保证退役运动员医疗、失业、养老等保险应保尽保的前提下,紧密结合他们的实际情况而加强对相关保险制度尤其是伤残保险制度的进一步建立和完善,改变以往以一次性赔付为主的做法,对于严重到影响运动员终身的伤残情况,要给予终身保障。此外,要继续补充退役运动员失业保险,将退役运动员再次失业后的生活保障标准提高,使退役运动员再次失业后能有一个比较长的就业缓冲期。[1]

三、缺乏专门的退役运动员安置部门

我国退役运动员是由各省市体育局在国家体育总局的统一领导下进行管理的,我国没有专门成立部门来负责退役运动员安置工作,主要由各地体育局的人事部门负责这方面的工作,包括退役运动员就业安置、继续教育、职业培训等。竞技体育行业具有特殊性,运动员每天的训练强度很大,受伤的可能性也比其他行业的工作人员大,运动员只有不断挑战身体极限,不断突破自己,才能取得好的运动成绩,所以在大强度的训练过程中,运动员很可能发生严重的损伤,有些伤残会影响运动员终生,这是运动员为了国家的荣誉而做出的牺牲。运动员退役后,伤残病症伴随着他们的生活,这成为他们适应新的社会环境的心理障碍,如果此时不给予他们保障,对他们不闻不问,漠不关心,就很难保持现有运动队伍的稳定。如果培养后备人才,中国竞技体育靠谁发

---

[1] 于振峰.新时期我国竞技篮球项目后备人才培养研究[M].北京:北京体育大学出版社,2012.

展,我国如何走上体育强国之路?所以,解决退役运动员安置问题事关重大,我国必须成立专门的部门来有序开展这项工作,积极探索多元化的安置路径,完善安置政策,将退役运动员的安置问题妥善处理好,为他们今后的生活提供更多的保障。

四、退役运动员职业培训机制不完善

由于运动员在训期间只重视运动训练,不重视学习文化知识和其他社会技能,所以退役之后就很不容易就业。退役运动员职业培训是适应市场经济需求的解决退役运动员就业问题的有效途径,加强退役运动员职业培训有助于促进退役运动员顺利就业,所以对于这方面的工作,国家必须重视起来。我国出台了一些和退役运动员职业培训有关的文件与规定,如《关于做好全国运动员职业转换过渡期工作的意见》《关于进一步做好全国优秀运动员保障工作的意见》《关于印发〈运动员保障专项资金实施细则〉的通知》等,这些文件对运动员职业培训与辅导做出了不同程度的规定。但我国没有专门的退役运动员职业培训机构,各省市虽然在国家的号召下开始关注退役运动员职业技能培训工作,但也没有成立专门的职业培训机构,而且缺乏对职业培训的宣传,导致退役运动员对参加职业培训的认识不足,不了解体育行业职业技能培训认证项目和项目的具体运作,更不了解其他行业的职业技能培训认证,甚至没有充分认识到职业培训对自己职业生涯和未来生活的重要意义,这些都制约了退役运动员职业培训工作的顺利开展。

我国应鼓励在役运动员在闲暇期间参加有关的职业教育和职业技能培训,获得相应的等级资格证书,从而使其在退役之后可利用所学知识与技能顺利找到工作。国家相关法律法规也应当考虑到运动员的特殊性,制定相应的职业培训政策,促进运动员在役期间的职业培训,同时保障运动员在取得相应资格证书的情况下就业不受歧视。

第七章 我国退役运动员安置与就业的建议与对策

退役运动员的生存与发展状况对我国体育事业与体育产业的振兴具有非常重要的影响。随着国家经济体制改革的深化,体育体制逐渐显现出一些新矛盾、新问题,所以在新形势下结合理论研究与实践经验探索改善我国退役运动员安置现状的有效途径十分紧迫。本章主要研究如何通过健全退役运动员安置制度与政策、完善退役运动员职业教育与培训、开拓多元化就业模式等方式来改善我国退役运动员安置的现状,并借鉴美国和日本在安置退役运动员方面的经验,取他人之长来解决我国退役运动员安置的问题。

第一节 健全退役运动员安置制度与政策

一、健全退役运动员安置制度的建议

我国退役运动员安置制度存在一定的弊端与局限性,需要政府部门加大改革力度,其中涉及的部门主要有财政部门、人事部门、立法部门、社会保障部门、教育部门等,各部门要群策群力,共同推进退役运动员安置制度的改革。此外,我国还应积极对体育强国在安置退役运动员方面的先进经验和成熟做法加以借鉴,取长补短,促进我国退役运动员安置制度体系的完善。

具体而言,健全我国退役运动员安置制度应做好以下几个方面的工作。

(一)建立齐抓共管的领导机制

退役运动员安置不只是体育部门的工作,只靠体育部门是无法顺利开展安置工作的,还需要劳动、社会保障、人事、民政等政府各职能部门充分发挥自身的作用,同时各部门相互沟通、相互协调,使各项安置制度与规定在实践中真正落实。运动员是一个特殊的职业,退役运动员也是一个特殊的群体,除了体育部门外,其他政府部门对这一群体的了解比较少,所以在实际安置工作中基本上不会对其特殊性予以考虑,为了提高各部门安置工作的针对性与实效性,可以建立退役运动员安置联席会议制度,召开联席工作会议,对安置工作进行研究讨论,解决安置过程中的重难点问题。各部门单位要打破自我封闭状态,及时沟通与交流,并积极听取社会各界的建议或意见,在全社会的参与和支持下开展工作。

(二)完善体育保险市场机制

和西方发达国家相比,我国的保险业起步较晚,而且存在保险项目少、覆盖面窄、保险体系不完备等问题。我国体育保险的发展与西方发达国家存在很大的差距,与我国体育事业的发展需求极不相符,也无法满足大量退役运动员的社会保障需求。竞技体育是风险性很大的行业,运动员这一职业本身就很危险,他们在训练和比赛中发生伤残的风险非常高,而且有些伤残直接影响运动员的终身。所以,政府部门应尽快研究与实施体育保险制度,加快立法进程,出台相关法律,进一步明确权利与义务,使体育保险业在法律和政策的保障下健康发展,并逐渐实现常规化、社会化目标,这样能够减轻体育管理部门的负担,为运动员保驾护航,解决运动员的后顾之忧,切实推进我国竞技体育事业的跨越式发展。

（三）健全退役运动员权益保障法律体系

在计划经济时期，很多事情都是由政府采取行政干预手段来协调处理的，但随着市场经济条件下政府职能的转变，有些事情就必须由具体职能部门想方设法处理或采用市场化方式进行解决，政府主要负责研究制定政策并监督政策的执行与落实情况，并有效引导社会经济的市场化进程，提供社会公共服务。因此，计划经济时期形成的指令性安置方式在市场经济时期无法再继续发挥原来的作用。退役运动员的安置工作不能再由政府独揽，而应由体育、人事、社保、公安、财政以及教育等各部门分担任务。在各有关部门共同参与退役运动员安置工作的情况下，只有一部法律或一项制度是无法使这些部门协调一致开展工作的，而是需要一整套法律体系或制度体系来保障退役运动员的再教育、再就业，保障他们依法享有医疗保险、失业保险、养老保险。只有健全法律保障体系，才能彻底消除运动员对自己将来退役后生存与发展的顾虑，使其在役期间完全投入训练和比赛，为国家争取荣誉。

（四）适当放宽退役运动员进入高校深造的准入条件

我国出台了有关退役运动员免试进入高校深造的规定，但主要针对的是在世界级顶尖赛事中取得过辉煌成绩的高水平优秀运动员，而成绩一般或社会影响较小的大部分运动员很难获得免试进入高校的特殊待遇。普通退役运动员常年封闭训练，文化水平十分有限，让他们和其他高三学子一起参加高考是有失公平的，但退役运动员如果不参加高考，没有学历和文凭，没有好的文化水平和职业技能，则很少会有就业的机会。有关部门在开展退役运动员安置工作的过程中必须考虑到这个问题，全面考虑不同类型退役运动员的实际情况与具体需求，对那些运动成绩一般但学习资质良好或有求学欲望的退役运动员要多给予关注，多提供机会，通过降低高考录取分数线等方式来适当放宽退役运动员进入高校求学的准入条件，使退役运动员在学术氛围良好的大学校园继续学习与深造,弥补自己的文化短板,系统学习专业知识与职业技能,为将来就业做好充分的准备。这个问题需要政府与教育部门、高校协调解决,共同研究制定具体政策,并积极落实各项政策。

二、健全退役运动员安置政策的对策

随着社会主义市场经济体制不断深入改革,退役运动员的发展趋势发生了很大的变化,现有的退役运动员安置政策体系已经无法满足实际需求,无法适应体制改革的需要。顺应经济体制的改革而改进退役运动员安置政策体系,加大对退役运动员的保障力度,提升安置政策的层次和效力,将有助于完善退役运动员安置政策,促进安置工作的有序开展。

(一)改进退役运动员安置政策体系结构

改进退役运动员安置政策体系结构需遵循以下几条原则。
(1)解决退役运动员就业难的原则。
(2)解决经济补偿标准的原则。
(3)改革与稳定并重的原则。
在遵循上述原则的基础上对退役运动员安置政策的体系结构进行改进,改进后的政策体系结构如图7-1所示,新的体系能够为退役运动员安置的未来发展提供参考。

(二)改进退役运动员就业政策

我国体育管理部门应从实际情况出发,与其他相关部门相互沟通、合作,共同推进退役运动员就业扶持政策,建立符合我国退役运动员特点和现实需求的就业保障体系,促进退役运动员就业扶持政策的健全与完善,为退役运动员就业提供良好的平台,切实解决退役运动员的就业问题。

第七章 我国退役运动员安置与就业的建议与对策

```
                              ┌─ 加大政府对退役运动员就业
                   政府职能 ───┤  安置政策执行的扶持力度
                              └─ 加强退役运动员安置工作宣
                                 传力度

                              ┌─ 系统内安置（重新制定运动
                              │  员退役留队任职标准）
                 就业扶持政策─┤─ 创业扶持（合理利用创业资金）
                              └─ 职业辅导（由就业服务指导
                                 部门专项组开展）

运动员           自主择业经济补偿    四部分组成：
退役安置 ────── 政策 ──────────── 基础安置费、运龄安置费
政策体系                            成绩安置费、保险安置费

                              ┌─ 特殊保障政策：
                              │  重大伤残医疗补助
                 社会保障政策─┤  特殊困难生活补助
                              ├─ 社会保险政策
                              └─ 商业保险政策

                              ┌─ 高等院校免试
                 文化教育政策─┼─ 出国留学
                              └─ 高等教育资助

                              ┌─ 运动员职业信息交互平台
                 退役运动员体育资 ─┼─ 运动员互动交流平台
                 源网络信息平台    └─ 人才信息库
```

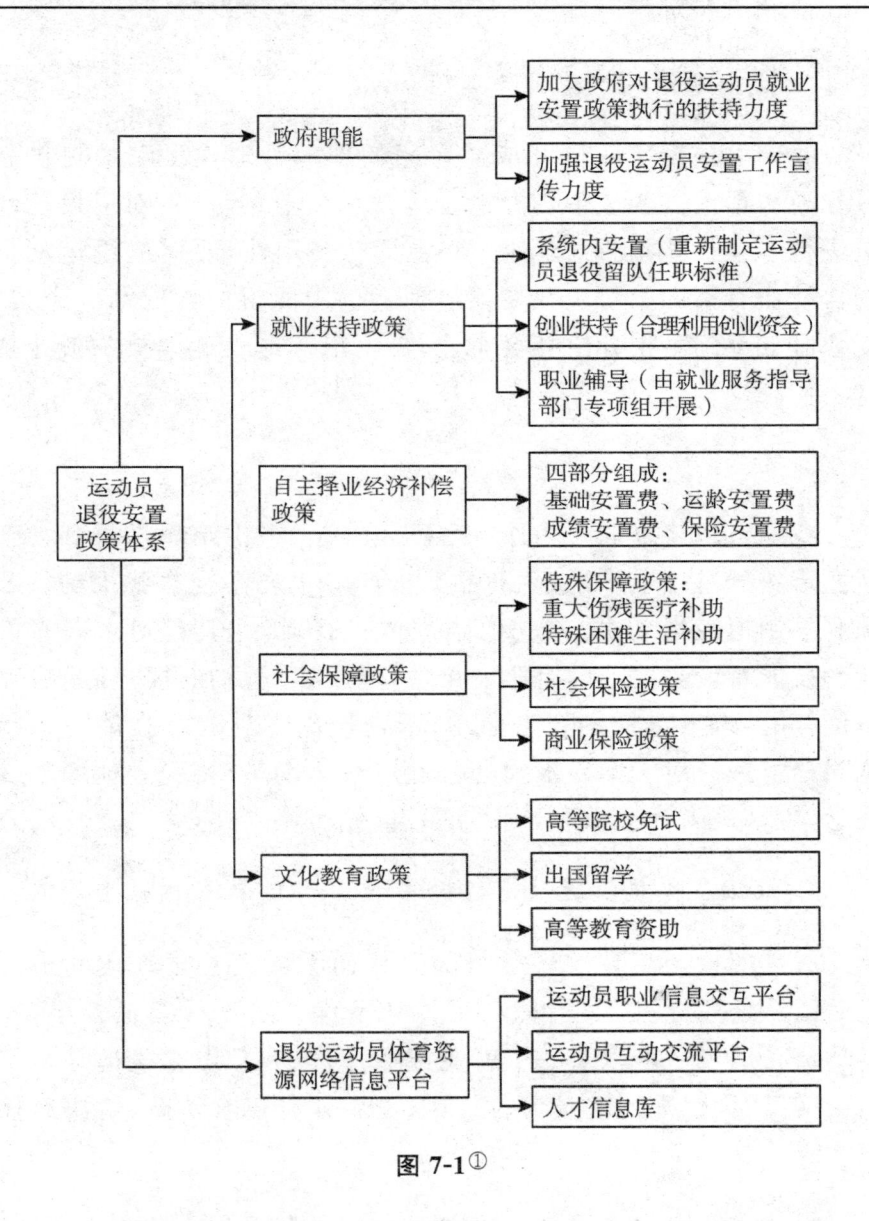

图 7-1[①]

从我国退役运动员的个人情况和整体就业形势来看，要改进退役运动员的就业政策与保障体系，需做好以下工作。

---

① 陈树勋.黑龙江省运动员退役安置政策体系研究[D].哈尔滨工程大学,2017.

1. 成立专门的就业服务部门

我国可根据实际情况成立专门的部门为退役运动员提供就业指导与帮助。各地可创办退役运动员就业培训班，对退役运动员进行专项技能培训，培训内容要具有实用性，要对退役运动员的再就业有帮助。对于在专项培训考试中取得优异成绩的学员，就业服务部门可推荐给社会企业，真正落实退役运动员的就业扶持工作。

2. 积极"推销"退役运动员

我们可以将求职者当作"商品"，在综合考虑市场需求和社会就业形势的基础上来推销"商品"，求职者也要学会自我推销。要顺利推销退役运动员，首先要瞄准体育行业，尤其是对求职者的运动技能有较高要求的企事业单位，退役运动员在这方面是有竞争优势的，进入这样的企事业单位，他们的专项运动技能可以得到充分发挥。对于不易推销的普通退役运动员，要引导他们转变观念，主动进入社会求职，而不是一直被动等待机会。

3. 鼓励优秀退役运动员留队任职

我国应根据体育发展形势的变化而不断完善优秀运动员退役后留队任职标准，适当提高集体项目优秀运动员留任标准，使运动员在退役后可以多一个就业选择，这也能激发在役运动员努力拼搏，成为优秀运动员，这样在退役后就有机会留队，解决就业问题。

4. 制定退役运动员自主择业的优惠政策

对于运动成绩一般的退役运动员来说，自主择业是比较好的就业路径。对于自主转型和自主择业的退役运动员，有关部门应从资金、政策、物质、精神等方面多给予支持、鼓励与帮助，使他们在自谋出路的过程中能够顺利度过难关。具体来说，政府可以从

第七章 我国退役运动员安置与就业的建议与对策

以下几方面的政策着手进行扶持。

(1)制定货币补偿标准,拓宽就业渠道

在贯彻"效率与公平相结合"原则的基础上制定货币补偿标准,对于不同的退役运动员,补偿标准不同,具体要依据运动员在役期间的运动成绩、为国家体育事业发展所做出贡献的大小而定。这样也能激励在役运动员多出成绩,为国争光。

(2)发放小额担保贷款政策

有自主创业想法的退役运动员普遍面临的一个问题是缺少创业资金,创业资金是创业的首要条件,如果资金不到位,运动员便难以有实质性的创业举动,无法开展后面的工作。对此,金融机构可为创业资质好、信誉好的自主创业者发放小额担保贷款,使他们获得启动资金后真正投入到创业中,这也能鞭策他们为社会做贡献。

(3)制定退役运动员自主创业的税收优惠政策

为帮助和鼓励优秀退役运动员自主创业,从事个体经营,有关部门应制定适宜的税收优惠政策,优惠标准可视经营项目的具体情况而定,这也能够在一定程度上为自主创业的退役运动员承担一部分风险,减轻他们的创业压力。

(三)改进退役运动员社会保障政策

1. 完善社会保险政策

各类社会保险是社会保障政策的关键因素,社会保险能够保障运动员的合法权益,消除退役运动员的顾虑。保障运动员医疗保险、工伤保险,建立完善的养老保险都是顺应时代的发展要求。现阶段,我国各地的运动员社会保险大都只对在役运动员予以保障,运动员退役后,随着聘用合同或编制的解除,相应也就解除了运动员的医疗、工伤以及养老保险。为切实保护退役运动员的利益,应根据不同运动项目的特点、对抗性,针对退役运动员制定与普通医疗保险、工伤保险、养老保险等相区别的社会保险政策,使这些政策贯穿于整个竞技体育进程中。

目前,我国运动员社会保险资金来源有限,没有顾及退役运动员的社会保险保障,因此,需要尽快提出退役运动员的社会保障措施,制定适用于退役运动员的医疗、工伤、养老以及失业保险政策,解除退役运动员的后顾之忧。有关部门应与中华体育基金会做好沟通,针对退役运动员,在退役后一段时间内仍可继续为其参保伤残互助保险,增加对退役运动员的保障力度。另外,体育管理部门应与社会保障部门及时沟通,力争将运动员伤病纳入工伤"职业病"标准范畴,针对旧伤复发情况可以继续治疗,有效解决退役运动员伤病治疗问题。

2. 推进商业保险政策

很多竞技体育项目对抗性高、危险性高,运动员容易发生伤病,甚至会有生命危险。在社会保险不完善的情况下,发展商业保险显得至关重要。运动员是一类特殊群体,有关部门应与保险公司共同研究制定针对运动员伤病治疗康复的商业保险,鼓励退役运动员及时购买商业保险,并由政府和个人同时分担不同的比例。具体可以通过彩票公益金等筹集资金,节省财政开支,同时还能解决退役运动员因旧伤复发而出现的一些问题,为退役运动员的日后生活提供强有力的保障。随着社会的不断发展,大众对保险逐渐有了正确的认识,退役运动员为了保障自己的健康安全以及生活需要,购买商业保险的积极性会不断提高,保险公司应定期展开市场调查,加大资金投入力度,推出更多适合退役运动员实际情况、能够为退役运动员提供更多保障的商业保险。

(四)改进退役运动员文化教育政策

针对退役运动员文化水平低下的问题,应制定合理的退役运动员文化教育政策,进一步推进"体教结合"的人才培养模式。近年来,一些体校逐渐认识到了文化课教学的重要性,因此采取运动员教训相结合的培养模式,聘请优秀教师对运动员进行文化教学,使运动员将训练与学习文化知识紧密结合起来。借着这一趋势,体育部门应当与教育部门沟通协作,并与高等院校共同研究制定对退役运动员的录取标准,针对成绩优异的退役运动员,降低入学门槛。另外,在各类高校的体育院系设置满足市场需求的、社会化程度较高的相关专业,将竞技体育与教育体制有机结合起来,促进教育资源的优化配置,从而提高运动员的文化水平,促进优秀运动队可持续发展,并从文化教育角度解决退役运动员的就业安置问题。

随着市场经济的不断发展,退役运动员选择继续深造,提高文化程度已成为就业安置的主要趋势之一。退役运动员继续深造对于社会和个人都是有利的,如减轻就业压力、维护社会安定和谐、提升综合文化素质,为就业打好基础等。因此,对于优秀的退役运动员,可为其创造出国留学的良好条件,使其走出去开阔视野,学习文化知识,提高职业技能,为未来的职业生涯规划打好基础。教育部门可通过公派等方式为优秀退役运动员提供出国留学机会,为国家培养具备国际视野和国际竞争力的高水平、高素质优秀体育人才,使其回国后能够继续为社会发展和体育事业的宏伟发展做贡献。

第二节 完善退役运动员职业教育与培训

当前,制约我国退役运动员就业安置的因素有很多,退役运动员本身文化水平不高和缺乏职业技能是非常重要的影响因素之一。为突破这一瓶颈,要努力提高退役运动员的文化水平和职业技能素养。从职业教育的内涵、目标、前景及国外实施职业教育的成功经验来看,只要方法对路、措施得力,实施职业教育和加强职业技能培训是现阶段解决我国退役运动员就业安置问题的"良方"。实施以就业为目标指向的职业教育和职业技能培训对于文化层次不高、缺乏谋生技能的退役运动员而言无疑是让他们走出就业困境的"灵药"。职业教育和职业技能培训与传统安置措施相比是一种"标本兼治""授人以渔"的安置方式,能使运动员获得一技之长,更好地在社会上立足。

一、退役运动员职业教育发展对策

(一)正确认识职业教育,转变退役运动员就业安置观念

我国退役运动员就业安置的发展经历了一个从政府包分配到自主选择的过程,安置方式的转变使退役运动员没有思想准备,再加上缺乏正确认识和文化水平,导致退役运动员就业难度增加。对此,对退役运动员进行职业教育非常必要,这是解决退役运动员就业难题的重要路径。职业教育不是低层次教育,是我国教育体系的重要组成部分,是我国国民经济和社会发展的重要基础;是实施科教兴国战略、促进经济社会可持续发展、促进就业和再就业、解决"三农"问题的重要举措。进入新世纪后我国开展了几次职业教育工作会议,并出台了一系列与职业教育发展有关的政策,这更是彰显了职业教育的重要战略地位。但尽管国家体育总局等六部委联合下发的《关于进一步做好退役运动员就业安置工作的意见》指出要"建立退役运动员就业培训制度,加强对运动员的职业技术培训",国家体育总局与教育部联合颁发的《关于进一步推动体育职业教育改革与发展的意见》也强调职业教育对于退役运动员再就业的重要意义,体育部门中仍有部分管理者对职业教育认识不足和不重视职业教育。因此,对退役运动员实施职业教育,首先要使体育部门管理者及运动员正确认识职业教育,退役运动员必须转变就业安置观念,改变重学历、轻技能的陈腐观念,树立新的求学观、择业观和成才观。

(二)完善立法保障

国家体育总局在《关于进一步做好退役运动员就业安置工作

第七章 我国退役运动员安置与就业的建议与对策

的意见》中提出要"建立退役运动员就业培训制度,加强对运动员的职业技术培训",并要求"有关院校和培训机构要积极支持退役运动员的职业技术培训工作;各级教育、劳动保障部门对于体育部门举办的职业技术培训要给予积极支持"。但只有体育部门的政策还不足以促进退役运动员职业教育的全面实施,因为其中还涉及经费投入与使用、入学与培训、实习与工作等环节,所以需要各相关部门的政策支持,需要有关部门针对退役运动员的职业教育完善法律,将这些法律与《职业教育法》配套实施,从而协调各方面、各环节的关系,使退役运动员的职业教育得到法律保障。

(三)加强职业教育基础建设

退役运动员职业教育是一项复杂的系统工程,要顺利开展这项工程,首先要加强职业教育的基础建设,这是非常关键的一环。退役运动员职业教育基础建设应从以下几方面着手。

首先,成立退役运动员职业教育管理机构,该机构主要负责政策宣传与落实、经费收支、信息反馈等日常管理工作。

其次,建立和完善开放灵活的退役运动员职业教育网络,各地在合理规划布局、充分利用本地优势资源的基础上成立相应的职业教育机构和运动员职业教育人才培养示范基地或职业教育实训基地。有关部门可与当地的职业院校、职业培训机构合作建立基地,也可以专门成立面向运动员的体育职业技术学院。

再次,与时俱进地推进退役运动员职业教育工程,实现一系列积极转变,如由全日制学校单一教学主体向校队、校企合作与职前、职后结合办学转变;由重理论知识系统学习向重就业技能和应用能力转变;由单一课堂教学向课堂教学+实训基地转变;由重理论知识考试、学科标准向重就业能力、校内评价与社会评价一致性转变;由单一学历证书向学历+职业资格"双证书"转变,等等。[①]

---

① 卢志成,郭惠平,李斌琴.我国退役运动员就业安置困境及对其加强职业教育应对策略分析[J].南京体育学院学报(社会科学版),2009,23(03).

最后,密切关注人才市场信息,根据用人单位的个性化需求进行职业培训,在条件允许的情况下可尝试"订单式"职业教育模式,提高退役运动员在接受职业教育后就业的成功率。

各地从以上几方面做好退役运动员职业教育基础建设的同时,还要做好退役运动员职业教育的示范性工作,针对退役运动员重点建设若干职业教育示范性基地,旨在引领退役运动员自觉接受职业教育,并在办学理念、办学方向上引领全国的退役运动员职业教育机构通过推行"体—教—企"结合的方式,探索退役运动员职业教育的科学模式,发挥示范基地的带动作用和辐射功能,带动全国退役运动员职业教育的快速发展。

(四)立足社会需求,积极融入地方职业教育体系

各地劳动力市场是广大退役运动员就业安置的主方向,因此各地必须从本地劳动力市场的需求和本地就业形势出发来实施退役运动员职业教育,合理安排职业教育的内容。近年来,随着我国职业教育的不断发展,为提高广大农民、一线工人的生产技能,培养适应社会发展需求的人才,各地积极探索职业教育的科学路径,并构建了多元化的职业教育模式,如"校企合作、工学结合、改革试验区"的"天津模式";"服务'三农'、注重培训、导向就业"的"四川做法";"体制创新、特色发展、政府作为"的"浙江道路";"职教集团、专业品牌、三个第一"的"河南现象"等,这些都是我国具有代表性和影响力较大的职业教育模式。[①] 各地针对退役运动员实施职业教育的过程中可参考这些模式,将退役运动员职业教育融入这些有地方特色的职业教育体系中,从而有效拓展退役运动员的就业安置渠道。

(五)重视非体育职业教育

国家体育总局、教育部《关于进一步推动体育职业教育改革

---

① 卢志成,郭惠平,李斌琴.我国退役运动员就业安置困境及对其加强职业教育应对策略分析[J].南京体育学院学报(社会科学版),2009,23(03).

与发展的意见》中指出,"发展体育职业教育是解决退役运动员再就业问题的重要途径"。这有力地指引着我国退役运动员职业教育的实施,但从当前我国退役运动员就业安置的情况来看,退役运动员在体育行业内的就业空间是比较有限的。因此,有必要拓展运动员职业教育的范围,将体育职业技术教育与非体育职业技术教育有机结合起来,从而促进退役运动员就业空间的扩展和就业渠道的增加。在非体育职业教育过程中,可从运动员的兴趣和个体需求出发选择教育内容,做到有的放矢。

(六)将职业教育纳入运动员社会保障机制

优秀运动员社会保障的内容主要涉及退役就业安置、各种保险、福利待遇(比赛奖金与津贴)等。但因为种种原因的制约,现阶段我国优秀运动员的社会保障机制还不够完善,如保险机制不完善,运动员如果发生意外,其所获的保险金微不足道,不足以保障其日后的生活;比赛奖金与津贴等福利待遇与运动成绩挂钩,且大多数情况下都是一次性发放比赛奖金,基本上与运动员的退役就业安置不挂钩。

针对我国运动员社会保障机制不完善的问题,有关部门有必要将职业教育纳入运动员社会保障机制。具体措施包括增设运动员职业教育保险及建立运动员职业教育基金。购买职业教育保险所需资金由各级政府筹措,职业教育基金的资金可通过对运动员比赛奖金的二次分配、调节来筹集,或将职业教育险作为奖励。

(七)与其他教育类型互补,将退役岗前培训和就业安置结合起来

目前,我国的教育大致可分为基础教育、职业教育、成人教育与高等教育等几种类型。从长远看,实施职业教育是推动退役运动员再就业的有效途径,但在开展职业教育的过程中,还要与其他几种教育类型有机结合,互补配套,相得益彰。基础教育是提高民族素质的奠基工程,是实施各类教育的基础;成人教育是传

统学校教育向终生教育发展的一种新型教育制度,具有提高全民族素质、促进经济和社会发展的重要作用;高等教育有助于培养高级专门人才、促进科技文化发展和现代化建设。尽管我国对退役运动员实施职业教育是为了使其获得职业技能,顺利就业,但职业教育也需要基础教育的奠基、成人教育的补充,从而不断提高退役运动员的综合素质,使其更好地适应劳动力市场的需求。同时,在职业教育之外,也可通过高等教育或"体教结合"的教育形式,将一部分退役运动员培养成高级专门人才。总之,只有将各种教育类型有机结合起来,协调实施,才能形成退役运动员就业安置的合力,使我国退役运动员就业安置难的问题从根本上得到解决。

二、加强退役运动员的多层次职业培训

(一)掌握多层次培训方式

第一,广泛利用现代教育技术,利用大数据、云计划、慕课、移动、虚拟现实等信息技术开展网络培训。加强对各种优质培训资源的挖掘与整合,构建网络教育平台,使退役运动员可以从自身实际情况出发选择适合自己的网络学习方式。

第二,将多方资源充分整合,促进家庭—院校—企业—社会通力合作。不同类别、不同层次的退役运动员有不同的学习需求,面对不同退役运动员的多样化、多层化培训需求,单靠几所学校或几家培训机构的力量是难以满足的,因此必须统筹社会资源,进一步深化校企合作模式,将职业技能培训与就业紧密结合起来,实施"求职—培训获证—上岗就业"的一体化模式,深化创新"定单""定向""储备""委培"等方式,加强职业教育技能培训与就业市场和用人单位的对接,按人才市场的实际需求量培训。

第三,加大职业技能培训力度,做到课内与课外相结合、校内与校外相结合,使退役运动员在职业技能培训实践中观察优秀职

业技术人员的职业技能展示,鼓励退役运动员多参与职业技能比赛,到实地见习,在优秀行业楷模的指导下掌握一定的上岗技能,在实践中获得锻炼,提高工作能力。

(二)盘活优质资源

退役运动员的职业技能培训主要涉及如下优质资源。

第一,各类职业院校和办学资质良好的社会培训机构的优秀师资队伍和科研团队,这些队伍的执教与科研水平直接影响职业技能培训的质量。

第二,职业培训的教材与课程内容,社会对就业者的知识与技能要求要从这类资源中充分体现出来,具有针对性的培训教材与丰富实用的课程内容能够使不同类型和不同层次退役运动员的需求得到充分满足。

第三,职业技术学校和培训机构的教学设施条件,包括教学基地、教学设备条件以及学员实习单位的条件。

在退役运动员职业技能培训中要盘活上述几类优质资源,需要政府部门发挥主导作用,组织协调体育系统、教育系统、社会培训机构和企事业单位的相互沟通与合作,促进资源共享,加强优势互补,以"合作"实现"多赢",有力推动退役运动员职业培训的可持续发展,提高退役运动员的职业技术水平。

(三)加强文化教育,完善职教、普教升学机制

运动员的成长成才离不开文化教育,文化知识储备少、文化水平低的运动员退役后的生存与就业空间比较狭窄。对于专业运动员来说,运动生涯毕竟是短暂的,而学习文化知识是要终生坚持的习惯,文化知识会伴随人的一生,在不同的人生阶段发挥重要作用。在九年义务教育阶段,青少年体育后备人才的运动训练具有业余性,他们的主要任务还是学习文化知识。文化教育对于任何层次的运动员来说都是必不可少的。对此,我们要努力构建与完善从义务教育到中高等教育,从职教、成教到普教的教学

与升学机制,使不同类型和不同阶段的教育上下衔接、左右贯通。在这个过程中,要特别注意针对运动员群体的特殊性而灵活调整教学制度,如可以从运动员的实际情况出发采取"长学制""学分制"及"弹性学制"等制度,教学形式可采取自学、插班、补课、教师随队辅导等,从而使运动员的文化学习时间、质量得到充分的保障。

此外,要尽可能为部分优秀运动员打通从小学—中学—大学—研究生的"一条龙"文化教育渠道,并通过单招或特招等形式使普通运动员进入普通高等院校或高职院校,使其接受普通高等教育或学习职业技术。总之,要打通教育渠道,采用多种教育方式使尽可能多的运动员进入高校学习深造,获得高等学历,提高其文化水平或职业技能水平,解决退役后的就业问题,使退役运动员都能够在不同的就业岗位上发光发亮,为社会发展做贡献。

(四)完善相关法律制度

国家法律法规对退役运动员职业技能教育与培训起到重要的保障作用。国家已经针对专业运动员职业技能教育与培训制定了一系列法律法规和相关政策,如《关于〈运动员聘用暂行办法〉的通知》《关于做好运动员职业转换过渡期工作的意见》《关于进一步做好全国优秀运动员保障工作的意见》《自主择业退役运动员经济补偿办法》《关于进一步做好退役运动员安置工作的意见》《关于进一步推动体育职业教育改革与发展的意见》等。[1] 在推动运动员及退役运动员职业教育实施、加强职业技能培训以及解决退役运动员就业安置问题等方面,这些法律法规与政策起到了重要的促进作用,但因为这些法律与政策并没有完全落实,所以导致只有少数运动员或退役运动员受益,退役运动员就业安置依然存在很多问题,依然有很多退役运动员的就业问题没有得到解决。

---

[1] 李华.我国退役运动员职业培训多层次化的实践探索[J].体育世界(学术版),2016(06).

第七章 我国退役运动员安置与就业的建议与对策

随着新时期市场经济的发展和社会环境的不断变化,社会对各个工作岗位及岗位工作人员的要求愈来愈高,因此必须加强对运动员的文化教育、职业教育及职业培训,提高他们的综合素质和职业技能水平,这就要求加快制定配套法律,建立健全法规体系与运动员职业教育保障体系,为运动员职业技能培训提供法律保障,使其获得一定的职业资格,为就业做好准备。同时还应针对运动员群体的特殊性(意外伤害多发、就业能力单一和生活保障薄弱)制定具有针对性的社会保障法律,切实保护运动员的基本权利和合法权益,为此具体应做好以下几方面的工作。

首先,加强体育行业的职业约束,行政职能部门要引导体育职业培训机构设立培训协会,使协会在各种行为规范以及同业行为的自律方面发挥作用,成为政府监管的助手。

其次,加强退役运动员自身的自我约束。退役运动员在参与职业技能培训的过程中,其自身主动参与和自我约束是获得知识与技能的关键因素,如果运动员缺乏主动进取和自励自律的意识,再高水平的培训最终也不会有好效果。

最后,合理制定评估标准、奖励标准和处罚标准,促进退役运动员职业培训质量的提高。

第三节 开拓多元化就业模式

一、鼓励退役运动员进入高校深造

进入高校学习与深造是运动员生存和发展的必然要求。从短期来看,运动员上大学要付出一定的时间、精力和经费,而且也不可能立刻取得明显的效果。但从长远发展来看,运动员退役后总要面临就业安置的问题,而上大学就是一条重要出路,这是退役运动员安置的一个主要方向。但鼓励运动员上大学首先要使运动员明确上大学是为了什么，要使其对学历、学识及其与未来就业的关系有正确的理解。很多运动员为了拿到学历而上大学，行动上也没有表现出一个求知者应有的积极性，那么大学教育对运动员而言就只是一种形式上的经历，运动员没有真正享受和体验教育本身的内涵。运动员上大学不仅要获得文凭，更要获得知识，这样才可能找到好的工作，不被社会淘汰。为了进一步落实国家对退役运动员的安置政策，鼓励运动员上大学，解决退役运动员上大学的困难，应从以下几方面努力。

首先，可以适当放宽退役运动员上大学的标准。运动员在役期间将大部分时间都花费在训练、比赛上，文化学习时间非常少，考虑到这一特殊性，可适当降低退役运动员进入大学学习深造的门槛。可以将退役运动员的高考成绩、技术等级水平等同时作为衡量其能否上大学的指标，适当放宽入学标准，但要实行宽进严出，对毕业标准严格把关，保证对退役运动员的教育质量。

其次，从经费上帮助与扶持退役运动员上大学。运动员在训期间工资标准较低，退役后上大学面临各种费用开支，基于对退役运动员生活的保障，国家应给予一定的经济资助。有的运动队按在队期间的工资标准补助，直到运动员毕业。

最后，对于退役运动员上大学的时间可进行弹性化安排。普通大学生四年时间读完本科是比较轻松的，但退役运动员进入大学时的文化基础要比一般的新生差，他们可以凭借自己的特长在高校运动队立足，却难以顺利完成文化课学习和考试任务。所以可以适当放宽退役运动员完成学业的时间标准，使运动员在校期间仍然能保持良好的运动水平，延长运动生命，学习与训练两不误。

二、成立信息管理系统，搭建信息交流平台

21世纪网络无处不在，不同领域的人借助互联网平台而相互了解、相互合作、资源共享、共同发展。我国在发展体育事业方

面,要充分发挥信息化建设的重要作用,从多个渠道获取信息资源,对体育信息资源进行有机整合,提高信息服务水平,全面推进体育信息化建设。加强对体育资源网络信息平台的搭建,使有关单位及人员都能共同享有体育信息资源,为体育行政管理实现信息化服务提供便利,提高体育管理效率。在体育信息化建设过程中成立运动员信息管理系统,对运动员的信息资料加以整合,从而为运动员个人档案的建立提供便利,可以将运动员的专项信息(运动专项、运动成绩等)、退役后的求职信息(求职意向)等都归入运动员个人档案中,以便根据运动员的实际情况进行就业安置。

具体来说,成立运动员信息管理系统的意义主要体现为以下几个方面。

首先,为运动员提供交流平台,退役运动员仍可登陆系统与其他运动员进行交流。

其次,为用人单位了解运动员的个人情况而提供便利,使用人单位更加快速地锁定符合单位要求的目标人群。

再次,运动员可通过信息网渠道对用人单位的招聘要求加以了解,及早做好就业准备和职业规划,有针对性地学习专业文化知识与职业技能。

最后,有助于体育行政部门为运动员搭建就业的桥梁,如与人事部门合作组织体育专场招聘会,为退役运动员提供求职渠道,使其顺利找到适合自己的岗位。

三、以市场为向导,拓展就业渠道

对于体育产业市场创造的就业机会,用人单位要将退役运动员作为优先选用的对象,引导并支持他们从事体育事业相关工作。《中华人民共和国体育法》规定地方各级人民政府和有关部门要高度重视退役运动员的就业安置工作,充分发挥政府的主导作用,研究制定退役运动员就业安置工作的优惠政策,建立进出畅通机制；要根据本地实际情况对退役运动员就业安置政策和办法不断加以完善，在社会主义市场经济体制下积极探索退役运动员就业安置的新路径，拓展退役运动员就业渠道，如鼓励退役运动员自主创业，地方政府给予资金与政策扶持，金融机构适当为其降低贷款门槛，相关职能部门从优惠政策上提供支持与帮助等。国家各级体育主管部门应尽快建立退役运动员再就业网站，面向社会开展内容丰富、形式多样的专场职业推介活动，使退役运动员与用人单位之间的信息渠道保持畅通。[①] 具体来说，应从以下几方面拓展退役运动员就业渠道。

首先，鼓励优秀运动员退役后留队担任教练员。很多运动员都比较愿意留队任教，但不是所有的运动员退役后都能胜任教练员一职，教练员不仅要有高水平的运动技能，还要有管理方面的才能，同时要具备一定的文化知识，而且现在教练员不仅要面临运动队训练和管理等问题，还要主动融入与适应不断变化的社会环境，满足社会发展的需求。

其次，退役运动员可从事行政工作。邓亚萍就是退役后从事行政工作的代表人物。退役之后邓亚萍深知再就业的困难，站在这一角度之上其提出了《关于切实采取措施，做好退役运动员安置工作的建议》的提案，使退役运动员安置问题引起国家的进一步重视。

最后，鼓励退役运动员到基层发挥自己的特长与作用。随着人民物质生活水平的提高，人们对健康有了很高的需求，全民健身也因此而得到快速发展，但大众在日常锻炼中缺乏专业技能水平高的辅导员，这直接影响了大众健身效果。如果退役运动员可以到社区、基层担任指导员工作，加入社会体育指导员队伍，则既能解决就业问题，又能为全民健身事业的发展及全民健康做出贡献。

随着时代的发展与社会的进步，退役运动员的就业方向也发

---

① 陈丽佳.我国退役运动员就业安置的现状与对策[D].中南大学,2013.

生了很大的变化,政府安置已经退出主导地位,退役运动员安置方式呈现出多元化趋势。有关部门针对退役运动员制定就业安置政策和安置方案时应考虑社会环境的变化和人才市场的需求,做到与时俱进。与此同时退役运动员也要主动学习,放眼未来,在学习与实践中对自己进行职业定位,找到自己喜欢和适合自己的岗位。

第四节 他山之石——如何借鉴国外相关成功经验

一、借鉴美国退役运动员安置经验

(一)美国退役运动员安置经验

美国在退役运动员安置方面没有政府安置这种方式,退役运动员根据自身兴趣、特长及市场需要而完成职业变迁,即使没有专门政府机构的管理,没有专项资金的扶持,退役运动员也能自行完成职业变迁。美国有职业运动员和业余运动员。大部分职业运动员以俱乐部为依托而具有一定的市场价值,薪资待遇可观,即使退役后也有物质保障,可以维持正常生活,因而有很长的时间为自己的将来做打算。而且俱乐部的职业运动员有较高的社会认知度,即使结束了运动生涯,也能很快适应社会,重新在新的领域展开自己的新生活。而业余运动员大多都有自己的本职工作,他们做运动员以满足兴趣爱好和实现体育梦想为主,而不是将此作为谋生手段。美国退役运动员只要按时缴纳保费,就能基本维持正常生活。而且美国的社会保障制度较为健全,即使一时找不到工作的退役运动员在短时间内也不存在生存危机。美国运动员退役后一般都能及时完成角色转换,快速融入社会。

美国退役运动员安置经验大概总结为以下两点。

第一,美国教育理念先进、教育机制完善,因而运动员的文化知识储备丰富,社会生存技能较高。美国的教育制度非常严格,"因体废教"的现象基本不存在,运动员综合素质较高,"一专多能"的运动员非常多。美国中小学的学生以学习为主,主要利用课余时间参与运动,大学生运动员也是边学习边训练,没有因为训练而荒废学业。

第二,美国的社会保障制度较为完善,各类保险比较齐全,98%的人群被社会保险体系覆盖,而且社会福利、社会救济等也是社会保障体系的重要组成部分,这为退役运动员的生活提供了非常重要的物质保障。

(二)对美国退役运动员安置经验的借鉴

我国教育与体育部门可以借鉴美国完善而严格的教育制度以及体育人才培养模式,面向学校体育特长生、体校和专业队的运动员进行具有针对性的教育规划,以促进其文化知识水平的提高和其他技能的形成,为其退役后顺利就业和适应社会环境打好基础,改变过度依赖政府的现状。

此外,社会保障制度与退役运动员的个人利益有直接的关系,我国应根据财政实力逐步健全社会保障制度和完善社会保险体系。

二、借鉴日本退役运动员安置的成功经验

(一)日本退役运动员安置经验

日本政府也没有专门成立部门来管理退役运动员安置工作,除少数优秀退役运动员留队担任教练员外,其余运动员退役后基本都是自主择业或自主创业,这是他们的主要就业方向。

日本政府在运动员训练、学习、生活及福利待遇方面很少有特殊照顾,培养方式与西方国家非常接近。学生运动员的训练经

第七章　我国退役运动员安置与就业的建议与对策

费、各种杂费完全由家长承担，即使成为顶尖运动员，政府也不给予补贴和奖励，运动员要通过比赛拉到的企业赞助才能获得收入。一个家庭要培养一位优秀的运动员，要消耗大量的物力和财力，即使这样，也有许多家庭甘愿承担压力让孩子进入体育领域，培养运动员。原因除了让孩子出人头地、赢得荣誉和奖金外，主要还有两点：一是日本多数运动员都能完成学校教育课程，文化基础和社会生存技能比较扎实，退役后有能力在社会上立足；二是日本的社会保障制度相对健全，保障退役运动员的基本生活是没有问题的。

日本退役运动员安置经验可以总结为以下两点。

第一，良好的教育体系保证了运动员能够学到基本知识，掌握一定的技能，为他们未来走向社会奠定了良好的基础。日本中小学生可根据自身需要和兴趣加入不同的课外活动小组，但前提是先完成每天的课程，不能挤占文化学习时间。

第二，高额的社会保险投入解决了退役运动员的基本生活问题，运动员没有后顾之忧。日本在国民社会保障方面投入比重较大，运动员退役后基本可以自食其力。

(二)对日本退役运动员安置经验的借鉴

我国培养竞技体育后备人才，在财政、人力资源配置方面有政策倾斜，在训练、学习、生活及福利待遇方面给予特殊关照，目的是激励他们多出成绩。此举虽然有利于提高竞技体育水平，但也有弊端，如运动员为一直享受"特殊关照"，将全部精力用来训练，文化学习时间缩减，长此以往，思想上就会不重视学习文化知识，这不利于我国培养高素质的竞技体育人才。因此，我国可适当借鉴日本的成功经验，鼓励运动员完成各个阶段的教育课程，使其有一定的知识储备和一技之长，同时政府再不断完善退役运动员补偿政策，加大对运动员的社会保障力度，那么运动员退役后面对"第二次择业"就不会像现在这样排斥，因为他们自身素质过硬，社会保障有力，能够迅速融入社会环境，适应新的工作与生活。

第八章 我国优秀退役运动员安置研究——以江苏省为例

江苏省既是经济强省,也是体育强省,江苏省退役运动员安置工作理应走在全国前列,为其他各省提供可借鉴之处,充分引导其他各省退役运动员安置工作的有序开展。本章主要从江苏省优秀退役运动员的就业安置现状入手,分析江苏省优秀退役运动员就业安置存在的主要问题,研究江苏省针对优秀退役运动员建立的保障政策及政策实施情况,最后提出江苏省优秀退役运动员安置的对策,从而为江苏省解决优秀退役运动员的安置问题提供参考,并为推进全国优秀退役运动员的就业安置工作提供借鉴。

第一节 江苏省优秀退役运动员就业安置现状与问题

一、江苏省优秀退役运动员就业安置现状

王俪燕在《江苏省退役运动员就业管理模式与效果研究》一文中对近年来江苏省的138名优秀退役运动员进行了调查,接受调查的这些优秀退役运动员中,有101人接受继续教育,有23人已就业,另外14人还处于待业状态。近年来江苏省优秀退役运动员的就业比例(包括继续教育)较之前有了提升,可见江苏省各级政府十分重视退役运动员的就业问题,而且政府出台的政策、

第八章 我国优秀退役运动员安置研究——以江苏省为例

措施也取得了实际效果。但少数处于待业状态的退役运动员依然反映出江苏省优秀退役运动员的就业状况整体有待改善,有关部门要重视待业群体,帮助他们解决就业问题。下面具体分析对江苏省优秀退役运动员继续教育、就业及待业的调查。

(一)接受继续教育情况

退役运动员接受继续教育指的是运动员退役后通过各种途径进入高校或中等技术学院学习专业课程,提高自己的文化素质和专业素质,从而使自身在社会中具有一定的竞争力。从学历角度来看,接受继续教育的 101 名优秀退役运动员中,大部分读的是本科,读专科和攻读硕士的只有少数;从这些优秀退役运动员所读的专业来看,选择体育专业的占多数,其余少数人选择的专业主要涉及文科、法律、传媒、城市管理等。可见体育相关专业是很多优秀退役运动员的第一选择。和文科、理工科等专业相比,体育专业对学生文化基础的要求较低,所以文化基础一般的退役运动员大多会选择体育专业,而且他们在役期间长年参加训练和比赛,所学的体育知识、积累的实践经验有利于他们更好地掌握体育专业知识,完成学习任务。选择非体育专业的少数优秀退役运动员考虑到自己今后想要在其他行业找工作,所以选择了比较热门或自己感兴趣的其他专业。非体育专业对学生的文化基础有比较高的要求,退役运动员在役期间所学的体育知识和积累的运动经验基本和他们选择的非体育专业没有太大的关系,所以进入学校后要从头开始学,这对于文化基础水平不高的退役运动员来说难度是比较大的。有些退役运动员只追求热门专业,不考虑自己的兴趣与文化基础,所以在学习过程中非常吃力,而且学习成绩也不理想,这对毕业后的就业是有影响的。

优秀退役运动员在训期间每天要完成大量的训练任务,基本没有时间学习文化知识,时间长了,他们渐渐就从思想上不重视学习文化知识,学习态度淡漠,而且认为只要多训练,多出成绩,以后就能凭借自己获得的奖牌与荣誉而找到好工作。错误的思想观念使一些优秀运动员在退役后只为了获得文凭而选择继续教育,他们本身对学习的兴趣很低,没有意识到社会对知识、对人才的需求,没有认识到只有不断学习,不断充实自己,不断用知识与技能武装自己,才能在充满激烈竞争的社会中脱颖而出,在就业岗位上成为佼佼者。正因为一部分优秀退役运动员存在认识上的偏差,所以他们即使进入大学学习,也因为文化基础差、学习态度不端正而难以取得好成绩。

此外,优秀退役运动员即使进入大学接受继续教育,也会面临学训矛盾,虽然对于曾经是专业运动员的学生来说,大学的训练、比赛相对轻松,但也确实要占用他们的一些精力与时间,退役运动员本身学习基础就差,如果再将一部分时间用来训练和比赛,那么他们的专业课学习又会落下,最终导致考试分数低,操作能力差。有些学生虽然毕业后修够了学分,拿到了文凭,但有些学分是靠他们在比赛中取得好成绩而免费获得的,而不是因为专业课考试过关取得的,虽然学分、文凭都是他们辛苦得来的,但含金量较少。

在市场经济体制下,社会需要的是真才实学,不是没有含金量的文凭,所以退役运动员在大学期间没有学到真东西,即使毕业后凭借学历找到工作,也难免不会被辞退,被社会淘汰。为了避免出现这样的问题,选择继续接受教育的优秀退役运动员应根据自身条件选择专业,在普通高校或在职业学院努力学习专业知识与专业技能,成为有真才实学、有能力的满足社会需求的人才,这样才能更好地找到理想的工作,并得到社会的认可。

(二)就业情况

已经就业的优秀退役运动员中,就业方式主要有以下两种。

1. 组织分配

已就业的优秀退役运动员中基本上有一半是通过组织分配就业的。这类就业者在役期间取得了良好的运动成绩,达到了组织分配工作的标准,因此退役后享受这一待遇,组织分配的岗位以事业单位为主,如在地方运动队做教练,在体育部门从事相关工作等。

2. 自主择业

有些优秀退役运动员也会选择自主择业,具体择业方向有以下几种。

(1)体育教师

这类人群基本都有本科文凭,在役时在大学所读的专业主要是体育教育专业,有教师资格证,具备做老师的资格,所以应聘体育教师是有很大优势的。

(2)企业单位员工

进入企业单位是很多优秀退役运动员自主择业的一个重要选择,但因为学历低、文化基础薄弱、社会适应能力较差,所以他们失业的风险也比较大。这也是当前我国优秀退役运动员就业安置的一个重要问题,要解决这个问题,关键还是要在运动员培养中重视文化教育,使运动员有扎实的文化基础,而且要加强对运动员社会适应能力的培养。运动员自身也要正确看待自己,既要挖掘自己的闪光点,发挥自己的优势,又要看到自己的缺陷与不足,从主客观两个方面分析就业问题,主观上不断努力解决问题。

(3)创业

现代社会创业对创业者的综合素质与能力提出了很高的要求,创业者首先要有良好的资金条件,自主创业的优秀退役运动员有的在役期间凭借自己获得的好成绩而得到了可观的奖金,退役后他们将此作为创业基金。有的运动员家庭条件较好,创业资金主要来自于父母。自主创业者的创业项目与其从事的运动项目有很大的关系,尤其是从事跆拳道、篮球、足球、健美操等热门运动项目的运动员退役后自主创业的可能性很大,创业方向主要是开办健身俱乐部、训练场馆等。

(三)待业情况

接受调查的江苏省优秀退役运动员中有少数还处于待业状

态,有的是退役后一直没有找到合适的工作,有的是工作一段时间后再次失业。不管哪种情况,他们待业的原因主要包括伤病、学历低、运动项目冷门以及无其他专业技能等几种,其中文化水平低、缺乏职业技能是主要原因。竞技体育是年轻人的事业,而青少年又是学习文化知识、掌握谋生职业技能的最佳时期。优秀运动员在役期间将大量的时间与精力用于训练和比赛,学习文化知识和其他职业技能的时间非常少,文化水平低、没有第二职业技能的运动员退役后再就业的空间比较狭窄。

很多优秀运动员退役后都想从事体育相关工作,但体育行业的就业方向毕竟有限,能够给退役运动员提供的岗位并不多,而且并不是任何一个岗位都适合所有退役运动员,每个岗位都是有条件限制的。例如,教练岗位对运动员的运动水平、管理能力、综合素质提出了很高的要求,能够胜任的优秀运动员并不多;体育教师岗位对学历要求高;体育行政和事业岗位的编制名额有限,只能解决少数人的就业问题;企业单位的岗位竞争较为激烈,文化水平低的退役运动员竞争力弱;自主创业对创业者的资金、专业知识和经营管理能力要求较高,创业成功的毕竟是少数。可见,要解决优秀退役运动员的待业问题,既需要政府部门、社会各界群策群力,更需要运动员主观上的努力。

综上分析,我们将江苏省优秀退役运动员就业安置现状总结为以下几点。

(1)优秀退役运动员就业形势非常严峻。虽然江苏省出台了一系列保障措施来解决优秀退役运动员的就业安置问题,并充分落实政策安置、岗前培训安置、学历教育安置等多种安置方式,但因为运动员文化基础薄弱,学历低,所以就业情况不乐观。

(2)很多优秀退役运动员选择进入大学学习深造,但学习效果不理想,所以即使毕业后拿到了文凭,找工作也没有像预期的那样顺利,而且找到工作后还面临失业的风险。

(3)优秀运动员退役后选择组织分配就业安置形式的比选择货币补偿就业安置形式的多,说明社会就业形势严峻,组织分配使优秀退役运动员觉得更有保障。选择自己创业的优秀退役运动员较少,而且创业方向与其从事的运动专项有关,这是他们创业的主要优势。

(4)待业者就业不顺利的原因主要是伤病困扰、自身文化水平低、社会适应能力差等,虽然待业者占少数,但江苏省有关部门依然要重视这个问题,进一步提高优秀退役运动员的就业率。

二、江苏省优秀退役运动员就业安置的主要问题

(一)体育管理层不够重视就业安置工作

由于体育管理层实行的是任期目标责任制,所以管理人员往往更关注运动员的比赛成绩,而不是退役运动员的安置问题。教练员清楚运动员退役后再就业比较难,但大多情况下也无能为力。同时,教练员的待遇主要由运动员的成绩决定,所以部门教练员明知运动员退役后安置困难,仍然急功近利,只安排大强度训练,不顾及培养他们的综合素质,不重视他们的全面发展。运动员长期都在封闭的环境中训练,对社会就业形势认识不足,主观上缺少紧迫感,所以未能未雨绸缪。

(二)待就业年限延长

运动员退役后就业渠道不畅,造成大量退役运动员滞留在队,或成为社会待业人员,这在江苏省是比较普遍的现象。退役运动员待分配率的上升和待分配年限的延长对运动队的可持续发展造成了严重的影响。

(三)从事社会化程度较低的体育项目的运动员退役后就业安置难

重竞技项目、水上体操、射击等竞技体育项目具有专业性强、社会化程度较低、大众基础薄弱、不易推广等特点,所以观众少、市场发展空间小,从事这些竞技项目的运动员退役后就业较为困

难。相反,社会普及度较高、群众基础广泛的竞技体育项目具有观众多、市场发展空间大的优势,如常见的球类运动、健美操、游泳等,从事这些项目的运动员退役后就业相对容易。而且这类项目的职业化、市场化发展水平高,优秀运动员在役期间一般都取得了较高的收入,所以退役后不仅就业机会多,也有较多的保障措施使其能够顺利就业,尽快适应社会。

(四)政策落实不到位

江苏省各级政府部门制定的关于退役运动员的就业安置文件是优秀退役运动员就业安置的基本依据,但在实际工作中,这些政策在各地区的落实情况却参差不齐。一般来说,就业安置政策落实好的地区,优秀退役运动员再就业的成功率高,未能切实执行安置政策的地区,优秀退役运动员再就业就存在很多问题。因此,当务之急就是要严格监督关于退役运动员就业安置政策的落实情况。《关于进一步做好退役运动员就业安置工作的意见》强调积极为退役运动员创造就业岗位,为优秀退役运动员创造条件,安排到学校任教或在体育行业新增就业岗位,但事实上这一政策并没有在江苏省得到很好的落实,江苏省人事部门和教育部门基本还是按照大学毕业生的标准进行考核,使有实际能力的退役运动员在竞争中落选,而且江苏省体育部门编制名额紧张,一些优秀退役运动员多年以来一直处于试用期或合同期,迟迟没有入编。

(五)经济因素影响就业率

苏北、苏中、苏南经济发展不均衡,地域经济差异对优秀退役运动员的就业安置造成了影响,主要表现为对运动员退役后就业工作的财力支持强弱不一,从而对江苏省优秀退役运动员就业的整体水平造成了影响。苏中、苏南优秀退役运动员的就业情况比苏北地区好一些,苏北农村和偏远地区输送的运动员社会关系少、交流能力差,退役后又大都不愿回到农村,就业成了一个难题。

第二节　江苏省优秀退役运动员保障政策建立与实施情况研究

一、江苏省优秀退役运动员保障政策的建立情况

近年来,江苏省优秀退役运动员安置工作几乎走在全国前列,得到了国家体育总局领导的表扬和其他省市区的赞誉。国家体育总局人事司原副司长储波曾指出:"在省委、省政府的高度重视下,在省体育局和省有关部门的共同努力下,江苏围绕运动员保障工作,在聘用管理、自主择业、职业转换、文化教育、奖励激励、医疗服务、科学训练、基础设施、经费保障以及医疗保险、失业保险、工伤保险、养老保险等方面出台了一系列政策和相关配套措施,落实了政策、落实了经费、落实了机构、落实了人员,有力保证了全省体育事业的健康发展,并为全国各地运动员保障工作的开展起到了积极的示范作用。"[1]

2007年以来,江苏省体育局出台了一系列文件,如《关于自主择业退役运动员安置管理的暂行办法》《关于进一步加强优秀运动员文化教育工作的意见》《江苏省运动员聘用暂行办法》《江苏省优秀运动员、教练员关怀基金实施暂行办法》《关于进一步加强省优秀运动队运动员保障工作的实施意见》《江苏省建设体育强省主要指标体系》《关于建立退役运动员创业孵化基地的协议》《关于进一步加强省优秀运动队伤残运动员退役安置工作的通知》等,这些文件涉及运动员综合保障以及选招聘用、在役管理、退役安置、困难关怀等各个环节,为构建江苏省优秀运动员保障体系奠定了坚实的基础,下面主要分析近年来几个重要的政策文件。

---

[1]　汪泳.退役运动员保障政策之研究——以江苏省为例[D].南京理工大学,2010.

2007年12月出台《关于自主择业退役运动员安置管理的暂行办法》，最显著的特点是，在全国唯一以江苏省上年度城镇职工年平均工资收入水平的3倍确定基础安置费。这不仅在全国是标准最高的，而且还实现了退役运动员自主择业经济补偿的动态运行，有利于维护绝大多数运动员的利益，增强了选择自主择业对退役运动员的吸引力。以一名运龄为8年、最好成绩为全国一类比赛冠军的运动员为例，如选择自主择业，根据这一文件来计算，其基础安置费约为8万元，运龄补偿为2.56万元，成绩奖励为7万元，经济补偿总额近18万元，这样就为退役运动员自主择业、完成学业、走向社会二次创业奠定了较好的物质基础，提供了发展平台。同时该文件明确了退役运动员申请组织安置的条件。

2008年1月，江苏省研究制定了《关于进一步加强优秀运动员文化教育工作的意见》，为运动员退役后继续升学和再就业创造了条件。2008年2月，江苏省体育局、省编办、省教育厅、省公安厅、省财政厅、省人事厅、省劳动和社会保障厅联合制定了《江苏省运动员聘用暂行办法》，提出实行运动员聘用制，这是运动员培养制度的一项重要改革。该文件从运动员进、管、出三个环节入手，明确了运动员的招聘原则和程序、岗位性质和编制、职业转换和退役安置、社会保障和经费支持等方面的问题。

2008年3月江苏省出台《江苏省优秀运动员教练员关怀基金实施暂行办法》，这是江苏省体育局利用体育的社会影响和资源优势，借助各方面力量，为优秀运动员和教练员分忧解难的具体举措。该政策的覆盖面广，无论退役还是在役运动员，只要在生活、就医、求学、培训等方面确有困难，都有可能得到资助，这充分体现了"关怀基金"关怀民生、济困解难的内涵和真正意义。这一年3月份江苏省体育局还制定了《关于进一步加强省优秀运动队运动员保障工作的实施意见》，这是有关江苏省优秀运动队运动员保障工作的第一份综合性文件，政策性和指导性很强。

第八章 我国优秀退役运动员安置研究——以江苏省为例

该文件确定了建立江苏省优秀运动员保障体系的目标以及完成时间,拟用两年时间,建立起以社会保障为基础、以事业保障为激励、以自我保障和商业保险为补充,资金来源多渠道、保障方式多层次、权利义务相对应、管理和服务社会化的基本完善的运动员保障体系。[1] 该文件强调了建立运动员保障体系的重点工作,包括办理运动员社会保险(养老、医疗、失业、工伤等),规范运动员录用,保障运动员文化教育,有效防伤治病,实施退役补偿和安置,完善激励奖惩机制,做好职业转换过渡,开展职业技能鉴定和特殊困难保障等。最后,该文件还明确了各级体育部门、各训练单位和省体育局机关各部门在运动员保障工作中的职责和任务。

2009年5月,江苏省体育局印发《江苏省建设体育强省主要指标体系》,其中有4个指标涉及运动员再就业,优秀运动员接受高等教育≥90%;优秀运动员接受义务教育覆盖率≥100%;优秀运动员退役安置率≥90%;优秀运动员社会保障率≥90%。

2009年7月,江苏省出台"勿忘我"计划,分为"雪碳关怀""育人培训"和"创业扶持"三个计划,进一步扩展了关怀基金的深度和广度。

2010年5月31日,江苏省成立退役运动员创业孵化基地,江苏省体育局与具备专业资质机构南京领航管理咨询有限公司进行合作,委托其建立孵化基地实施退役运动员创业孵化项目,并签订了《关于建立退役运动员创业孵化基地的协议》。对优秀退役运动员创业进行一对一的"导师制"辅导,在创业项目选择、创业风险评估、商业模式设计等方面提供创业企业经营管理方面的服务,领航咨询租赁近300平米场地,作为进入孵化基地的退役运动员创业初期的办公场所,且提供办公所需基本设施,首批有20名运动员进入了孵化基地进行"孵化"。

---

[1] 汪泳.退役运动员保障政策之研究——以江苏省为例[D].南京理工大学,2010.

2012年11月,江苏省体育局印发了《关于进一步加强省优秀运动队伤残运动员退役安置工作的通知》,明确了伤残运动员的安置范围、伤残认(鉴)定程序、伤残待遇和经费安排。

二、江苏省优秀退役运动员保障政策的落实情况

为充分落实以上保障政策,切实解决优秀退役运动员的安置问题,江苏省有关部门及社会力量等做了各方面的努力。下面重点分析比较重要的几项落实举措。

(1)2007年12月,江苏省体育人才流动服务中心正式成立,服务中心的职责是培训、技能认定、人才交流、就业指导、人事代理。

(2)从2008年开始在江苏省体育局和江苏省发展体育基金会主持下策划和实施以保证退役运动员为主要目的的"勿忘我"计划,该计划共包括三个子计划:2008年针对老运动员、老教练和伤残运动员制定的"勿忘我"雪碳关怀计划,江苏省慈善总会资助20万元资金用于该计划;2009年的"勿忘我"育人培训计划,为在役和退役运动员提供奖学金、助学金资助;2010年为处于职业转化过渡期的运动员制定的"勿忘我创业扶持计划",同时配套制定了《"勿忘我创业扶持计划"管理办法(试行)》,每年投入250万元左右。

(3)2009年10月,江苏体育局设立局优秀运动员保障工作领导小组,将涉及优秀运动员的退役问题的职责落实到具体部门。竞技体育处负责运动员退役及成绩奖励工作;综合业务处负责指导、协调、检查、评估省优秀运动队的文化教育工作,高水平运动员免试入学;人事处负责运动员退役、培训、安置及政策性奖励和关怀基金的审批和申报工作,职业技能鉴定;省体育人才流动服务中心负责职业技能培训、发证、体育人才交流,设立培训基地,通过文化素质教育、职业辅导培训、职业技能鉴定等提高优秀退

第八章 我国优秀退役运动员安置研究——以江苏省为例

役运动员的综合素质、就业能力和社会竞争力,等等。① 各部门分工明确,以免费技能培训为主,鼓励创业并在资金、优惠政策上给予扶持,从各方面提高运动员的就业竞争力。

(4)2010年5月底正式启动《江苏省退役运动员领航创业计划》,包括创业培训、资金扶持、创业孵化基地的孵化工作。南京领航体育开发有限公司出资300万元设立了"勿忘我——领航体育基金",用于"勿忘我创业扶持计划"。

(5)2012年,江苏省体育人才服务中心和江苏省人寿保险公司签订《江苏省自主择业退役运动员五年保险承保合同》,从2013年1月1日起,为江苏自主择业退役运动员退役后五年内可能发生或出现的意外伤残、重大疾病和住院提供保险。

(6)近年来,江苏省助力运动员实现职业转换过渡,加强各类职业转换培训,以运动员需要和市场需求为导向,科学设置培训模块。江苏省体育局在职业转换培训内容设置上坚持三个原则,即:贴近运动员需要,贴近就业市场需求的目标导向原则;缺什么,补什么的量身定做原则;兼顾师资、时间、经费、组织等综合平衡原则。通过几年的实践和探索完善,形成了综合素质培训、通用技能培训、创业培训、体育职业技能培训、足球E级教练员培训、中小学教师资格证、转岗教练培训7个培训模块。

(7)2016年,江苏省组织安置退役运动员职业转换培训班在江苏省体育局训练中心运动转训中心举办,共有来自游泳、田径等14个项目28名符合组织安置条件的退役运动员参加了培训。本次培训班在课程设置以及师资选配上也做了精心设计和安排。课程设置主要结合组织安置退役运动员的实际情况,开设了动员讲座、自我教育、老师授课、素质拓展四个模块。通过为期一周的培训,参训学员的精神面貌焕然一新,对组织安置工作、对当前的就业形势有了比较客观的理解和认识,收获了知识,开阔了视野,心态和观念有了显著的转变,综合素质有了明显的提升,对退役

---

① 王俪燕.江苏省退役运动员就业管理模式与效果研究[J].甘肃联合大学学报(自然科学版),2011,25(05).

后的再就业以及今后的人生发展充满了期待。

(8)2017年7月,江苏省优秀退役运动员就业创业孵化基地在无锡市国家软件园举行揭牌仪式。为贯彻落实《关于促进以创业带动就业工作的指导意见》《关于进一步加强运动员文化教育和运动员保障工作指导意见的通知》和《关于加快发展体育产业的指导意见》等文件精神,基地旨在为江苏省优秀退役运动员就业创业搭建平台,提供服务和帮助,助力他们尽快实现就业创业梦想。

总之,江苏省近年来在优秀退役运动员安置方面做了积极的尝试和探索,取得了一定的成效。一是理清思路,统一认识,充分认识到退役运动员就业关系到竞技体育能否实现可持续发展;二是完善政策,健全机制,建立了政府主导、社会参与、全面覆盖、分级负责的保障机制;三是搭建平台,服务延伸,为退役运动员搭建就业实习、就业指导、就业招聘、就业推荐、创业扶持平台。

总体来看,虽然江苏省优秀退役运动员保障工作起步晚,但进步比较快,取得了比较可喜的成绩,主要原因有以下几点。

第一,国家实施科学发展观战略,以人为本的理念在江苏深入人心,政府和体育行政部门也更加重视对退役运动员的关怀。

第二,自古以来江苏省就是富饶之地,经济发达,财政实力雄厚,能够有力支持保障政策的实施,为优秀退役运动员提供比国家层面政策更为优惠的条件。

第三,江苏竞技体育水平在全国位居前列,群众体育开展得也很好,体育彩票销量在全国也排在前列,这都为政府和人民群众支持体育工作奠定了良好的口碑和基础。

第四,江苏省有比较浓郁的文化底蕴和氛围,虽然运动员文化教育水平有所降低,但和其他省市区相比而言,江苏省运动队的文化教育抓得比较紧,有南京体育学院作为体教结合的单位,基本可以保证大部分运动员上大学。

第三节 江苏省优秀退役运动员安置问题应对策略

一、对运动员培养体制进行改革,实施体教结合

改革运动员培养体制,采用体教结合培养模式。将运动训练和竞赛活动集中在各级各类学校中,在教育的大环境下办竞技体育,使学生既学习文化知识,又掌握运动技能,这样运动员退役后会比较从容地面对社会环境和就业问题。实施体教结合培养模式,还要把好运动员入队前的素质关,并在其入队后增强综合素质训练,促进运动员就业竞争力的提升。

解决江苏省优秀运动员退役兼职问题必须双管齐下,一方面把好源头关,进一步加大对运动员选招、选调工作的监督与管理,降低淘汰率;另一方面对现行运动员培养体制进行完善,在抓运动技能培训的同时也要注重培养综合能力,提升运动员的社会就业竞争能力。解决退役运动员再就业困难的问题、能否解决好这一问题,核心就是要增强优秀运动员的就业竞争力,避免他们在激烈的社会就业竞争中再次失业。

二、建立运动员社会保障体系,完善运动员保障政策

(一)建立运动员社会保障体系

国家建设和稳定发展都离不开完善的社会保障体系,建立社会保障体系关系到国家全局。我国从 20 世纪 80 年代开始构建社会保障制度,到现在,社会保障体系已初步形成,主要内容包括生育保险、医疗保险、养老保险、失业保险、工伤保险及城市居民最低生活保障制度等。社会保障制度的建立对保障居民的基本

生活起到了非常重要的作用。在竞技体育领域,也应结合运动员职业的特殊性而建立相应的社会保障体系,以应对在役运动员发生损伤、残疾的风险问题,保障优秀运动员退役后的基本生活,该举措也有助于促进在役运动员训练与比赛积极性的增加,促进运动员在退役后作为优秀体育人才的优化配置和合理流动。建立运动员社会保障体系既是体育事业发展的内在要求,又是体育社会化进程的必然要求。

当前,江苏省在建立运动员社会保险体系方面面临的一个主要难题是缺乏资金。对此,江苏省应从本省实际情况出发而拓展社保经费筹集渠道,如财政拨款、企业赞助、社会捐赠、体育彩票公益金等。解决资金问题后,还要不断完善社会保障组织机构,具体要从以下几方面努力。

1. 设立专门的管理机构

第一,成立运动员保障机构。随着江苏省运动员保障工作的不断拓展,设立专门机构负责运动员保障工作很有必要。虽然江苏省体育局设立了体育人才流动服务中心,但现实需要还是难以满足,所以需要成立运动员保障机构等,配备充足的工作人员,提高机构的工作效率。体育局各职能部门要密切配合,有关部门要支持运动员保障机构的工作,以形成良好的运动员保障工作格局。

第二,重视对机构工作人员的培训。政策是否能够得到落实及执行力度如何与有关单位工作人员对政策的理解水平有直接的关系。对此,应加强对社会保障机构工作人员的培训,促进其服务水平、业务能力、政策执行能力的提升,具体培训方式包括工作研讨、经验交流、专题培训、实地观摩等,在培训过程中要将现代人力资源管理理念、方法融入其中,将优秀退役运动员社会保障政策执行要点和细则作为重点培训内容。

第三,有关管理机构将电视、网络等媒体宣传资源充分利用起来积极宣传优秀退役运动员保障政策,大力推广利于保障工作开展的好方法。

2. 发挥体育社团的作用

主要从以下两个方面发挥体育社团的作用。

第一,多渠道筹集资金、提供公益服务、维护社会公平的作用。一些公益性体育社团自身具有多渠道筹集资金的优势,而且在提供公益体育服务方面具有重要作用。大众热爱并关心体育公益事业,公益性体育社团可以将一切积极因素调动起来,对体育弱势群体予以关心与扶持。目前,中华全国体育基金会和江苏省发展体育基金会在优秀运动员保障方面发挥主要作用,但仅靠它们的运作难以使弱势群体的困境得到全方面的改善。社会公益性质的体育专项基金组织可通过合同方式对运动员予以资助,高校也可从实际需要出发而设立基金会,招募优秀运动员,重点培养。其他体育社团也应加大支持力度,从资金、服务等方面提供支持,将社团的功能充分发挥出来,解决运动员的难题,维护社会公平。

第二,拓宽优秀退役运动员就业渠道、促进社会体育事业发展的作用。在推动社会体育事业发展方面,体育社团起着非常重要的作用,如社会体育指导员协会发挥专业优势,指导全民健身活动,促进大众锻炼质量的提高和身心健康。优秀退役运动员的优势主要是有运动项目专业特长,如果可以将体育社团和优秀退役运动员的优势充分结合起来,将会促进退役运动员就业渠道的增加和就业空间的拓展,进而促进社会稳定。

总之,体育社团要将自身的优势、功能与作用充分发挥出来,针对不同类型的退役运动员提供具有针对性的保障措施,支持与推动优秀退役运动员社会保障工作的有序开展,进而促进社会稳定、公平、和谐发展。

(二)完善运动员保障政策

在国家社会基本保障体系下要进一步完善江苏省优秀退役运动员保障政策,具体从以下几方面落实。

首先，加强政策宣传，使社会对运动员职业的特殊性有充分的认识，使江苏省政府和体育行政主管部门充分认识到将退役运动员社保加入社会保障体系的重要性，从而努力争取将运动员保障工作完全纳入社会基本保障体系框架中，相关职能部门应着重加强对江苏省社会保障政策的研究，加强与国家相关社会保障政策的衔接，体现针对性，进一步完善江苏省优秀运动员社会保障政策。同时在现行政策下，按要求为运动员缴纳各项基本社会保险及住房公积金，保证运动员能够享有与江苏省其他事业单位职工同等的待遇，退役时按规定办理各项社会保险的转移衔接手续，真正使优秀运动员的职业保障处于"双重保险"安全状态。

其次，继续完善优秀运动员退役安置政策，加大对优秀退役运动员安置工作的协调指导力度。在进一步完善江苏省退役运动员就业政策的基础上，加强对退役运动员职业生涯设计的指导，加大技能培训和政策宣传力度，多渠道提供就业信息，帮助退役运动员正确认识、规划自己的职业生涯，提高其自我保障意识。江苏省体育局应加强与国家有关职能部门协商，努力争取国家政策支持，积极将运动员纳入事业单位公开招聘政策性安置的人员范围内，为运动员再次进入事业单位就业提供选择机会。此外，可参照城镇退役士兵自谋职业的有关政策，积极为优秀退役运动员自主创业制定工商、税务、贷款等方面的优惠政策，吸引退役运动员自谋职业，并通过财政统筹、社会捐助、体育彩票公益金等途径建立优秀退役运动员创业基金，引导有关部门建立货币化补偿标准的增长机制。

最后，整合我国现有优秀退役运动员保障政策，建立适合江苏省竞技体育健康发展的优秀运动员保障体系。我国现有运动员保障政策比较丰富，内容比较全面，江苏省应进一步加强对这些政策的执行力度。同时，应进一步整合现有保障政策，使之更加系统、完善。充分发挥社会各界的力量，逐步建立江苏省体育管理部门、社会各行各业和退役运动员共同承担、分级负责的多层面、全方位优秀运动员保障体系。

三、拓宽再就业政策范围

为促进江苏省优秀退役运动员再就业的政策范围,应从以下几方面努力。

第一,严格规范招收制度。竞技体育的淘汰率很高,因此,从江苏省运动员招收制度入手,控制劳动力供给量,实施精兵战略,从根本上减少退役远动员的数量。这样一方面节省了体育支出,同时又能有效控制退役人员的数量,缓解优秀退役运动员的社会就业压力。

第二,精简专业运动员队伍。对运动队招收运动员的原则和相关规定加以完善,摒弃传统思想,对于优秀运动员的培养要求不能随意降低,各地也不能盲目追求优秀运动员培养规模,否则会增加江苏省的财政负担,并造成运动员成才率和输送率低,优秀运动员少,退役运动员数量增加等问题。

第三,建立联合培训机构。鼓励优秀退役运动员转型,江苏省体育部门与地方职业技能培训机构联合对优秀运动员技能培训计划加以制订,有计划地进行科学系统的培训,促进优秀退役运动员市场竞争力的提升。

第四,加强运动员职业生涯规划管理。拓展人力资源开发与管理的新途径,针对优秀退役运动员特点进行职业生涯管理设计,以自我评估和机会评估为前提、以优秀退役运动员与体育组织利益相结合为原则、以增强优秀退役运动员再就业能力为核心任务、以政府适度宏观调控为辅助条件、以社会组织引导为发展趋势。[①] 同时,加强对退役运动员就业保护的法制培训和职业生涯指导等工作。

第五,落实创业基金政策。通过财政统筹、社会捐助、提取体育彩票公益金等渠道尽快建立优秀退役运动员创业基金。政策

---

① 闫静.江苏省退役运动员再就业现状分析与对策研究[D].扬州大学,2009.

性金融机构应根据创业项目的实际情况,对自主择业和自主创业的优秀退役运动员提供小额低息贷款支持。

第六,实施中介服务机构政策。为优秀退役运动员设立再就业中介机构,根据退役运动员的等级分类建立退役运动员再就业数据库和信息网站。由江苏省体育局及市县体育管理部门开展面向社会的各种形式的促聘活动,为优秀退役运动员就业提供丰富的信息。

第七,创新多渠道分流政策。江苏省体育部门应充分发挥自身优势,想方设法对优秀退役运动员进行分流安置。对于招收一定比例的优秀退役运动员的企业,应通过税收优惠政策予以鼓励。对于自主创业、自谋职业的优秀退役运动员,应给予优惠政策扶持,如低息贷款、基金扶持等。

四、提高优秀退役运动员的文化素质

对于优秀运动员来说,要解决退役后的出路问题,首先要提高自身的文化素质。江苏省政府及省体育局对运动员的文化素质问题十分重视,多次在会议或文件中强调要将文化教育与训练的关系处理好,不能为了金牌而牺牲运动员的文化学习时间,不能为了竞技体育成绩而放弃文化教育。

江苏省是文化大省,教育水平较高,江苏省积极建设专兼职结合的优秀运动队运动员文化教育师资队伍,保证所有运动员都顺利完成九年义务教育,初步构建了各市业余体校、体育运动学校、南京体育学院和有关高校体育院系等涵盖不同学历层次的办学体系。江苏省部分高校招收不同项目的优秀运动员,为高水平运动员进入高校深造学习提供良好的机会。从全国范围来看,江苏省优秀运动员文化教育工作是遥遥领先的,国家体育总局多次在江苏省召开会议,强调积极开展优秀运动员文化教育工作。但目前江苏省针对优秀运动员开展的文化教育工作还不能充分满足优秀运动员的需要。受运动员培养体制、运动员职业特殊性的

第八章　我国优秀退役运动员安置研究——以江苏省为例

影响,优秀运动员文化教育工作的开展依然存在很多问题,虽然优秀退役运动员的学历水平整体有了提高,但他们的文化素质与普通大学生相比还是有一些差距的,而且学历和文凭的含金量不高。运动员的学习时间明显比普通学生的学习时间少很多,虽然对在训运动员每周的文化学习时间做了严格规定,并提出尽可能增加学习时间,但因为学训矛盾客观存在、教育经费短缺、对运动员文化教育认识的偏差、教学环境落后等问题的影响,造成运动员教育工作不够扎实,文化课程学习缺乏实效性,优秀运动员的文化水平有待提高。

在优秀运动员文化教育中,虽然运动队采取集中授课与分散自学相结合、随队学习与个别辅导补课相结合等灵活多样的组织形式,采取分段教学、单科累进的学习方法和长学制、学分制以及不同院校之间学分共享的弹性学习制度。但总体来说,由于运动员文化基础较差,学习吃力,加上部分教练员和管理人员急功近利,导致运动员的学习效果不好。如每天上午文化学习课执行过程中,部分教练员视之为进行身体素质练习的好时机,利用早操时间对运动员进行较大强度的身体训练,使运动员上课时没有精神,打瞌睡,更有在面临重大比赛任务时,将上课时间调到晚上,训练了一天的运动员没有精神上课。而作为运动员文化教育中重要环节的考核与管理也存在一些问题。考核与管理只是在体育系统内部,有的甚至仅在本单位内部进行,因此不论是对学生还是对教师的考核及评价监督,都达不到预期效果,考核与评价应有的监管与激励作用没有充分发挥。

要彻底改善与提高江苏省运动员的文化学习效果,提高优秀运动队运动员的文化教育水平,需从以下几方面努力。

第一,加强相关制度建设,如建立与完善容易进行操作评比的文化学习评价、考核体系,对运动员、教师、管理人员分别进行相应的考核,奖罚分明,严厉批评甚至处罚不合格的单位与个人。建立规范化的教学制度,这是提高教学质量的根本保证。

第二,解放思想,勇于创新。高度重视对优秀退役运动员的文化素质教育工作,做好对教练员、运动员、管理人员的思想工作,使其深刻认识到文化学习的重要性,最终形成合力,相互配合做好运动员教育工作。要勇于创新教学机制、教学制度、教学方法与内容,要针对运动员的特殊性不断改革,最终提高运动员的文化素质。

第三,贯彻"不求所有、但求所用"的原则,采取灵活机动的办法,改变体育系统独自办教育的格局,将运动员的教育委托给教育系统或与教育系统联办,充分利用江苏省教育资源并融入当地教育系统,即与教育系统一体化,做到师资共享、设施共用、教育制度与考核的统一,从而最大程度地提高运动员的受教育水平。

第四,加强队伍建设,首先提高管理人员的管理水平,其次建设一批高素质的稳定的教学师资队伍,专职兼职相结合,并针对运动员的文化教育特点而不断提升教师的特殊教学能力。

第五,从资金、教学设备等方面提供基础保障。目前,江苏省的运动员教学资金与设备情况整体尚好,已针对优秀运动员及退役运动员成立了奖学金制度,但仍有一部分单位的教学设备陈旧,缺少先进的教学设备,影响了教学效果,而且教学资金也不充裕,有待增加对这方面的投入力度。只有筹集充足的教育资金,为教学部门提供有力的扶持,才能真正稳定教学队伍,提高教学质量。

五、加强对优秀退役运动员职业技能的培训

面向优秀退役运动员开展各类职业教育和技能培训,迅速提高运动员的工作能力,使其达到用人单位的要求,顺利就业或在自主创业的道路上更加顺利。江苏省体育局对退役优秀运动员职业技能培训的重要性已有了充分的认识,并举办了专项培训、综合培训、体育行业特有工种职业技能鉴定培训等形式多样和内容丰富的培训活动,以达到复合培训的良好效果。江苏省对体育行业特有工种职业技能鉴定培训尤为重视,将体育行业的优势充

分利用起来,从而与优秀退役运动员的经验结合起来,使之成为退役运动员的就业优势。尽管对这方面的培训也确实取得了一定的效果,但仍有少部分优秀退役运动员没有受过系统的职业技能培训,只是自发学习一些职业技能。为此要加大对退役运动员职业技能培训重要性的宣传,并推广关于职业技能培训的相关信息,使所有优秀退役运动员都明确知道技能培训的时间、内容、形式以及一些优惠政策,提高他们参与培训的积极性,从而推动优秀退役运动员职业技能培训的全面化、制度化、组织化、公益化、长期化、实效化。

江苏省相关部门要严格遵守《关于做好运动员职业转换过渡期工作的意见》的相关规定,充分做好退役运动员职业转换过渡期的职业培训工作,使他们学习必要的职业技能,为就业做准备。此外,有关部门更要充分做好平时长期的退役运动员职业技能培训工作,使优秀退役运动员一专多能,提高他们在社会就业中的竞争力。

六、鼓励运动员自主创业

优秀退役运动员可利用自身的运动技能优势和对体育业务知识的了解,创办体育用品店、体育俱乐部等与体育相关的经营实体,或从事自己感兴趣、熟悉的个体经营。江苏省体育局为优秀退役运动员自主创业提供优惠政策,制定"勿忘我创业扶持计划",不但可以解决退役运动员的就业问题,而且可创造新的就业岗位,缓解就业危机。江苏省对自主创业者制定的优惠政策体现了政府和社会对优秀退役运动员的关怀。江苏省每年都有很多退役运动员,如果都依赖政府的政策扶持,则会给政府部门带来压力,而且不利于这些退役运动员的二次冲刺,所以政府给予优秀退役运动员基本生活保障时,还得给以压力,使有潜力的退役运动员甩开包袱,放弃依赖,独立面对社会,实现人生新的转型。

七、建立江苏省体育人才信息管理系统

江苏省有关部门应做好优秀退役运动员职业生涯管理的基础工作,建立运动员电子档案系统,系统内容包括运动员个人基本情况(出生日期、籍贯、性别、学历、从事专项运动年限、从事项目名称、项目技能级别等)、个人工作素质及愿望(职业兴趣、职业价值观、个人理想)、比赛获奖情况等。

另外,江苏省可创建专门的退役运动员择业网站,或借助"扬子晚报""金陵晚报""扬州日报"等江苏省知名媒体的网络平台发布退役运动员个人资料,为退役运动员提供多种就业渠道和信息,并通过网络、电话等媒介跟踪采访已顺利就业的优秀退役运动员,将其作为典型案例以激励其他退役运动员。

八、引导优秀退役运动员积极调整心态,提高心理素质

一些优秀的退役运动员对自己的评价过高,对工作的期望值过高,不能完全适应目前的社会形势,有焦虑情绪。优秀退役运动员都曾取得过优异的运动成绩,享受了很高的荣誉。这种荣誉是被社会所认可的,也是运动员愿意努力拼搏的精神上的动力。但成功的自我社会角色确定与强化,也使运动员退役后出现心理失衡。退役后的优秀运动员难以接受现实与理想之间的落差,往往会产生落败感,感到失望和焦虑。"事业失落感"和"再就业焦虑"给退役运动员造成极大的心理压力,从而产生忧郁、自闭等消极情绪。

几乎所有的优秀运动员退役前都没有接受过专业的有组织的心理指导,也没有主动寻求心理咨询,所以他们很难短时间内调整好自己的心态,面对退役后即将面临的就业问题,没有做好心理准备。对此,我们应学习与借鉴国外职业运动员退役时的心理救助方法,通过专业的心理咨询服务对优秀运动员将来的职业

定位提出合理化建议,对其进行及时的心理指导,使其从各方面做好准备,更快地适应退役后的生活。有计划、有准备的退役能带来良好的情绪和行为调节,使运动员迅速调整好心态投入生活与工作中。此外,还可以建立官方或非官方的援助机构,帮助优秀运动员解决退役后的心理问题,使其更好地转换角色,鼓励他们主动适应社会。

参考文献

[1]阳艺武.竞技体育后备人才培养可持续发展运行机制研究[M].武汉:武汉大学出版社,2018.

[2]王光明.我国竞技体育后备人才培养路径研究[M].北京:中国原子能出版社,2018.

[3]常娟.专业运动员退役后的角色转换研究[M].上海:上海交通大学出版社,2013.

[4]张志华.我国高校竞技体育后备人才培养的理论与实践研究[M].北京:化学工业出版社,2014.

[5]于振峰.新时期我国竞技篮球项目后备人才培养研究[M].北京:北京体育大学出版社,2012.

[6]张丹.我国竞技篮球后备人才培养体系的研究[D].武汉体育学院,2008.

[7]田麦久.运动训练学[M].北京:高等教育出版社,2006.

[8]石磊,葛新发.运动选材概论[M].济南:山东人民出版社,2009.

[9]聂红海.河北省专业运动员文化课学习对其竞技能力发展的作用分析[D].河北师范大学,2015.

[10]曹青军.运动训练理论与实践[M].北京:北京理工大学出版社,2010.

[11]王亚琼等.运动竞赛学[M].北京:北京师范大学出版社,2009.

[12]杨再淮.竞技体育后备人才培养[M].北京:人民体育出版社,2006.

参考文献

[13]国家体育总局干部培训中心编.高水平竞技体育后备人才训练管理研究[M].北京:北京体育大学出版社,2012.

[14]钟秉枢等.社会转型期我国竞技体育后备人才培养及其可持续发展[M].北京:北京体育大学出版社,2003.

[15]张孝平.体育竞赛组织编排(第2版)[M].北京:北京体育大学出版社,2008.

[16]肖涛,孔祥宁,王晨宇.运动训练学[M].重庆:重庆大学出版社,2016.

[17]胡亦海.竞技运动训练理论与方法[M].北京:人民体育出版社,2014.

[18]王琳,薛锋.运动训练理论研究[M].北京:中国社会科学出版社,2014.

[19]程公.论足球后备人才培养的全面质量管理[M].北京:北京体育大学出版社,2011.

[20]刘青.运动训练管理教程[M].北京:人民体育出版社,2007.

[21]何春刚.江苏省体教结合竞技体育后备人才培养模式[J].湖北体育科技,2015,34(09).

[22]胡德凤.江苏省竞技体育后备人才培养现状及可持续发展研究[D].扬州大学,2014.

[23]李广.江苏省淮安市竞技体育后备人才培养研究[D].苏州大学,2017.

[24]孙乐乐.江苏竞技体育项目的率先发展与科学发展研究[D].南京师范大学,2011.

[25]姚品荣,吴宁兴.江苏竞技体育十年大提速[J].群众,2010(02).

[26]闫静.江苏省退役运动员再就业现状分析与对策研究[D].扬州大学,2009.

[27]王曙芳.中国运动员退役安置制度的研究[D].复旦大学,2013.

[28]张国海.我国运动员退役安置现状及对策研究[D].辽宁师范大学,2009.

[29]郭彦杰.我国优秀运动员退役安置政策变迁的研究[D].北京体育大学,2013.

[30]陈树勋.黑龙江省运动员退役安置政策体系研究[D].哈尔滨工程大学,2017.

[31]陈丽佳.我国退役运动员就业安置的现状与对策[D].中南大学,2013.

[32]高建良.湖南省运动员退役安置研究[D].湖南大学,2013.

[33]王俪燕.江苏省退役运动员就业管理模式与效果研究[J].甘肃联合大学学报(自然科学版),2011,25(05).

[34]杨帆.影响江苏省部分退役运动员就业满意度的主因子分析[D].南京体育学院,2017.

[35]汪泳.退役运动员保障政策之研究——以江苏省为例[D].南京理工大学,2010.

[36]吴明英.黑龙江省高水平退役运动员就业安置现状及对策研究[D].哈尔滨商业大学,2016.

[37]李华.我国退役运动员职业培训多层次化的实践探索[J].体育世界(学术版),2016(06).

[38]卢志成,郭惠平,李斌琴.我国退役运动员就业安置困境及对其加强职业教育应对策略分析[J].南京体育学院学报(社会科学版),2009,23(03).

[39]常爱芸.关于完善我国退役运动员社会保障制度的研究[D].陕西师范大学,2015.

[40]袁永清.我国优秀运动员保障政策研究[D].北京体育大学,2008.

[41]王莉.我国优秀运动员社会功能分析及培养策略研究[M].长春:吉林大学出版社,2018.

[42]"国家队运动员素质培养科学化研究"课题组.国家队运动员素质培养科学化研究[M].北京:北京体育大学出版社,2017.

参考文献

[43][新西兰]珍妮·皮尔斯著;蔡兴林,谭爱华译.青少年运动员营养全攻略[M].北京:人民体育出版社,2008.

[44]曲宗湖.学生运动员的发现和培养[M].北京:人民体育出版社,2002.

[45]张忠秋.优秀运动员心理训练实用指南[M].北京:人民体育出版社,2007.

[46]国家体育总局干部培训中心.运动会管理及运动员保障研究[M].北京:北京体育大学出版社,2010.

[47]姚家新等.优秀运动员社会保障及相关政策法规[M].武汉:湖北人民出版社,2004.

[48] Jianxin Gao. Research on the Database of Competitive Sports Talents in Colleges and Universities in China under the Background of "Internet＋"[J]. Journal of Physics:Conference Series,2019,1237(2).

[49]Fan Zhang,Bo Zhou,Changzhi Jia. Research on Integrating Relevant Resources to Improve the Humanistic Quality of Competitive Sports Reserve Talents in China[P]. Proceedings of the 2017 International Conference on Management, Education and Social Science(ICMESS 2017),2017.

[50] Yanru Li. Exploration for China's Competitive Sports Reserve Talent Cultivation Pattern[P]. Proceedings of the 2015 International Conference on Education Technology,Management and Humanities Science,2015.

[51]Fan Zhang. Construction of Humanistic Quality Education System of Competitive Sports Reserve Talents in China[P]. Proceedings of the 2017 International Conference on Management, Education and Social Science(ICMESS 2017),2017.